C·H·Beck
PAPERBACK

GERD KOENEN

Im Widerschein des Krieges

Nachdenken über Russland

C.H.BECK

Mit 15 Abbildungen

2. Auflage. 2023

www.chbeck.de
Umschlaggestaltung: geviert.com, Nastassja Abel
Umschlagabbildung: Sirka Polin (Tschornobyl/Tschernobyl), Metallstatue von Anatoly Haidamaka. Foto: © Inna Dudnik
Satz: C.H.Beck.Media.Solutions, Nördlingen
Druck und Bindung: Pustet, Regensburg
Gedruckt auf säurefreiem und alterungsbeständigem Papier
Printed in Germany
ISBN 978 3 406 80073 3

myclimate

klimaneutral produziert
www.chbeck.de/nachhaltig

Inhalt

Vorwort

Engel der Geschichte

«Und der dritte Engel blies seine Posaune; und es fiel ein großer Stern vom Himmel, der brannte wie eine Fackel ... Und der dritte Teil der Wasser wurde zu Wermut, und viele Menschen starben von den Wassern, weil sie bitter geworden waren.» (Offenbarung des Johannes, 8:10–11)

Die Metallskulptur von Anatoly Haidamaka, die vor dem Kunst- und Museumsort «Sirka Polin» (Wermutstern) in verfallenen Gebäuden der nach der Explosion von 1986 verlassenen Stadt Tschornobyl (Tschernobyl) steht und von der Charkiwer Fotografin Inna Dudnik in einem Moment der Sonnenverfinsterung eingefangen wurde, habe ich als Leit- und Titelbild dieses Buches gewählt. Die Plastik gedenkt der Tausende von «Liquidatoren», die mit Bleimänteln und Schaufeln in die Schlacht geworfen wurden, um mit ihren Händen und Leibern eine noch größere, globale Katastrophe zu verhindern und die Voraussetzung für die Errichtung des «Sarkophags» zu schaffen, der den havarierten Meiler heute umschließt, aber bald mürbe zu werden droht und erneuert werden müsste. Wir stehen hier freilich ganz auf dem Boden menschengemachter Katastrophen, die Menschen dann auch wieder ausbügeln müssen, nicht unter dem Unheils- oder Heilsstern eines göttlichen Jüngsten Gerichts.

Der von Russland entfesselte Vernichtungskrieg gegen die Ukraine führt die Welt in anderer Weise, oder sogar – wenn man die ständigen Drohungen mit Nuklearwaffen, einer «schmutzigen Bombe» oder einer Havarie im militärisch besetzten AKW-Komplex Saporischschja bedenkt – oder in ganz ähnlicher Weise noch einmal an den Rand einer Katastrophe. Und diejenigen, die sich heute in diese Bresche werfen, freilich nicht als sowjetisch abkommandierte und schlechtinformierte «Liquidatoren» (ein unheilschwangeres Wort in sich), sondern als gut informierte und hoch motivierte Verteidiger ihrer politischen Selbständigkeit und selbstgewählten Lebensform, sind die ukrainischen Soldatinnen und Soldaten; und es ist die resiliente ukrainische Gesellschaft als ganze, der das Europäische Parlament in einer außergewöhnlichen Geste den Sacharow-Preis 2022 verliehen hat.

Dieses Buch liefert keine aktuelle, sei es optimistisch oder pessimistisch getönte «politische Analyse», die ja, bis sie gedruckt ist, von den Ereignissen schon überholt sein könnte. Es versucht stattdessen, in Form einer historisch informierten, über mehr als drei Jahrzehnte bis zum Umbruch von 1989 zurückgreifenden Langzeitbeobachtung den tieferen Motiven und Gründen sowie den mentalen oder materiellen Bedingungen dieses von Putin als Letztentscheider unprovoziert und uninformiert vom Zaum gebrochenen, an Wahnwitz grenzenden Krieges nachzuspüren.

«Nachdenken über Russland» ist nicht zu verwechseln mit dem zu Recht in Verruf geratenen «Russland Verstehen», das pseudo-realpolitisch oder vage sentimentalisch um «Verständnis» für angeblich unverrückbare «geopolitische Interessen» oder «historische Ansprüche» der putinistischen Moskauer Machtkohorte wirbt. «Nachdenken über Russland» meint eher das Gegenteil: Einen nüchternen, gleichwohl empathischen Versuch zu verstehen oder wenigstens zu explorieren, wie es geschehen konnte, dass sich dieses Land mit all seinen reichen menschlichen und natürlichen Potentialen abermals in einen Malstrom destruktiver und autodestruktiver Gewalt hineinstürzt.

Die Antworten lassen sich in zwei oder drei Thesen nicht zusammenfassen, sondern nur in einer Zusammenschau vieler Faktoren. Ein Faktor, und nicht der unwichtigste, ist die lange und teilweise fatale Verflechtung der Russländischen oder Sowjetischen Imperialgeschichte mit den 1945 katastrophisch an ihr Ende gekommenen deutschen Weltmachtambitionen, wie ich sie in meinem Buch «Der

Russland-Komplex» vor Jahren von vielen Seiten her schon beleuchtet habe – ein Nexus, der sich auch in dem hier vorliegenden Buch als ein roter Faden durchzieht.

Es versammelt ältere, neuere und neueste Texte sehr unterschiedlichen Charakters und wählt wieder einen eher reflektierenden und explorierenden Zugang. Fast alle die kurzen oder längeren Arbeiten, auch die aktuellsten, können nur als Momentaufnahmen gelesen werden, auf die sich «Im Widerschein des Kriegs» schon – noch während wir sie aus dem Fixierbad holen – neue Lichtreflexe oder Dunkelzonen einschreiben. Aber die Not des Autors ist ja auch die aller Zeitgenossen, die sich im Andrang der Nachrichten und Fluss der Ereignisse nach bestem Wissen und Gewissen orientieren und entscheiden müssen. Und der Zeitpunkt, an dem diese Texte jeweils geschrieben worden sind, ist selbst von Bedeutung, weil er etwas darüber aussagt, was man in diesem Augenblick schon hatte sehen können oder eben nicht.

Das gilt auch für die längeren historisch-analytischen Texte, die in jüngster Zeit oder erst für dieses Buch verfasst worden sind. Auch wo sie im Tumult des Geschehens lange Linien der Entwicklung und wiederkehrende Strukturen herauszuarbeiten suchen, mal in einer sowjet- und kommunismus-geschichtlichen Perspektive, mal in einer auf die Putin-Ära und ihre Evolutionen konzentrierten Sicht, sind sie Reflexe eines Geschehens, das uns unweigerlich und schon im Moment, da ich dies schreibe, immer Neues lehrt und enthüllt. Erst recht gilt das natürlich für die Texte, die vor längerer Zeit verfasst worden sind oder sich auf Erinnerungen stützen: ob es nun ein erster Besuch im emotional erschütterten Moskau im Frühjahr 1989 war, eine Reise ins Innere Russlands im Sommer 2001, eine Sammelrezension über «Leben, Schreiben und Sterben in Putins Russland» aus dem Jahr 2007 oder mein letzter Besuch bei den Aktivisten von «Memorial» im Mai 2018 zu einer Konferenz, die (für Russland eher ein Novum) den «Lektionen von 1968» gewidmet war.

Diese Mischung macht dieses Buch, wie ich hoffe, nicht nur zu einem interessanten Lesestoff, auch für weniger Eingeweihte. Sondern diese Kombination entspricht auch der Situation unseres

«Nachdenkens über Russland», das immer im Fluss ist und bleiben muss, weil überraschende Wendungen sehr wohl möglich oder schon eingetreten sind und der Weg in eine, gar noch nukleare Apokalypse keineswegs vorprogrammiert ist. Putin ist nicht Russland, Russland ist nicht Putin, wie die idiotisierenden Slogans der Regimepropagandisten besagen, weniger noch, als man das früher über den Zaren und sein rechtgläubiges Volk oder über Stalin und das allrussisch-sowjetische Proletariat behauptet hat – deren autokratische Allmacht noch stets an Ohnmacht gegrenzt hat und ganz plötzlich in sich zusammenfallen konnte.

Dieses Buch möchte ich den Moskauer Freundinnen und Freunden von «Memorial» widmen, denen ich das erste Mal im Frühjahr 1989 begegnet bin und die zusammen mit belarussischen und ukrainischen Menschenrechtsaktivisten mit dem Friedensnobelpreis 2022 ausgezeichnet worden sind. Sie stehen, mehr als ihnen selbst vielleicht gerade zumute ist, für Tausende, Zehntausende, Hunderttausende widerständiger, begabter Menschen, die dieses Land in seiner Geschichte immer wieder hervorgebracht hat und die, obwohl oder gerade, weil sie von den Machthabern, deren Speichelleckern und fanatisierten Sklavenseelen ins Abseits gedrängt oder zermalmt worden sind, trotzdem all das geschaffen haben, was wir mit Russland an Positivem verbinden.

Mag sein, dass das eine Hoffnung oder Erwartung ist, die mir als einem Beobachter aus der Ferne überhaupt nicht zusteht. Aber es ist immerhin eine historisch gesättigte Erwartung, die sich darauf stützen kann, dass es für die scheinbar ewige Ohnmacht, Strukturlosigkeit und Zerfallenheit der russländischen Gesellschaft im 21. Jahrhundert weniger materielle oder mentale Gründe gibt als früher – und dass die durch diesen Krieg ausgelöste Krise und die durch nichts mehr zu camouflierende Niederlage auch eine kathartische Wirkung haben können. Wenn die Ambitionen der Aggressoren frustriert, wenn ihre präpotente Allmacht sich wieder als Ohnmacht erweist, dann fällt denen, die nicht mit den Wölfen geheult und ihren Kopf klar gehalten haben, eine Schlüsselrolle zu.

Ob sie sich dem besser gewachsen zeigen als ihre historischen Vorläufer 1917/18 oder 1989/90, ist nicht zu prognostizieren. Aber die Voraussetzungen wären da, und aussuchen oder ausmalen können die, die in große, sehr plötzlich auftretende Umbrüche hineingeschleudert werden, sich das ohnehin nicht.

Der stählerne Engel der Apokalypse von Tschernobyl ruft unweigerlich jenen «Engel der Geschichte» wieder herauf, den Walter Benjamin in seinen posthum berühmt gewordenen Thesen «Über den Begriff der Geschichte» aus dem Jahr 1940 visioniert hatte: Wie er mit aufgerissenen Augen, «das Antlitz der Vergangenheit zugewendet», die «als eine einzige Katastrophe ... unablässig Trümmer auf Trümmer häuft», von einem Sturm, der «vom Paradiese her» weht, «unaufhaltsam in die Zukunft, der er den Rücken kehrt», hineingetrieben wird.

Für Benjamin, dessen südfranzösische Zuflucht zur Falle wurde, war in diesen mit fliegender Feder verfassten, kryptischen Notizen die «Jetztzeit», die alle apokalyptischen Unheils- und messianischen Heilserwartungen der vergangenen Geschlechter in sich aufbewahrte, eine kategorische Antithese zum «leeren, homogenen Begriff des Fortschritts», und die gesamte menschliche Gesichte erschien ihm, dem Todgeweihten, als eine einzige «Geschichte der Besiegten», in der nur «die kleine Pforte, durch die der Messias treten konnte», noch einen Spalt offen blieb.

Diese in letzter, existenzieller Verzweiflung niedergeschriebenen, dunklen Gedanken wollte Benjamin in der Fassung, in der wir sie heute lesen, nicht veröffentlicht sehen, weil das einem «enthusiastischen Missverständnis Tor und Tür öffnen» werde. Einem solchen «enthusiastischen Missverständnis» sollten wir auch im Jahr 2022 nicht huldigen. Vom Grauen des gegenwärtigen Moments nimmt es nichts weg, wenn man ihn nicht als vorgezeichneten Weg in die Katastrophe, sondern als Aufforderung zum politischen Handeln versteht – unbeirrt an der Seite der Opfer dieses Aggressions- und Vernichtungskrieges.

Frankfurt, 25. Oktober 2022

I. Auf der Klippe – Der Abgrund, in den wir schauen

«Ich brauche keine Mitfahrgelegenheit.
Ich brauche Munition.»

Wolodymir Selenskyj
(am Tag nach der Invasion)

1. Der menschliche Faktor und die brüchige Allianz der Autokraten

In einer irrwitzig anmutenden Parallelbewegung haben die beiden Großreiche des einstigen Kommunismus, Russland und China, seit 2020 begonnen, sich aus jenem offenen Weltverkehr wieder zurückzuziehen, in den sie durch ihre Zusammenbrüche und Transformationen nach 1989 hineingezogen worden sind und zu dem sie seither entscheidend mit beigetragen haben. Jetzt sind sie womöglich dabei, sich selbst in eine historische Sackgasse zu manövrieren, die Welt in einen Strudel von Wirtschafts-, Finanz-, Hunger-, Klima- und Seuchenkrisen hineinzustoßen, sie abermals in Lager zu teilen und die Globalisierung (wirtschaftlich, sozial, kulturell) wie im Zeitraffer rückwärts abzuwickeln. Der Schatten einer nordkoreanischen Finsternis legt sich über die Szene. Selbst das Gespenst eines nuklearen Schlagabtauschs oder neuen Weltkriegs steht wieder im Raum. Und es fällt vorerst schwer zu sehen, wie die Weltgemeinschaft – die wir auf Gedeih und Verderb trotz allem sind – von dieser schiefen Ebene wieder herunterkommen kann. Sie muss aber.

Spätere Historiker könnten bei der Ursachenforschung über den Zusammenhang grübeln, der zwischen dem Ausbruch der Corona-Epidemie aus ihrem Ursprungsgebiet in Zentralchina im Januar 2020 und der Invasion der Ukraine durch eine russische Armee im Februar 2022 besteht. Einen bedeutsamen Konnex liefert die weitgehende Selbstisolation der beiden Autokraten Putin und Xi in diesen zwei Jahren, die die schlimmsten Eigenarten ihrer persönlichen Regimes verstärkt hat: ihre konstitutionelle Weltfremdheit, die aus jahrzehntelanger Einkapselung in den Sphären der Macht resultiert; ihre bestürzende Uninformiertheit, deren Hauptursache die ihnen vorenthaltenen «schlechten Nachrichten», Warnsignale und sachlichen Informationen sind; und ihre paranoide Furcht vor fremden Einflüssen, insbesondere vor der Infiltration und Infektion ihrer Gesellschaften mit «schädlichen westlichen Ideen». Diese haben Xi zufolge einst den Zusammenbruch der Sowjetunion und des ganzen kommunistischen Weltlagers bewirkt und auch in der standhaft an den Hebeln der Macht festhaltenden KP Chinas eine Art ideologischer Knochenerweichung erzeugt.[1] Sie gleichen damit selbst einem Schadvirus, halb im medizinischen und halb im informationellen Sinn.

Das panisch-pandemische Syndrom: eine kurze Rückblende

Als die Leiterin der Notaufnahme des Zentralkrankenhauses von Wuhan, die erfahrene Ärztin Ai Fen, am 30. Dezember 2019 warnte, dass mehrere Patienten mit ominösen Symptomen und dem fragenden Laborbefund «Sars Coronavirus?» seit einiger Zeit schon auf ihrer Station lägen und erhöhte Schutzmaßnahmen für die 200 Beschäftigten der Klinik anmahnte, wurde sie von ihrem Chef und dem Parteisekretär scharf verwarnt, keine «Gerüchte» zu verbreiten und niemandem (nicht einmal ihrem Mann) ein Sterbenswort zu sagen. Dennoch informierte sie einige ihrer Kollegen, darunter den jungen Augenarzt Li Wenliang, der über eine Weibo-Chatgruppe seinerseits andere informierte: Es gebe Fälle von Sars im Haus und sie sollten besondere Vorsicht walten lassen.

Am 3. Januar wurde Doktor Li zur Polizei vorgeladen und massiv bedroht. «Wir warnen sie eindringlich: Wenn Sie weiterhin so unverschämt stur sind und diese illegale Tätigkeit fortsetzen, werden Sie vor Gericht gestellt. Ist das klar?» Er musste unterschreiben, dass

1 Xi Jinpings Rede vom 15. Oktober 2014 «Die Kunst muss sozialistische Werte vertreten» wurde erst ein Jahr später veröffentlicht und ist in vielen Übersetzungen im Netz zu finden. Wie bei Maos kulturrevolutionären Interventionen, angefangen mit seiner Rede über Kunst und Kultur in Yanan 1942, meint «Kunst» hier jede Art von freiem Denken, Fühlen und Handeln.

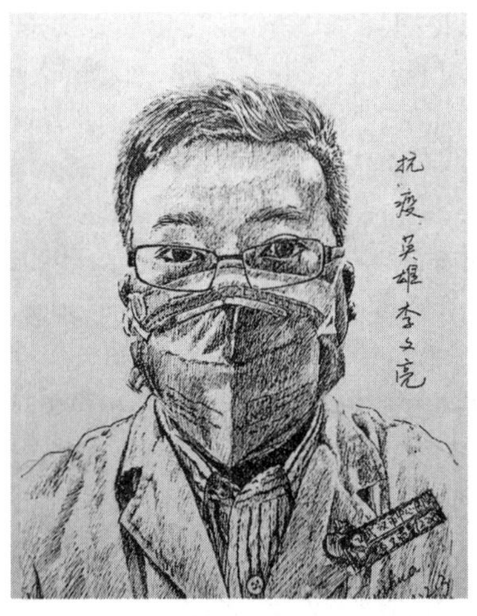

Doktor Li, zum Verstummen gebracht

er fortan schweigen werde; und er selbst durfte keine auffälligen Schutzmaßnahmen treffen. Tage später steckte er sich an, und einen Monat später war er tot. Bilder des Todkranken unter dem Beatmungsgerät gingen wie ein Lauffeuer durch das Netz, als Informationen über die Epidemie den Sarkophag des Schweigens zu durchdringen begannen und ein «offenes Geheimnis» wurden. Mit Hilfe seiner Freunde hatte Li Wenliang zuvor noch das Polizeiprotokoll ins Netz gestellt und damit die Politik der Verzögerung und Vertuschung offengelegt. Als sein persönliches Testament hinterließ er den schlichten, grundlegenden, denkwürdigen Satz: «Eine gesunde Gesellschaft sollte mit mehr als einer Stimme sprechen.»

Partei und Zensurbehörde wagten angesichts des Aufruhrs in einer plötzlich aufschießenden politischen Öffentlichkeit nicht, die vielen Zeichnungen, auf denen das ikonische Bild des sterbenden Dr. Li mit seiner Atemmaske als Maulkorb mit Stacheldraht und Polizeistempeln verfremdet war, zu löschen, und auch nicht seinen Account mit dem Verhörprotokoll, der binnen kurzem zu einem Wallfahrtsort im Netz geworden war. 1,7 Millionen besuchten ihn bis Ende 2020, manche sogar täglich, und hinterließen Botschaften, die – der chinesischen Tradition des Gesprächs mit den Toten folgend – intime Dialoge waren, oft privater, oft auch politischer Art: «Wenn man auf Sie gehört hätte, wäre all das nicht passiert», schrieb jemand, oder: «Doktor Li, diese Gesellschaft erlaubt noch immer nur eine Stimme. Was sollen wir tun?»

Es ist hier nicht der Ort, um diese schwarze Sternstunde der Menschheit noch einmal zu rekapitulieren: als irgendwann im späten Jahr 2019 auf einem Wildtiermarkt oder in einem Labor in Wuhan der neue, unbekannte Virus aus einer Zoonose entstand und erst von Tieren auf Menschen, dann auch von Menschen auf Menschen überzuspringen begann; und wie erst die lokalen, dann die regionalen, schließlich die zentralen Behörden und Parteikader aus subalterner Betriebsblindheit, schierer Inkompetenz oder panischer Angst vor dem Zorn ihrer Oberen den Ausbruch der Seuche erst ignoriert, dann aktiv und kriminell vertuscht haben und so der Moment, als alles vielleicht noch hätte gestoppt und eingedämmt werden können, verpasst wurde. Klar ist nur, dass es ein dichtes politisches Dunkel ist, welches bis heute über den Ursprüngen und den Anfängen dieser Pandemie liegt, die die Welt verändert hat.

Als die Partei in Gestalt des Vorsitzenden Xi in höchster Person – nachdem er von einer Auslandsreise zurückgekehrt war – am 25. Januar schließlich das Oberkommando über die Maßnahmen zur Eindämmung übernahm und 56 Millionen Menschen in Wuhan und 17 weiteren Städten sowie in Hunderten umliegenden Dörfern militärisch abriegeln und in ihren Wohnungen internieren ließ, da verriet dieses beispiellose Vorgehen bereits ein ziemlich genaues Wissen um die hohe Infektiosität und den neuartigen Charakter des Virus (die besten Expertinnen und Experten saßen ja gerade im Virologischen Institut in Wuhan, und einige auch in der Zentralen Staatlichen Gesundheitskommission). Es verriet zugleich aber auch ein Bewusstsein über die fatalen Versäumnisse, die es verhindert hatten, dass die Epidemie noch im Keim erstickt und ihre Anfänge und Ursprünge hätten identifiziert werden können.

Dabei bewegten sich die Infektionszahlen noch in der Größenordnung der SARS-Epidemie von 2002 und bedeuteten vorerst keinen Gesichtsverlust. Das mag erklären (oder nicht), warum die mangelhaft informierte, selbst zögernde Weltgesundheitsorganisation WHO erst am 30. Januar 2020 einen ersten, weltweiten Gesundheitsalarm auslöste. Aber auch danach sperrten die chinesischen Vertreter in der WHO sich einen weiteren, verhängnisvollen Moment lang, oder drangen jedenfalls nicht darauf, einen globalen Katastrophenfall auszurufen. Erst am 11. März, mit zwei- bis dreimonatiger Verspätung (vom Auftreten erster Fälle in Wuhan an rückgerechnet), hat die WHO ihre Mitgliedsländer endlich vor einer weltweiten Pandemie gewarnt, auf die die Regierungen sofort und mit außerordentlichen Mitteln reagieren sollten. Zwar waren noch immer nur 118 000 Infektionen weltweit gemeldet, allerdings schon in 114 Ländern, und die Dunkelziffern waren natürlich viel höher. Der Welt begann zu dämmern, was kommen würde.

Alle Lockdowns und der weitgehende Abbruch des Reise- und Luftverkehrs zwischen vielen Ländern, mit besonderer, fataler Verspätung auch von und nach China, konnten den Ausbruch einer weltweiten Pandemie nicht mehr verhindern, nur noch bremsen. Und auch als Anfang 2021 mirakulöserweise erste Impfungen zur Verfügung standen und die Behandlungspraxen sich verbesserten, waren der Krankheit zwar ihre größten Schrecken genommen und ihre weitere Verbreitung konnte abgebremst, aber nicht aufgehalten werden. Bis in den Herbst 2022 haben sich weltweit etwa 650 Millionen Menschen infiziert, rund 8 Prozent der gesamten Weltbevölkerung, und ein Prozent der Infizierten, etwa 6,5 Millionen, sind an oder mit Covid-19 gestorben. Der materielle Schaden war immens, und die menschlichen Verluste und Härten sind gar nicht zu ermessen. Erloschen ist die Pandemie allem Anschein nach bisher nicht, der Virus mutiert noch immer weiter, unklar wohin, und er sucht sich neue Wirtspopulationen, bis alle, oder fast alle, ihn irgendwie bekommen haben. Erst dann wird er Teil jenes Virenmixes werden, der jährliche Grippewellen auslöst, und jenes Virengewimmels, aus dem unsere Körper (wie wir staunend erfahren haben) ohnehin bestehen.

Wie ein zynischer Treppenwitz konnte es zunächst wirken, dass ausgerechnet China schon im April/Mai 2020 mit seinen drakonischen Sofortmaßnahmen die Seuche überwunden zu haben und aus der von ihm selbst ausgelösten Wirtschafts- und Weltkrise als eine Art Sieger hervorzugehen schien. War sein rigoroses Handling, für das die Bezeichnung «Corona-Diktatur» fast noch beschönigend ist, nicht doch eine Demonstration von Systemüberlegenheit? Tatsächlich waren die Zahlen der Covid-Infektionen in China nach den Maßstäben aller anderen Länder lächerlich gering, und die Todeszahlen auf der allgemeinen Sterbetafel dieses alternden Bevölkerungsmassivs beinahe unmessbar.

Gerade in dieser scheinbar günstigen Situation hat die Volksrepublik China, dem unerforschlichen Ratschluss ihres Parteichefs, Präsidenten und Oberkommandierenden Xi folgend, nach dem Ausbruch neuer, lokaler, qua Definition nun von außen eingeschleppter Infektionen im Laufe des Jahres 2022 wieder damit begonnen, ihre Megacities und Hunderte Millionen ihrer Bürger in eine Serie immer neuer, zeitlich und praktisch unbeschränkter, mit harschesten Zwangsmitteln durchgesetzter Lockdowns zu schicken. Und um dies abzusichern, hat die regierende Partei ohne Rücksicht auf eigene und fremde Verluste das Land aus Teilen des Weltverkehrs wieder ausgeklinkt, in den es doch wie kein anderes vielseitig verwickelt war und ist, um – so die offizielle Losung – «den Virus zu besiegen». Und je nachdrücklicher die Forderungen nach einer internationalen Untersuchung der im Dunkel liegenden Ursprünge und Anfänge der Pandemie wurden, umso paranoider ist der Tenor der offiziellen Propaganda geworden, in der der Virus als solcher schon als ein von außen (vom Westen) eingedrungener Feind markiert worden ist, den es unter Führung des Oberkommandierenden Xi in einem neuen «Volkskrieg» zu besiegen gilt.

Damit trifft das in immer neuen Varianten rund um die ganze Welt zirkulierende Virus bei seiner unvermeidlichen Rückkehr nach China auf eine Milliarde schlecht geimpfter und kaum durchseuchter Menschen, die ihm frisches Zellmaterial für weitere Mutationen liefern könnten – was tatsächlich eine schreckenerregende

Vorstellung ist. Nur, wie realistisch und wie rational ist es, im 21. Jahrhundert einen in der gesamten Welt verbreiteten und hoch infektiösen Virus «draußen» zu halten und ihn, wo immer er plötzlich auftritt, im Geiste maoistischer Volkskriegstheorien «einzukreisen und zu vernichten»? Geht es überhaupt noch um die Krankheit, oder nicht längst darum, die ohnehin schon lückenlose, im wörtlichsten Sinne «totalitäre» Steuerung und Kontrolle aller Lebensäußerungen der Einzelnen immer noch weiter zu perfektionieren und ihre Überwachung vollends habituell zu machen? Findet unter dem Schirm der Pandemie-Abwehr womöglich ein anthropologisches Experiment ungeheuren Formats statt, entsteht gerade der dystopische Sonnenstaat des Vorsitzenden Xi, dessen erstes, konstitutionelles Prinzip die vollständige Identifikation und Verschmelzung der herrschenden Partei mit Land, Nation, Volk und Geschichte ist? Der Aufruf Xis, «alle Viren auszurotten, die die Gesundheit der Partei (!) bedrohen», enthält jedenfalls eine Botschaft, die alle verstehen: Jeder Zweifel, jede Rückfrage ist selbst ein sozialer Virus, ein Krankheiterreger, welcher «auszurotten» ist.

Aber dieser «soziale Virus» ist längst da, äußert sich in bitter-satirischen Webposts oder in weißen Blättern des Protests, die seine Universalität andeuten. Die Partei wird radikal umsteuern müssen – und das wieder als höhere Weisheit des Führers rühmen, der sein Gesicht keinesfalls verlieren darf. Aber welchen Preis werden die chinesischen Bürger dafür zahlen müssen, und mit ihnen die übrige Welt? Oder wird Xi, dem Vorbild Putins folgend, den Einsatz erhöhen und versuchen, die sich spürbar aufbauende innere Spannung nach außen abzuführen, in Form jenes offen angekündigten Kriegs zur Rückeroberung Taiwans, der ebenfalls das Potential eines Weltkriegs hätte? Oder lehrt das fatal scheiternde Ukraine-Abenteuer seines Partners und Rivalen Putin ihn doch eher Vorsicht?

Wir hoffen es, aber wir wissen es nicht, niemand weiß es, und allein das bedeutet schon eine historische Regression ungeheuren Ausmaßes. Zumal die menschlichen wie die materiellen Kosten dieser Politik der medizinischen und geistigen «Reinhaltung» des chinesischen Volkes von ausländischen Erregern bereits jetzt immens sind, und das nicht nur für China selbst, sondern für die Welt im Ganzen, die der Pandemie bisher so erstaunlich getrotzt hatte, aber mit Verzögerung nun doch noch in einen Abwärtsstrudel gerissen werden kann. Und jedenfalls lässt sich das Ausmaß des Obskurantismus, der in einem Machtzentrum herrscht, welches sich um eine einzige Person schart und prinzipiell «mit einer Stimme spricht», und das bereit ist, solche unabsehbaren Risiken und Nebenwirkungen in Kauf zu nehmen, nur um seine eigene, unhinterfragbare Autorität zu demonstrieren und seine systemische Überlegenheit zu beweisen, schon jetzt kaum überzeichnen.

Freilich, kein anderer Staatsmann der Welt außer dem wie einst Mao auf Lebenszeit herrschenden Großen Vorsitzenden Xi hätte überhaupt die politische Machtvollkommenheit und das praktische Instrumentarium, um derartige Mega-Experimente mit «seinem» Volk anzustellen, seine Lebensgeister ab- und wieder anzuschalten und über seinen internen Stoffwechsel und Austausch mit der restlichen Welt in dieser Weise zu verfügen. Ob ein solches Agieren aber nicht eher eine endemische Schwäche ist, deren Weiterungen und Folgen alles in den Schatten stellen könnten, was die Pandemie bisher angerichtet hat, die nicht zufällig gerade hier ihren Ursprung hatte, wird sich demnächst zeigen.

Russland – vor die Wand gefahren

Einen parallelen, kaum zu gewinnenden und umso katastrophaleren Kampf hat Wladimir Putin eröffnet, seit er sich in vollkommen einsamer und unberatener Weise entschlossen hat, die Ukraine mit einem Gutteil seiner kampffähigen Armee und seiner angehäuften Zerstörungspotentiale zu überfallen, um sie als ein selbständiges, demokratisches Staats- und Gemeinwesen auszulöschen und Teile des Landes direkt zu annektieren. Auch hier ist sein geisterhafter Feind ein politischer Virus, den er wahlweise «Nazismus» oder «Verwestlichung» nennt und in völlig sinnfreier Weise mit Russophobie, Demokratie und Homophilie gleichsetzt, und den er ebenfalls ein für alle Mal «besiegen» und «ausrotten» will, bevor das arglose, heilige Russland von ihm befallen wird. Und dafür nimmt er seinerseits eine immer noch weitergehende Isolierung Russlands und die Zerreißung vieler seiner weltwirtschaftlichen Verbindungen und sonstiger Kommunikationen in Kauf, oder treibt diesen ruinösen Abbruch in einem energiepolitischen Machtpoker, wie man ihn noch kaum je gesehen hat, selbst voran, als gelte es, alle Brücken vor und hinter sich abzubrechen.

Auch hier kann man sich über die obskurante Ahnungslosigkeit und gleichzeitig den galoppierenden Verfolgungswahn nur wundern, mit denen der Mann im Kreml (wo er sich allerdings kaum aufhält) und seine mit radikalen Vorschlägen sich überbietende Gefolgschaft agieren und argumentieren. Die Ukraine soll danach nicht nur besiegt, unterworfen und zerteilt, sondern in einer drakonischen Blut- und Gewaltkur und gründlichen Gehirnwäsche, die notfalls auch zwei oder drei Generationen dauern kann, «entukrainisiert» werden, da schon das bloße Beharren dieser «Kleinrussen» auf ihrer ukrainischen Identität und demokratischen Selbstverfügung Ausweis ihrer «nazistischen» Gesinnung ist.[2]

Diese Selbsteinschließung der Ideologen und Strategen des Putinismus in eine regelrechte Wahnwelt existiert aber nicht erst seit dem 24. Februar, sondern sie hat sich, wie in diesem Buch in vielen Einzelaufnahmen und Aspekten geschildert, seit mindestens einem, wenn nicht zwei Jahrzehnten aufgebaut – wofür es mentale und materielle Gründe und Motive gibt, zu deren Deutung die folgenden Beiträge einige Anhaltspunkte zu liefern versuchen. Aber das factum brutum der Invasion markiert eben doch eine neue, und diesmal irreversible Zäsur; und je katastrophaler diese «Spezialoperation» schiefgeht und je näher sie an den Abgrund einer militäri-

2 Am krassesten war das Programm einer gewaltsamen «Entukrainisierung» entwickelt in einem Text des RIA-Nowosti-Kommentators Timofej Sergejzew «Was Russland mit der Ukraine tun sollte» vom 3. April 2022; dokumentiert in dt. Übersetzung in ‹Blätter für deutsche und internationale Politik›, H. 5/2022, S. 63–70. – Der Ex-Ministerpräsident und Ko-Vorsitzende des Sicherheitsrats Dmitri Medwedew machte sich diese Linie in einem Hass-Tweet am Tag darauf zu eigen.

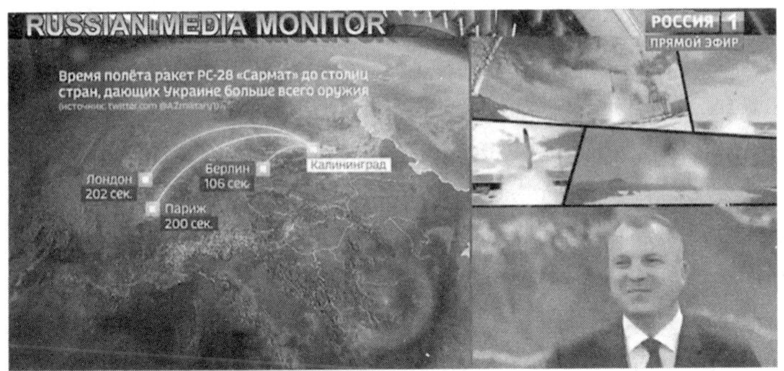

«Die Flugzeit der Raketen vom Typ ‹Sarmat› bis zu den Hauptstädten der Länder, die der Ukraine die meisten Waffen liefern». Erstes Russisches Fernsehen, Mai 2022. Bildschirmfoto nach «Russian Media Monitor», einer von Julia Davies bereits 2014 auf Youtube eingerichteten Plattform zur Dokumentation und Analyse der allabendlichen russischen Fernsehpropaganda.

schen Niederlage und eines inneren Zerfalls Russlands selbst führt, umso wahnsinniger wird dahergeredet und womöglich auch agiert.

Eine ungläubige Nachwelt wird das einmal aus den Archiven holen und vielfach anschauen: Wie an einem schönen Moskauer Maiabend 2022 die RT-Chefin Frau Simonjan im schicken grünen Kleid im Studio saß und lächelnd erklärte, bevor Russland diesen Feldzug verliere, werde es wohl einen Weltkrieg geben … Ein Experte schwärmte von den neuen Überschall-Raketen, die von Kaliningrad aus Berlin in 106, Paris in 200 und London in 202 Sekunden atomisieren könnten, ohne Möglichkeit der Gegenwehr, was er auf einem riesigen Bildschirm auch gleich demonstrierte. Und auf den Einwurf eines Gastes, dass dies ja wohl «für uns alle» das Ende bedeuten werde, bemerkte Moderator Kisseljow schelmisch: «Aber wir sind dann wenigstens im Himmel …»

Das war freilich nur ein Echo einer früheren, berühmt gewordenen Äußerung Putins, der über die Gefahren eines Atomkriegs lächelnd sagte: «Nun, dann werden wir eben als Märtyrer im Himmel sitzen, und sie verrecken einfach.» Eigentlich hatte er sagen wollen, dass ein Atomkrieg natürlich nur Verlierer kenne. Aber mit Gedanken spielen konnte man ja immerhin, wenn man so hartnäckig wie er die Weltmachtstellung Russlands darin begründet sah und sieht, dass «wir das einzige Land sind, das Amerika zu Staub verwandeln kann» (so sein Sprecher Peskow nach Obamas Bemerkung 2015, Russland sei doch in Wahrheit nur eine mittlere Macht).

Im gleichen Sinne hatte Putin in einem Zug mit der Ankündigung seiner «Spezialoperation» verkündet, dass, wer sich seinem Vorhaben in den Weg stelle, Konsequenzen erleiden werde, die er sich nie habe vorstellen können. Zur Bekräftigung hatte er seine Nuklearstreitkräfte «in Alarmbereitschaft versetzt» – als wären sie das nicht immer. So war die selbst-idiotisierende Angst, mit der Teile der europäischen und namentlich der deutschen Politik und Öffentlichkeit im hohen Ton einer ultimativen moralischen Verantwortlichkeit für den Weltfrieden auf die wiederholten Ankündigungen von Atomschlägen reagiert haben, auch der primäre Zweck dieser präpotenten Drohungen.

Es ist wahr, dass in der völlig verfahrenen Lage, in die Russland sich mutwillig hineinmanövriert hat, gar nichts mehr auszuschließen ist. Festzuhalten bleibt gleichwohl, dass Nuklearwaffen, so oft ihr Einsatz in Korea, Kuba, Vietnam kriegstheoretisch und strategisch durchgespielt und praktisch in Erwägung gezogen worden ist, militärisch nie Sinn gemacht haben. Schon ihr erster und einziger Einsatz, der in Hiroshima und Nagasaki 1945, war eine militärisch eher sinnlose, rein politische Untat, eine Demonstration weniger an die Adresse des bereits besiegten Japans als an die der verbündeten UdSSR. Damit hätten die USA «einen Präzedenzfall geschaffen», sagte Putin in seiner Rede zur Annexion der ost- und südukrainischen Gebiete – offenbar im Sinne eines positiven Vorbilds für einen wirksamen atomaren Schutzschirm.[3] Aber natürlich weiß auch er, dass alle kriegerischen Entscheidungen im und nach dem Zweiten Weltkrieg oder in den heißen Konfrontationen des Kalten

3 Putins Rede vom 30. 9.2022 zur Annexion der vier ukrainischen Gebiete findet sich in dt. Übersetzung dokumentiert im Online-Blog der Zeitschrift ‹Osteuropa› «Russland gegen die Ukraine» https://zeitschrift-osteuropa.de/blog/rede-zur-aufnahme-der-volksrepubliken-doneck-lugansk-zaporoze-und-cherson/

Kriegs «on the ground» gefallen sind – und ihr Status als atomare Supermacht der UdSSR wenig geholfen hat, als sie sich 1989 zurückziehen musste und schließlich zusammenbrach. Und so ist es bis heute. Mittel und Möglichkeiten eines finalen Armageddon gibt es im Übrigen ja auch sonst reichlich – von chemischen und biologischen Waffen bis zu einem konsequent geführten Cyberkrieg, der die lebensnotwendigen Versorgungssysteme des Feindes ausschaltet. Militärisch sind diese Untergangsinstrumente freilich genauso sinnlos und letztlich kontraproduktiv wie die Nuklearwaffen, oder wie es die Chemiewaffen in beiden Weltkriegen gewesen sind.

Und warum sollten wir überhaupt im Ernst annehmen, dass Putin und die um ihn gescharte, üppig alimentierte Machtfamilie sich mit einem atomaren Jedi-Schwert selbst kollektiv entleiben wollte? Und umgekehrt: Nähme man an, es mit schlichtweg Wahnsinnigen zu tun zu haben – wie wollte man jemals auch nur einen Waffenstillstand aushandeln oder «zurück zur Diplomatie» finden, wie so inständig und bedeutungsvoll immer von Neuem gefordert wird? Nichts spricht dafür, dass die Verkünder dieser Weltuntergangs-Szenarien selbst daran glauben. Aber wir, die Feinde, sollen wenigstens erbleichen; und vor allem soll das eigene Volk es glauben, um Leib und Leben seiner Söhne und seinen bescheidenen Wohlstand für dieses monströse Abenteuer zur Verfügung zu stellen, eine von niemandem (nicht einmal dem Urheber) so gewollte oder provozierte Entscheidungsschlacht, die jetzt in den Schützengräben, auf den Feldern und in den Wäldern der Ost- und Südukraine und am Himmel über den Städten der ukrainischen Städte ihren höchst realistischen, mörderischen Verlauf nimmt. Dass dieser Invasionskrieg schon im den ersten sieben Monaten die russische Armee mehr an Toten, Verwundeten und an militärischem Material gekostet hat als der siebenjährige Krieg der Sowjetarmee in Afghanistan von 1979 bis 1986, ist kein reines Zahlenspiel, sondern eine bedeutsame historische Referenz, die schon jetzt das Ausmaß des Fehlschlags zeigt, für den es keine Kompensation mehr geben kann.

Aber was, wenn es tatsächlich, wie das ständig wiederholte Mantra lautet, in diesem nun entfesselten Krieg um Sein oder Nichtsein Russlands in seiner jetzigen Verfassung und Gestalt geht? Und zwar nicht, weil irgendjemand in Washington, London, Paris oder Berlin beschlossen hätte, Russland zu zerteilen, zu schwächen, zu überfremden, also ihm das anzutun, was es selbst gerade der Ukraine antun will. Sondern gerade umgekehrt: weil sein Führer und dessen Gefolgschaft um jeden Preis beweisen wollen, dass Russland die dritte Weltmacht auf Augenhöhe mit den USA und China ist und bleiben muss, und weil sie ihr Land damit in eine Existenz- und Zerreißprobe hineingeführt haben, für die es womöglich nicht gemacht ist.

Deshalb gilt es umso mehr, auch um des künftigen Schicksals Russlands willen, dafür einzutreten, dass die Ukraine «diesen Krieg gewinnt», was nach Lage der Dinge bedeutet: die Aggression zurückschlägt und den Aggressor so rasch und so wirksam militärisch schwächt wie das unter den gegebenen Umständen möglich ist – es sei denn, dass der noch auf halbem Weg zur Besinnung käme und sich auf das eigene Territorium oder wenigstens seine Ausgangsposition zurückzöge. Nur würde ein solcher Abbruch und Rückzug eben auch schon ein definitives Dementi des anachronistischen Großreichs- und Weltmachtprojekts Putins bedeuten, von dem niemand weiß, wo es enden soll, während jeder schon wissen und sehen kann, wie sich Russland mit jeder Eskalationsstufe weiter selbst ruiniert und die zentrifugalen Kräfte im Innern verstärkt.

Wir Europäer werden es uns jedenfalls verbieten müssen, aus engen Eigeninteressen heraus noch einmal über den Kopf der demokratisch gewählten, souveränen Kiewer Regierung hinweg mit Putin irgendwelche «Minsker» Abkommen zur «Beilegung des Konflikts» auszuhandeln, die seinen Weltmachtphantasien in Wirklichkeit nur neuen Zucker geben. Mögen es auch erst einmal «schmutzige Deals» sein, bloße Waffenstillstände, die den Amoklauf irgendwann für eine gesetzte Frist und auf einer bestimmten Linie «einfrieren» und stoppen: sie dürfen keine einzige seiner älteren und neueren Eroberungen und Annexionen sanktionieren, sondern müssen die kranken Phantasien eines «Neurussland», welches Putin und seine Ethnokrieger als von Menschen entleerte Wüste heim ins Reich führen möchten, radikal frustrieren.

Umgekehrt: Alles muss bei internationalen Friedensgesprächen dann auf den Verhandlungstisch, die annektierte Krim genauso wie die absurde Militärkolonie namens «Transnistrien» oder wie das zum vorgeschobenen Militärstützpunkt und Raketenträger ausgebaute «Kaliningrad». Auch wir in Mittel- und Westeuropa haben «Sicherheitsinteressen» und werden uns nicht mehr abschrecken lassen, sie auch zu formulieren und zu wahren, wie die skandinavischen Länder es jetzt auch getan haben. Das ist schließlich der einzige Zweck der NATO als eines Beistandspaktes freier Länder.

Dafür wäre im Falle einer exemplarischen Frustration des anachronistischen Eroberungsprojekts, an das Putin sich und sein Regime gebunden hat, die Atmosphäre plötzlich gereinigt. Das würde natürlich voraussetzen, oder es jedenfalls imperativ erfordern, dass es der russischen Gesellschaft gelingt, sich aus der Geiselhaft dieses Regimes zu befreien, das ihm ja selbst im Nacken sitzt und sich festkrallt wie der Djinn im Märchen von Sindbad dem Seefahrer.

Das Gespenst der «Farbenrevolutionen»

Ob und wie eine solche innere Befreiungsaktion in Russland möglich und denkbar ist, weiß niemand, und alle Spekulationen sind vorerst müßig. Erinnern darf man sich immerhin daran, dass gerade Russland einmal das Land der Revolution par excellence gewesen ist; und das nicht so sehr wegen der Stärke organisierter «revolutionärer Bewegungen», sondern weil immer wieder – so wie in den Jahren 1905 und 1917 und noch einmal 1989 – das jeweilige, scheinbar superstabile und autokratisch herrschende Machtsystem (erst das zaristische, später das sowjetische) über Nacht und aus innerer Schwäche und Überforderung kollabiert ist. Und man kann sich auch daran erinnern, dass diese historischen Auf- und Umbrüche immer von militärischen Misserfolgen und Niederlagen (auf den Feldern der Mandschurei oder Galiziens oder in den Bergen Afghanistans) mit induziert waren, die als national demütigend empfunden wurden, zugleich aber (und vollkommen zu Recht) als Beweis der Verrottung und Kraftlosigkeit des jeweiligen alten Regimes galten.

Der Moment der äußeren Niederlage und inneren Machtkrise war immer auch der Moment, in dem die lange unterdrückten gesellschaftlichen und individuellen Kräfte und Energien sichtbar nach oben drängten und den Panzer des politisch-militärisch-polizeistaatlichen Überbaus erschüttert und durchbrochen haben, so wie Gras oder Unkraut durch mürben Beton oder Risse im Asphalt bricht. Revolutionstheoretisch gesehen, sind diese Erosionen und Ermüdungsbrüche der jeweiligen Regimes das Primäre: denn «das Gras und das Unkraut», sprich, die vitalen Lebensgeister und Überlebensimpulse von Gesellschaften sind latent immer da und drängen nach oben – und müssen eben deshalb immer von Neuem niedergehalten und beschnitten werden, bis die Repressionsinstrumente stumpf geworden und die materiellen und moralischen Mittel des Regimes sich erschöpft haben.

Dass Gesellschaften, zumindest Mehrheiten vor anarchischen Umbrüchen und anomischen Situationen selber Angst haben, ist wahr und hat rationale Gründe. Es gibt tatsächlich ja genug Beispiele, in denen gerade große, authentische Volksrevolutionen von einer Elite professioneller Revolutionäre oder Kleriker gekapert und in eine neue Art von politischer und sozialer Reaktion und totalitärem Regime überführt worden sind, wie exemplarisch 1917/18 in Russland durch Lenins Bolschewiki oder wie im Iran 1979/80 durch Khomeinys Gotteskrieger. Sie haben die vorangegangenen demokratischen Bewegungen weniger beerbt als vielmehr niedergeschlagen und kannibalisiert, waren also schon Gegen-Revolutionäre im Gewand «wahrer Revolutionäre».

Aber solche negativen historischen Reminiszenzen zählen in unerträglich gewordenen Situationen nicht mehr. Und sie haben auch nicht dazu geführt, dass die demokratischen Erhebungen gegen die aus dem «roten Oktober» oder der «islamischen Revolution» hervorgegangenen despotischen Regimes ihrerseits und mit weitaus größerem Recht das Pathos einer «Revolution» für sich in Anspruch

Ukrainisches Plakat, 8. März 2022

genommen haben. In diesem Sinne waren die Auflehnungen in den Mitgliedsländern des sowjetischen Blocks von Ostberlin 1953 über Budapest 1956 und Prag 1968 bis Danzig 1980 die Vorläufer der friedlichen, «singenden» oder «samtenen» Revolutionen von 1989/1991, und diese – direkt oder indirekt – wiederum die Vorbereiter der neuen, demokratischen «Farbenrevolutionen», die sich seit der Jahrtausendwende in rascher Folge von Serbien im Jahr 2000 über die Ukraine 2004 und Georgien 2008 weiter in den Iran 2009 und in die Länder des Nahen Ostens ab 2010 ausgebreitet haben, bevor sie 2011/12 auch Russland erreicht haben.

Den betont gegenrevolutionären und verächtlichen Sammelbegriff der «Farbenrevolutionen» hat Wladimir Putin irgendwann damals geprägt. Sein politisches Urtrauma waren nach eigenem Zeugnis ja die Demonstranten in Dresden gewesen, die im November 1989 plötzlich vor seiner KGB-Villa auftauchten und ihn und seine Kollegen veranlassten, in hektischer Weise alle Papiere und Akten zu verbrennen oder heimlich nachts Richtung Moskau abzutransportieren. Im Blick dürfte Putin aber vor allem auch die «orangene Revolution» in der Ukraine von 2004 und die «Rosenrevolution» in Georgien von 2008 gehabt haben, die in der Revolution der «weißen Bänder» in Moskau und vielen russischen Städten 2011/12 ihre Fortsetzung zu finden schien – wieder «vor seiner Haustür».

Damit hat er aus Versehen einen sehr anschaulichen und ganz richtigen Begriff geprägt, zumal mit dem Plural: «Farbenrevolutionen», um die es sich in der Tat ja auch handelt. Auch Xi hat den Begriff unlängst explizit übernommen, als Bezeichnung einer Weltgefahr, die vom Westen ausgehe und darauf abziele, alle «souveränen», nämlich autokratischen Staaten zu infizieren und zu schwächen, als ein pandemischer Virus eigener Art, dem ebenfalls nur mit Quarantänen, Einkreisung und Vernichtung beizukommen ist. In noch dringlicherer Weise hat Putin in seiner Brandrede aus Anlass der förmlichen Annexion der ost- und südukrainischen Gebiete an Russland zu einer Art Gegenaufstand gegen die Welt des Westens aufgerufen, im Namen der Souveränität der Staaten, ihrer Befreiung aus der Knechtschaft der westlichen Finanzmonopole und eines gemeinsamen Schutzes von Tradition, Familie und Nation. Die westliche Kultur mit ihrer «satanischen» Sittenlosigkeit betreibe die Auflösung der etablierten Geschlechterordnung, die sogar «zur Auslöschung der Menschheit» führen könne und daher wie die Demokratie westlichen Typs eine «Massenvernichtungswaffe» sei.[4]

Das sind nicht nur Töne, die man sonst allenfalls von islamistischen Theokraten wie einem Khamenei hört. Sondern bemerkenswert ist auch, wie der Begriff der «Souveränität» hier, ganz wie in absolutistischen Monarchien, mit der eigenen Person des «Souveräns» verbunden ist; nur dass die absolutistischen Monarchen we-

4 Vgl. die Rede Putins zur Annexion der vier ukrainischen Gebiete, Anm. 3 – Die Rede vom «Satanismus» der westlichen Kultur gehört inzwischen zum rhetorischen Standardrepertoire der staatlichen Propaganda und der religiösen Ansprachen des Patriarchen und vieler Kleriker.

nigstens eine dynastische Thronfolge kannten (auch wenn diese vielfach mit Gift und Dolch geregelt wurde). Moderne Autokraten haben keine natürlichen Nachfolger, es sei denn, sie versuchen selbst Dynasten zu werden wie der Kim-Clan in Nordkorea. Deshalb versuchen sie, so wie Putin oder Xi es getan haben, ihre pseudokonstitutionelle Übermacht auf Dauer zu stellen. Mit der unaufhebbaren Folge freilich, dass ihr System mit ihnen zusammen altert und verfällt – was einen Teil ihrer Fieberhaftigkeit in der Verfolgung großer, expansiver Ziele zu Lebzeiten erklärt, aber zugleich eben auch von einer tiefen Selbstunsicherheit kündet. Denn wenn ihre Systeme, wie besonders Xi im Lichte des Aufstiegs Chinas der letzten drei Jahrzehnte nicht müde wird zu beteuern, in der System-Konkurrenz so klar überlegen sind – warum haben sie solche Angst vor den drohenden «Farbenrevolutionen» und den «schädlichen westlichen Ideen»?

Die Wahrheit ist, dass die Ideologien und die «Werte», die sie zu vertreten behaupten und für alle ihre Subjekte verbindlich machen wollen, ob im Namen des Islam, des Kommunismus oder einer russischen Orthodoxie, in Wirklichkeit nur dazu dienen, alle Formen freier gesellschaftlicher Selbstbetätigung und persönlicher Autonomie einzuschnüren und zu unterdrücken, was letzten Endes nur möglich ist, wenn sie die ihnen unterworfenen Gesellschaften im Ganzen nicht nur dominieren, sondern aktiv zurichten. Das ist die Logik ihres Neo-Totalitarismus, dessen perfekteste Form man im heutigen China unter dem Auge des allgegenwärtigen «Himmelsnetzes» studieren kann – das idealiter auf eine kybernetische Gesamtsteuerung des Gesellschaftskörpers und seiner Reproduktion nach den Maximen der Partei und ihres Führers als dem Zentralhirn des Gemeinwesens hinausläuft.[5]

Aber vielleicht werden wir eher Zeugen des Zerfalls dieser in Wahrheit unintelligenten, weil unmenschlichen Zwangssysteme

5 Vgl. Gerd Koenen, Die Partei als unsichtbarer Gott. Überlegungen zu hundert Jahren Kommunistischer Partei Chinas, in: ‹Blätter für deutsche und internationale Politik›, H. 7/2021, S. 51–60.

(und Systemen von Zwangsgedanken) werden, nicht durch westliche Angriffe von außen noch durch Angriffe irgendwelcher Terror-Kader von innen – sondern durch die selbst erzeugten Prozesse ihrer Erosion oder Autodestruktion, die früher oder später, so wie in dem Moment, da ich dies schreibe, im Iran große Massen aus Gründen der schieren Selbstbehauptung und der Wahrung elementarer Menschenwürde auf den Plan rufen. In China ist das bisher nur seltener und in kleinerem Maßstab möglich, oder wir erfahren darüber nichts. Und natürlich sind es immer Einzelne, die vorausgehen – so wie jene unbekannten Aktivisten, die am Vorabend des 20. Parteitags der KP China Mitte Oktober 2022 in einer kühnen nächtlichen Aktion zwei Transparente an einer Brücke nahe dem Tagungsort angebracht und ins Netz gestellt haben. Darauf stand in der wunderbaren, sehr chinesischen, ganz unwestlichen Direktheit, die auch den Satz von Dr. Li geprägt hat: «Wir wollen Essen, keine PCR-Tests. Wir wollen Reformen, keine Kulturrevolution. Wir wollen Freiheit, keine Lockdowns. Wir wollen wählen, keinen Führer. Wir wollen Würde, keine Lügen. Wir sind Bürger, keine Sklaven.»

Was Russland betrifft, glauben deshalb auch viele und mit guten Gründen, dass der Tag der Verkündung der «Teil-Mobilisierung», die in Wirklichkeit eine halbe, verdeckte General-Mobilmachung ist, der 21. September 2022, die neuere Geschichte des Landes in ein Vorher und ein Nachher teilen werde. Die allgemeine Unruhe, die das Auftauchen der Rekrutierungsbeamten in vielen Städten und Gebieten Russlands ausgelöst hat, ist wie eine verzögerte Reaktion auf die Kriegserklärung vom 24. Februar, die von einem großen Teil der Menschen nur mit Betäubung, Indifferenz oder einem abstraktem Unterstützungseifer quittiert wurde, da ihnen mit dem absurden Terminus einer «Spezialoperation» suggeriert worden war, es sei gar nichts Einschneidendes geschehen. Und offensichtlich dachten die betriebsblinden Geheimdienstler und Ideologen, mit denen Putin sich umgibt, dass auch gar nichts Großartiges passieren werde und sie binnen einer Woche in Kiew einen Statthalter würden einsetzen können, so wie Hitler 1939 in Prag. Dieser Schein löst sich jetzt auf, und wer vor den Menschenfängern nicht fliehen kann, muss jetzt einer grimmigen Realität ins Auge schauen, die ihm ein durch nichts begründetes, in keinem Sinne notwendiges und begründbares Opfer an Leib und Leben abverlangt – und damit die Gesellschaft bis in alle Familien, Arbeitsstellen und sozialen Strukturen hinein grundlegend verändert.

Unter allen «Farbenrevolutionen» des neuen Jahrtausends war die in der Ukraine, die mit dem Namen des «Maidan», des zentralen Platzes der Hauptstadt, verbunden ist, so wie die chinesische Erhebung von 1989 mit dem des «Tienanmen» oder die in Ägypten 2010 mit dem des «Tahrir», im Winter 2013/14, die erfolgreichste und folgenreichste. Ihren Namen einer «Revolution der Würde» hatte sie sich schon redlich verdient, bevor die russische Invasion sie nun auf eine Existenzprobe stellt, die sie keineswegs gesucht hat.

Dabei hatte es ja zunächst so ausgesehen, als sei auch diese große, spontane, und am Ende selbst durch Kopfschüsse von Scharfschützen nicht mehr aufzuhaltende, vom Protest zum Aufstand getriebene Bewegung im Winter 2013/14, so wie die «orangene Revolution» von 2004, binnen kürzester Zeit abermals von den oligarchischen Machtparteien und Interessengruppen rasch und gekonnt wieder eingefangen und in business as usual überführt worden. Nirgends hat man diesen Befund in ungeschönterer, krasser karikierender Weise gespiegelt sehen können wie in einer TV-Serie namens «Diener des Volkes», die einen kleinen, gerecht denkenden, scheinbar naiven, aber dann doch ziemlich gewitzten Geschichtslehrer auf seinem völlig unwahrscheinlichen Weg vom Helden eines im Netz viral gegangenen Wutausbruchs gegen die Korruption bis zum gewählten Präsidenten begleitet. Diese nicht gerade raffiniert gemachte Soap-Opera handelte also davon, wie der kleine Lehrer und seine Kumpels die von einem Kartell von Oligarchen korrumpierten Machtstrukturen, die glaubten, ihn als Werkzeug benutzen und einspannen zu können, aufmischen und sie am Ende mit jeder Menge Witz, einem Schuss treuherziger Biederkeit (Titelsong: «Ich liebe meine Frau, meinen Hund, mein Land ...» – cringe!) und hier und da auch mit einem Schuss moderater Härte schlussendlich doch umkrempeln. Und weil sie sich der Versuchungen der Macht (Geld, Sex, Prominenz) immer wieder entwinden, gewinnen sie im entscheidenden Moment die friedlich-revolutionäre Unterstützung ihres vielfach düpierten, von der Demokratie schon ziemlich enttäuschten Volkes, das einfach nur ganz normal leben möchte, aber dann zum Maidan strömt und das wieder installierte alte Regime stürzt.

Dass diese Rolle vom Comedian Selenskyj nicht nur gespielt, sondern wenig später dann in die Realität eines überwältigenden demokratischen Wahlsiegs einer gleichnamigen Wahlkoalition mit dem Namen «Diener des Volkes» überführt worden ist, war allerdings noch viel unglaublicher als diese Filmstory. Und es bot zunächst Gründe genug, darin abermals eine ultra-raffinierte Machination genau der im Film so karikaturhaft geschilderten Oligarchen und alten Machteliten zu argwöhnen, dem bewährten Rezept Talleyrands folgend: «Wer eine Wahrheit verbergen will, muss sie nur offen aussprechen, sie wird einem ja doch nicht geglaubt.» Und tatsächlich muss offenbleiben, wie diese Geschichte unter den Bedingungen einer stagnant vor sich hin dümpelnden, von innen und außen blockierten Entwicklung ausgegangen wäre, die den ehrlichen Protagonisten (wie im Film zwischendurch auch) durchaus in die Resignation hätte treiben können.

Aber am Morgen des 24. Februar 2022 stellte sich heraus, dass dieser kleine «Diener des Volkes» und seine bunte Truppe aus Skriptschreibern, Filmproduzenten und Freunden, die er (genau wie im Film und zweifelhaft genug) ins Präsidentenamt mitgenommen hatte, sich in einer unerwartet ernst- und standhaften und kommunikativ ebenso einfachen wie ingeniösen Weise zum Kern eines zivilen und militärischen Widerstandes einer plötzlich geeinten Nation gemacht haben. Und wie sie allein dadurch schon die besten moralischen Motivationen und die vielseitigsten Fähigkeiten der Bürger und Bürgerinnen dieses Landes mobilisiert haben – eines Landes, das in diesem Existenzkrieg unter den Augen der Welt nun eine vollkommen neue Statur und Physiognomie gewinnt, die nicht nur Bewunderung abnötigt, sondern in vieler Hinsicht auch Schule macht.

Man scheut sich – und diese Scheu ist eine zivilisatorische Errungenschaft –, einen Krieg zu rühmen, und wäre es einen so unbestreitbar gerechten Verteidigungskrieg wie diesen, und die Hunderttausende, die ihn führen, für ihren Heroismus, ihren Opfermut, ihre Intelligenz zu bewundern. Aber dieser Krieg, den die Ukraine jetzt – notgedrungen auf sich gestellt, ohne formelle Verbündete – führt und führen muss, ist eben auch ein Krieg von allgemeinerer, man kann sagen: zivilisationsgeschichtlicher Bedeutung. Und das ist er sowohl durch das, was er verhindert, nämlich den Umsturz der gesamten europäischen und globalen Nachkriegsordnung und des mühsam etablierten Völkerrechts, und damit den Einbruch einer Herrschaft der reinen Willkür und des tiefen Obskurantismus, die an die düstersten Zeiten des vergangenen Jahrhunderts erinnert. Aber von zivilisationsgeschichtlicher Bedeutung ist er auch durch das, was er positiv demonstriert.

Er demonstriert, dass es möglich ist, Heroismus zu zeigen und zu erzeugen, ohne in das dröhnende Pathos eines Chauvinismus älteren Stils zu verfallen, wie er eben jetzt auf den Kundgebungen im Aggressorstaat Russland gepflogen wird, und die jetzt nötige Kampfentschlossenheit auch in weicheren, offeneren, Angst, Leid, Mitleid nicht aus-, sondern einschließenden Formen zu demonstrieren und zu stärken, und für diesen Kampf gegen die Aggressoren schweren Herzens, aber ohne zu zögern, das eigene Leben (physisch, sozial, emotional) aufs Spiel zu setzen. Auch in dieser Hinsicht ist es Selenskyj als Präsident und Oberkommandierender neuer Art gewesen, der vom ersten, entscheidenden Moment an mit Selfie-Videos und mit seinen alltäglichen, eindringlichen Ansprachen an die eigenen, mündigen Bürgerinnen und Bürger einen Ton gesetzt hat, der – selbst wo legitimer Hass sich hineinmischt – blinden Fanatismus verweigert. Und dasselbe gilt für seine fordernden und selbstbewussten, aber ebenfalls von Fanatismus freien Ansprachen an fremde Regierungen, Parlamente, internationale Gremien und Öffentlichkeiten. Diese Kriegsreden – und das sind sie und müssen sie sein – haben tatsächlich einen neuen Standard gesetzt, fast möchte man sagen: einen literarischen Standard, für den einem als einzige

Parallele die mit riesigen Buchstaben wie Gedichte geschriebenen Rundfunk-Kriegsreden Churchills im unterirdischen War Office in London einfallen können; wie fragwürdig ein solcher Vergleich auch sein mag (was Churchill angeht, den eingefleischten Imperialisten und Nobelpreisträger).

Das Gegenprogramm hört man aus Moskau: die in gepresstem Ton herausgestoßenen Invektiven gegen die «drogensüchtige Nazibande» in Kiew, das rituelle Lob unserer «heroischen Offiziere und Soldaten» (mit demonstrativer Auszeichnung für die, die in Butscha und anderswo Kriegsverbrechen begangen haben) oder die pseudovaterländische Fanfare am Ende der Durchhalterede: «Der Sieg wird unser sein!» Welch ein Unterschied zu Putins Gegenspieler in Kiew, wie er sich noch in der Nacht des Überfalls mit seinen engsten Mitarbeitern auf einem Selfie präsentierte, um seinen Leuten über alle noch vorhandenen Kanäle zu sagen und zu signalisieren: «Wir sind hier und wir bleiben hier, was immer kommt». Oder wie er die Nähe zu seinen Leuten sucht, auch bei seinen Frontbesuchen in vorderster Linie, wenn er einen düster schauenden Offizier, der im Donbass hundert Mal dem Tod ins Gesicht geschaut hat, für das Foto umarmt, so wie die ganze Gruppe der Soldaten auch. Und hier wird kein Wahlkampf, sondern hier wird Krieg geführt, einer der härtesten Art.

Währenddessen konferiert der Moskauer Führer, der (wie der Zar, wie Stalin) nach den ersten Pleiten persönlich das Ober-Oberkommando übernommen hat, aus seiner Regierungsdatscha über Bildschirme mit seinen Ministern oder Generälen; oder er lässt sich an überlangen, irgendwie karikaturhaften Schleiflacktischen von ihnen persönlichen Rapport erteilen; oder er hält in einem Sicherheitsabstand von 30 Metern vor geladenem Publikum im großen Kreml-Saal eine Rede, an deren Ende alle mit pseudo-freudigen Gesichtern durch die obligate, stehende Ovation für den Führer sich und den Zuschauern draußen Mut zu machen suchen. Das sind keine reinen Stilfragen, sondern Haltungsfragen.

Und dasselbe gilt auch für die Waffe des Witzes, die in Kiew sogar in den Verlautbarungen der Militärführung kultiviert wird, in denen die Propagandaphrasen oder Lügenohren ihres Moskauer Gegenübers vorzugsweise persifliert oder langgezogen werden. So werden zusammengeschossene Panzerkolonnen oder Geschützbatterien der «Orcs» (Herr der Ringe) als «entmilitarisiert» verbucht; von Raketen getroffene Schiffe zeigen, wie das untergegangene Flaggschiff der Schwarzmeerflotte, die «Moskwa», bedauerliche technische Mängel, die zur Selbstversenkung führten; die Rückzüge unter Beschuss liegender russischer Einheiten von strategischen Stützpunkten sind ein weiteres «Zeichen guten Willens», als welches der überhastete Abzug der dezimierten Besetzer der Schlangeninsel im Moskauer Fernsehen verkündet wurde; und mysteriöse Explosionen auf Militärflughäfen oder in Waffenlagern sind das Ergebnis einer «Fahrlässigkeit des Wachpersonals», das wieder einmal eine geraucht hat.

Dass diese ukrainische Armee zu einem großen Teil aus Freiwilligen besteht, die ihre Berufe, Familien und vieles andere vorerst aufgegeben haben, um das Land und ihr selbstbestimmtes Leben zu verteidigen, und dass ein Viertel der kämpfenden Truppe aus Frauen besteht, darunter auch Kommandeurinnen; während ein weites Netzwerk von Zivilisten mit ihren Privatwagen und improvisierten Feldküchen essentiell in die Versorgung, den Nachschub oder auch die Krankentransporte von und nach der Front eingebunden ist; oder wie diese Armee in der erstaunlichsten Weise private Kommunikations-Instrumente, selbstentwickelte Software oder zahllose Kleinstdrohnen mit älteren, sowjetischen ebenso wie mit avancierten westlichen Waffensystemen zu kombinieren vermag; wie sie in überlegener und überlegter Weise auf das mobile, vielseitig verbundene, aber gegebenenfalls auch selbständige Handeln im Feld setzt statt auf blinde Massenbombardements und Frontalangriffe, wie die russische Armee sie trotz mörderischer Verluste immer wieder vorgetragen hat – das alles ist nicht einfach nur erstaunlich oder bewundernswert. Es zeigt die Handlungsmöglichkeiten einer mobilisierten Zivilgesellschaft, sich in einer intelligenten, auf vielseitige Fähigkeiten gestützten, ohne Kadavergehorsam und militaristischen Pomp selbst organisierenden Weise zu behaupten und zu wehren, und das inmitten eines hoch technisierten Krieges, in dem am Ende eben doch alles auf den «menschlichen Faktor» und die Gerechtigkeit der eigenen Sache ankommt.

Das ist eine Lehre und vielleicht sogar eine überlebensnotwendige Anschauung für ein Europa, und namentlich ein Deutschland, welches den Gedanken, sich in einem «Ernstfall» selbst verteidigen zu müssen, schon verbannt hatte, und alle eventuell notwendigen Friedens- und Aufbaumissionen draußen in der Welt an kleine Rumpfkontingente professioneller, dabei wenig geschätzter Militärs outsourcen zu können glaubte.

Eine globale Konfrontation – aber ganz anders

Das Gespenst einer Weltkrise und eines Weltkriegs, das Putin und einige seiner Ideologen (manche kommen in diesem Buch zu Wort) schon seit geraumer Zeit an die Wand gemalt haben und nun angesichts ihres eklatanten Scheiterns in der Ukraine erst recht beschwören, wird sich vielleicht ganz anders auflösen, als das auch die hiesigen Geostrategen der Kissinger-Schule mit ihrer Fixierung auf die großen, vermeintlich «stabilen» Weltteilungen oder die Exponenten eines deutschen Denkens in globalen «Sicherheitsarchitekturen» annehmen – nämlich von unten, von den Selbstbehauptungsbestrebungen und den Emanzipationswünschen der Gesellschaften her.

Die Weltfront der «Souveräne» autokratischen Stils mag sich situationistisch in immer neuen Gruppenfotos zusammenfinden und diesen oder jenen Coup gegen die angebliche oder tatsächliche westliche Dominanz landen. Und die in Moskau gehegte Erwartung, Europa und damit auch den «kollektiven Westen» mit einem hybriden Militär-, Wirtschafts-, Energie- und Informationskrieg in den Zerfall zu treiben und in die Knie zu zwingen, mag sich punktuell erfüllen. Aber am Ende hat die erworbene Festigkeit und kollektive Vernunft der demokratischen Gesellschaften doch immer wieder gereicht, um die eigenen, inneren Dämonen und Zerfallsprozesse in Schach zu halten – und das vor allem immer dann, wenn eine äußere, existenzielle Bedrohung vor der Tür stand. Das sind tatsächlich Momente, in denen große Worte wie «Zeitenwende» plötzlich keine Phrase ist – so rasch gleich danach schon wieder alles zerredet wird, so kleinlich die Zerwürfnisse der Parteien und so voller (berechtigter) Skrupel und Zweifel die Bürgerschaften sind, die mit all ihrer Dissonanz im Entscheidungsfalle der eigentliche «Souverän» sein sollen.

Aber die Autokratien unserer Zeit, und in besonderer Weise die in Russland wie in China, oder auch die im Iran und in Weißrussland, die alle politischen Gegenstimmen ausgeschaltet haben und kaum noch über irgendwelche konstitutionellen Gegengewichte verfügen, müssen, um wirklich «mit einer Stimme» – der des Ober-Souveräns – sprechen und entscheiden zu können, ihre Gesellschaften einer zunehmend totalitären Lebens- und Gedankenkontrolle unterwerfen, ihren längst vorhandenen Pluralismus gewaltsam niederhalten, sie sozial und kulturell im Geiste eines in Wahrheit völlig sittenlosen und korrupten «Pseudo-Konservativismus» gewaltsam homogenisieren, sei es mittels Kopftuchkontrollen der Sittenpolizisten oder gestanzten Redefloskeln der Parteikader. Aber damit machen sie sich selbst zugleich taub und blind. Sie können sich kaum korrigieren, sie können keine Rückzüge antreten, keine Niederlagen eingestehen, nicht neu denken und ansetzen, sich nicht einmal personell erneuern – also all das, was demokratische Gesellschaften in noch so kleinkarierten Streitigkeiten, Blockaden und Konkurrenzen am Ende doch irgendwie hinbringen. Demokratie erweist sich dann immer wieder als das, als was Churchill sie bezeichnet und sicherlich auch gesehen hat: als «the worst form of government – except all others», als die schlechteste Regierungsform – außer allen anderen.

Die demokratischen «Farbenrevolutionen» des 21. Jahrhunderts haben bei aller Betonung ihrer Einheit gegenüber den despotischen Regimes doch den Akzent immer auf die legitime Pluralität der Anliegen aller Beteiligten gelegt. Sie haben regelmäßig große Massen gebildeter junger Städter, unterstützt von Teilen der proletarischen Vorstadtjugend und der bürgerlichen Berufe, in frei vernetzter, selbstorganisierter, phantasie- und lebensvoller Weise gegen die

Kleptokraten, Potentaten und Theokraten ihrer Länder auf die Straßen und Plätze getrieben. In ihnen haben sich libertäre Motive, die den Akzent auf individuelle Selbstverfügung und freie Wahl der Identität legen, organisch mit durchaus konservativen Impulsen verbinden können, die auf Zusammenhalt, Gemeinsamkeit, Berechenbarkeit setzen. Warum sollte das eine auch gegen das andere stehen? Im gleichen Sinne sind diese Bewegungen kosmopolitisch und national zugleich, insofern der «Nationalstaat» (mit oder ohne Anführungsstriche) vermittels seiner Flagge, seiner Hymne, seinen Emblemen und vor allem seinen Institutionen der gegebene Rahmen jeder demokratischen Selbstorganisation und zugleich der notwendigen Verteidigung der Souveränität gegenüber den Ansprüchen und Bevormundungen äußerer Mächte ist.

So hat die große Demokratiebewegung in Belarus im Spätsommer 2020 sofort wieder ihre eigene nationale Farbe angenommen und sich unter die Fahne gestellt, die das Land sich bei seiner Unabhängigkeit 1991 gegeben hatte und die Lukaschenka bei seinem Machtantritt 1995 nach seinem persönlichen, postsowjetischen Geschmack folkloristisch verändert hatte. Zugleich war diese Emblematik der belarussischen Opposition aber auch ein Zeichen gegen die hegemonialen Bestrebungen aus Moskau, die das Land in einen Puffer und reinen Aufmarschplatz verwandelt hat, der bei der Invasion der Ukraine dann eine fatale Rolle gespielt hat und noch immer spielt. Auch insofern geht es um «Volkssouveränität» im ursprünglichsten, demokratischen Sinne, nach innen wie nach außen.

Und deshalb ist auch nichts daran komisch, selbst wenn wir das in unsere bundesdeutschen Verhältnisse so kaum übertragen können oder möchten: wenn die um ihre Existenz kämpfende Ukraine einen solch intensiven Kult um ihre blau-gelben Nationalfarben, um ihre aus dem 19. Jahrhundert stammende, narkotisch intonierte Hymne («Noch ist die Ukraine nicht gestorben») oder um ihren rituellen Schlachtruf «Slawa Ukraini» («Ruhm der Ukraine») treibt. Und den sexistisch-derben Fluch «Idi na ch …» gegen die Besatzer, der mit «F…ck you» nur schwach übersetzt ist, hat man identitätspolitisch auch noch nicht zu kritisieren gewagt. Schon weil niemand das begeisterter intoniert als die jungen Mädchen, die bei den Kundgebungen regelmäßig vornweg laufen, oder die jungen oder nicht mehr so jungen Frauen, die die Uniform angezogen haben und auf ihre spezifische Weise das Rückgrat dieser kämpfenden Armee geworden sind.

Im Widerschein dieses Krieges mit seinen immer weiter getriebenen, immer sinn- und ruchloseren Bombardements, die in Wirklichkeit nur eine rasende Ohnmacht ausdrücken, und am Vorabend eines europäischen oder sogar globalen «Winters des Missvergnügens», der schwerlich zu Ende sein wird, wenn dieses Buch erscheint, mag es fast frivol erscheinen, Licht am Ende des Tunnels zu sehen.

Aber solider begründet als alle Koalitionskrisen oder Protestwahlen, Querdenker-Demos (die einheitliche Schilder mittragen) oder als das enervierende Gezwitscher (Getwittere) und kakophone Stimmengewirr in den «sozialen Netzwerken» und Newsfeeds unserer Welt scheinen mir die Anzeichen dafür, dass die Front der Autokraten, Theokraten, Potentaten dieser Erde wankt und zersplittert, teils aus eigenem Überlebensinstinkt, aber vor allem, weil sie von ihren eigenen, sich organisierenden und behauptenden Gesellschaften immer neu herausgefordert werden.

Und dass diese Protestbewegungen ein zunehmend weibliches Gesicht tragen, in Weißrussland wie im Iran in diesen Tagen, verweist auf eine zivilisationsgeschichtliche Grundtendenz, die immer wieder von Neuem harsch unterdrückt, aber am Ende doch nicht aufhaltbar ist. Ohne es hier explizieren zu können: die spontane iranische Losung «زن، زندگی، آزادی» (Frau, Leben, Freiheit) ist so elementar für die Lösung der drängendsten Weltprobleme, von der Demographie über die Ökologie und das Klima bis zur Wahrung des intimsten Kerns von Gesellschaft überhaupt, wie es eine politische Losung nur sein kann. Sie löst den dummen Streit von Geschlecht und sozialer Rolle (Gender), von eher libertären Motiven und eher konservativen Impulsen zwar nicht auf, aber macht ihn demokratisch vereinbar.

Warum es gerade im Widerschein dieses Krieges jetzt plötzlich jüngere, weibliche Expertinnen sind, die über Waffensysteme, Kriegsverläufe und Friedensperspektiven sprechen, so wie es in auffälliger Häufung Präsidentinnen oder Premierministerinnen, Außen- oder Verteidigungsministerinnen sind, oft sehr unterschiedlicher Provenienz und Couleur, die das neue, erweiterte Europa vertreten, und das mit bemerkenswerter Festigkeit, hat mir noch niemand genau erklärt. Und man muss kein Prophet sein, um vorauszusehen, dass, wenn der idealtypische Potentat und ewige Kolchosdirektor Lukaschenka doch noch in den Krieg gegen die Ukraine eintreten wird, dies auch sein Ende sein wird; und dass am ersten Tag die wunderbare Musikerin und Bürgerrechtlerin Marya Kalesnikawa (Kolesnikowa) aus ihrer Strafkolonie herausgeholt und auf den zentralen Platz der Hauptstadt gestellt werden wird, neben die beiden zurückgekehrten anderen Frauen, die die Bühnen des belarussischen Sommers von 2020 mit ihrer starken Präsenz ausgefüllt haben, und sicherlich zusammen mit ihren ebenfalls aus dem Gefängnis geholten Männern, für die sie in die Bresche gesprungen sind, ohne deshalb nur Platzhalterinnen zu sein.

Danach, schon klar, werden die Enttäuschungen, die Zerwürfnisse, die grauen Alltage der Politik und des Lebens kommen. Aber solche Momente eines demokratischen, revolutionären oder wie auch immer zu bezeichnenden Aufbruchs sind unverlierbar. So wie es auf ganz andere Weise die Eindrücke vom Berliner Hauptbahnhof gewesen sind, zwei Wochen nach dem Beginn des Krieges: als Hunderte eifriger junger Helferinnen und Helfer in gelben Westen die in Sonderzügen aus Warschau oder Prag eintreffenden Gruppen evakuierter ukrainischer Frauen und Kinder in Empfang nahmen, sie versorgten, weiterleiteten, durch Spaliere von Leuten hindurch, die spontan ihre Wohnungen oder Schlafplätze anboten. Mag sein, dass die Solidarität dieser ersten Tage, Wochen, Monate, als auch viele Läden und öffentliche Einrichtungen blau-gelb geflaggt waren, unter dem Druck der eigenen Existenzsorgen brüchiger und die Bereitschaft, der Ukraine in ihrem Existenzkampf beizustehen, schwächer wird.

Aber mit der «Willkommenskultur» von 2015 war das insofern

nur begrenzt zu vergleichen, als sich Europa hier in einer ganz anderen Weise von unten her integriert, also «zusammenwächst, was zusammengehört» (um Brandts etwas altväterliche Formel von 1989 zu verwenden), nämlich Menschen und Länder, die nie derart hätten getrennt werden dürfen und können. Alles hatte plötzlich eine Selbstverständlichkeit, die die Begrüßung der Flüchtlinge über die Balkanroute 2015 gar nicht haben konnte. Ob und wann die Ukraine Mitglied der EU werden kann, und was mit all den anderen wird, die zutreten wollen, ist die eine Frage. Eine andere Frage oder vielmehr Tatsache ist, dass die Texturen unserer Gesellschaften von unten, im Alltag zusammenwachsen, unter Reibungen und Misstönen, aber eben doch. Und das erweist sich auch als das eigentliche Geheimnis der Chemie des europäischen Zusammenhalts, der sich in dieser Krise des Jahres 2022 erstaunlich stabil gezeigt und bewährt hat.

Ähnlich verhält es sich mit der Macht der Tatsachen, die auch von den durch diesen Krieg aktivierten Animositäten (vor allem auf ukrainischer Seite) nicht dauerhaft verändert werden können: dass die in der Verleihung der Friedensnobelpreise 2022 unterstellte Gemeinsamkeit der Kämpfe in der Ukraine, in Weißrussland und in Russland kein bloßes Desiderat, sondern eine objektive Tatsache und Notwendigkeit ist. Die drei Länder bilden einen Schicksalsverbund, aus dem sich auch die Ukraine perspektivisch nicht herauslösen kann und sollte. So wie die verschiedenen Exilgruppen und medialen Plattformen, die jetzt in den Ländern und Hauptstädten rings um Russland und seinen Vasallen Belarus gegründet und aufgebaut werden, nicht nur kooperieren, sondern einen Verbund eigener Art bilden werden und müssen.

Putin kann den Zermürbungskrieg gegen die erweiterte EU und Nato und den «kollektiven Westen» (von dem er obsessiv spricht) genauso wenig gewinnen wie den militärischen Feldzug gegen die Ukraine. Allerdings kann er den Bruch, der sich zwischen Russland und Europa seit dem 24. Februar 2022 aufgetan hat, für lange Zeit unüberbrückbar machen und eine wirtschaftlich, ökologisch, politisch und kulturell verbrannte, vergiftete Landschaft hinterlassen. Und wirklich: Wie sollen wir in absehbarer Zukunft wieder in normale, engere, selbst rein geschäftsmäßige Austausch- und Verkehrsbeziehungen mit einer derart auf schiere Destruktion angelegten Moskauer Regierung und mit einem von solchen Wahnvorstellungen beherrschten Russland zurückfinden, das sich selbst seiner besten Möglichkeiten und fähigsten Menschen beraubt – die es doch so dringend bräuchte, um seinen demographischen, ökonomischen und ökologischen Niedergang zu stoppen? Welche wissenschaftlichen Konferenzen, welche künstlerischen Austauschprojekte, welche Petersburger oder sonstigen «Dialoge» soll man abhalten, solange uns in dieser Weise alle Gesprächspartner und offen verhandelbaren Themen abhanden kommen, solange dieser gewollt bedrohliche Ungeist da drüben weht und jeden offenen, kritischen Austausch unmöglich macht, und am unmöglichsten eben für alle kritischen Geister im eigenen Land?

Dabei hätte ein Russland, das sich vom Klammergriff der putinistischen Machtkohorte befreit und hinter seine eigenen Grenzen zurückzieht, gute Zukunftschancen – sofern es bereit wäre, eine gewisse moralische und materielle Haftung für die Verbrechen der jüngsten Gegenwart zu übernehmen. Von der Grundlage einer erweitert wiederhergestellten Weltgemeinschaft und eines gefestigten Europas aus ließe sich eine zivile, neue, globale Entwicklungsdynamik entfalten, die das große, aufwendige, aber mehr als lohnende Projekt einer Wiederherstellung der zerbombten Ukraine an die erste Stelle setzt. Ein reformiertes Weißrussland, das einer Hinwendung nach Europa ja seinerseits entgegenfiebert, würde sich daran eng anschließen.

Aber auch Russland könnte das tun und seine menschlichen und natürlichen Ressourcen für sich und seine eigene Entwicklung sinnvoll und produktiv nutzen, während es sich gleichzeitig entschlossen föderalisierte, einen neuen, weniger zentralistischen Bund von russischem Zentrum und nicht-russischer Peripherie einginge, Sibirien aus dem Status einer reinen Rohstoffkolonie befreite, indem es sich stärker mit den ost- und südasiatischen Entwicklungshubs verbände. So könnte Russland endlich auch aus dem fatalen und tragischen Zirkel seiner imperialen Überdehnungen, ideologischen Überspannungen und autokratischen Deformationen heraustreten und zu einer demokratischen Nation unter anderen Nationen werden. Für das sozialökonomische, klimatische, demographische Schicksal der gesamten Welt wäre das im Guten wie im Bösen von entscheidender Bedeutung.

Freilich, gerade weil der Weg aus der Sackgasse im Prinzip ganz einfach wäre, muss man sich darauf einstellen, dass Putin und seine Machtkohorte, solange sie die Macht und die Waffen haben, immer noch weiter an der destruktiven Abwärtsspirale zu drehen und die Einsätze noch weiter zu steigern versuchen. Und die letzten hundert Jahre halten ja auch genügend bestürzende Beispiele parat, die demonstrieren, welche Möglichkeiten totalitäre Regimes haben, sich der Köpfe und Gemüter ihrer Subjekte, und vor allem der Kinder und Jugendlichen, zu bemächtigen, sie in morbider Weise in den Bann einer mythisierten Vergangenheit und einer fiktiven Einzigartigkeit zu verwickeln, die aus dem Zerrbild einer Welt von Feinden lebt – und die besten, kindlichen Wünsche und Instinkte in bösartigen Fanatismus zu verwandeln.

Im Dokumentarfilm des russischen Regisseurs Dmitri Bogoljubow über «Jelnja – Stadt des Ruhmes» von 2019 bekommt man eine Vorstellung von der Art und Weise, in der es dem Regime gelingt, die Jugend dieses herabgewirtschafteten Monostädtchens nahe Smolensk, Mädchen wie Jungen, in einer unendlichen Reihe patriotischer Inszenierungen wie in einen Kokon einzuspinnen. Jelnja war der Ort einer ersten, siegreichen, aber letztlich vergeblichen Schlacht der Roten Armee gegen die im Sommer 1941 auf Moskau vorrückenden deutschen Armeen, die auf Weisung Hitlers dann zunächst nach Norden (Leningrad) und nach Süden (Stalingrad) abschwenkten. Knochen, Abzeichen, Uniformreste von 40 000 Toten liegen hier ringsum in den Wäldern und werden in einer obsessiven Grabungsbewegung gesammelt und in feierlichen, von Priestern und Stadtvorderen begleiteten Ritualen von der Putin'schen «Jugendarmee» in Massengräbern beigesetzt. «Die braune Pest hat ihr Gesicht nicht versteckt – aber die neue, schwarze Pest aus Europa und Amerika tut es und ist deshalb noch gefährlicher!», erklären die Redner, und die Kinder (so liebe, so ernsthafte, arglose Gesichter) schwören, der neuen Pest zu widerstehen, und singen Kampflieder. Eine alte Frau trägt ein eigenes Gedicht vor, das von Barbaren handelt, «die das Blut unserer Kinder trinken». Eine Mutter, die ihren Sohn im Afghanistan-Krieg als Helden der Sowjetunion verloren hat, psalmodiert: «Euer Leben ist mit Sinn erfüllt!» Und dann ziehen die Jungen und Mädchen, von Offizieren begleitet, zurück in die Schule, wo sie lernen, wie man Gewehre zerlegt und sich auf den Gaskrieg vorbereitet.

Jelnja war einer der Aufmarschplätze der Ukraine-Invasion, und vielleicht sind einige der ältesten Jungen aus dieser verfallenen Industriestadt, in der es sonst wenig Spannendes gibt, unter den blutjungen Soldaten gewesen, die nach Wochen endloser Manöver ohne jede Erklärung nachts über die Grenze und in Gefechte geschickt worden sind, die sie zu Tausenden nicht überlebt haben. Aber wie in einem Shakespeare-Drama sagt Sergej, ein Waldläufer und Arbeitsloser, der auf eigene Rechnung und seit Jahren obsessiv in den Wäldern um Jelnja noch Knochen, Medaillen und Überresten sucht, über den Schädel eines Rotarmisten, der «noch gute Zähne» hatte und deshalb ganz jung gewesen sein musste, zum Regisseur gewandt: «Dafür haben die nicht gekämpft, damit wir so leben.» Und bricht unvermutet in Tränen aus.[6]

Und ähnelt damit auf bestürzende Weise Jurij Dmitriev, der als Aktivist der Geschichts- und Menschenrechtsorganisation «Memorial» in einer ähnlich obsessiven Weise Jahre lang nach den Überresten der im Großen Terror erschossenen, in Massengräbern beerdigten Häftlinge gesucht und ihnen Denkmäler gesetzt hat – bevor man ihn 2017 unter fadenscheinigen Vorwänden verhaftet und zu einer fast lebenslangen Haft verurteilt hat. Von ihnen allen und

6 Nach meiner Mitschrift des Films «Jelnja – Stadt des Ruhms», von Dmitry Bogolubov (2019). Auch auf youtube zu schauen.

vom Schicksal dieses Landes, das auch zu unserem Schicksal und womöglich zum Schicksal unserer Welt geworden ist, ob wir wollen oder nicht, handelt dieses Buch.[7]

7 Vgl. Der Fall Jurij Dmitriev. Dokumentation. In: Osteuropa, H. 12/2019, S. 71–75; sowie die großartige Würdigung durch Sergej Lebedev: Das Zeugnis der Toten. Jurij Dmitriev, Wanderer im Archipel, in: H. 9–10/2019, S. 3–15.

2. Anmerkungen zu Putin

Nachrichten aus der Paläo-Moderne*

Der Krieg Putins zur Vernichtung der Ukraine, der unter dem okkulten Zeichen des «Z» steht, hat eine weltpolitische, weltwirtschaftliche, welthistorische Lawine ins Rollen gebracht, von der niemand weiß, wann, wo und wie sie zum Stillstand kommen und welche Folgen sie haben wird. Zugleich werfen die Motive und Ziele dieses Krieges Fragen auf, die auch diejenigen, die sich mit Russland, seiner Geschichte und Kultur und seinem Verhältnis zur übrigen Welt lange beschäftigt haben, kaum weniger ratlos finden als alle anderen. Mehr noch: die Suche nach Antworten zieht uns in historische Tiefen und Dunkelzonen, in die das Licht der Aufklärung und Analyse fast nicht vordringen kann.

Warum und wozu das alles? Sämtliche konventionellen Konfliktdiagnosen – über die Sicherheitsinteressen Russlands, die Kränkungen Putins durch seine westlichen Partner, die post-imperialen Belastungsstörungen Russlands und was dergleichen Rationalisierungen mehr sind – wirken ziemlich hilf- und gegenstandslos. Niemand bedroht Russland oder könnte das, niemand möchte es isolieren, zerstören oder niederhalten, im Gegenteil: Alle Voraussetzungen wären gegeben, um dieses Land zum prosperierenden Bindeglied der weltwirtschaftlichen und kommunikativen Verflechtungen zwischen Asien, Europa und Amerika zu machen, sodass es seine finanziellen Ressourcen und humanen Potentiale auf die soziale, ökolo-

* *Dieser Beitrag erschien unter dem Titel «Anmerkungen zu Putin» in der Zeitschrift für Ideengeschichte, XVI/4, 2022. Der Text ist hier teils gekürzt, teils etwas ergänzt und erweitert.*

gische, kommunikative Entwicklung und Sanierung des eigenen Landes konzentrieren könnte. Russland könnte ein anderes Kanada sein. Aber genau damit soll es – oder will es? – sich nicht begnügen.

Das frappierendste Charakteristikum des jetzt entfesselten Krieges ist die vollkommene, solipsistische Einsamkeit, in der Wladimir Putin allen Informationen zufolge die Entscheidung zu einer Invasion getroffen hat, die einen Zug von Wahnwitz trägt und sein Regime und sein Land so oder so in unbekanntes Terrain hineinkatapultieren wird. Man kommt ins Grübeln, wann jemals in neuerer Zeit ein Machthaber in solch unberatener Einsamkeit über das Schicksal eines so großen Landes und damit der Welt derart gravierende, irreversible und potentiell selbstzerstörerische Entscheidungen hat treffen können. Und landet bei einem Vergleich, der zuverlässig alle Alarmglocken schrillen lässt, weniger wegen dem, was daran erhellend sein könnte, als wegen dem, was man, zumal im aufgeklärten Deutschland, auf keinen Fall sagen darf, da es den Nimbus der «Singularität» unserer ureigenen Verbrechensgeschichte und ihrer «Bewältigung» beschädigen und damit ein bedeutsames Alleinstellungsmerkmal der Bundesrepublik in der Welt mindern könnte.

Es geht natürlich um den Vergleich mit Hitler. Dass Putin nicht Hitler ist und Russland nicht Deutschland, dass Geschichte sich nicht wiederholt usw., sind Gemeinplätze und als solche natürlich richtig. Sie schließen aber Parallelen der Denk- und Handlungsmuster und strukturelle Ähnlichkeiten der Machtsysteme nicht aus. Und letztlich geht es um etwas noch Gravierenderes: nämlich um einen realen historischen Konnex beider Länder, wie er in Putins obsessiver Verwendung von Begriffen wie «Blitzkrieg» (er verwendete das deutsche Wort) oder «Nazismus», «Giftgas», «Völkermord» usw. aufscheint – freilich in steter projektiver Verkehrung, die die eigenen Absichten zugleich kaschiert und offenlegt. Darin treten die mentalen, psychologischen und realgeschichtlichen Hinterlassenschaften einer ganzen Ära fragwürdiger Kollaborationen und katastrophischer Konflagrationen zwischen Deutschland und Russland als zwei nach allen Seiten expandierenden, eng miteinander verflochtenen imperialen Reichskomplexen zutage – Hinterlassenschaften, die man in ganz anderer, schärferer Weise noch zutage zu fördern hätte, als es die ubiquitäre Rede von der «besonderen historischen Verantwortung» der Deutschen für die monströsen Weltkriegsverluste Russlands auch nur ahnt oder andeutet.

In Wirklichkeit handelt es sich ja um die Schicksale und Verluste aller der zwischen Hitler und Stalin geteilten und zerriebenen Länder, an erster Stelle Polens, dann der Ukraine und Weißrusslands, über die der Hobel des stalinistischen Großen Hungers und Großen Terrors und anschließend des nazistischen Vernichtungs- und Versklavungskrieges gleich zweimal hinweg gegangen ist, und die den Kern jener «Bloodlands» bilden, die zugleich auch die Hauptorte des großen Judenmords, des «Holocaust», waren, der in der Sowjetunion bis 1989 sorgsam beschwiegen wurde.[1] Vieles, fast alles in der deutschen «Erinnerungskultur», auf die man sich so viel zugute hält, ist in diesen Fragen falsch, verwaschen oder ahistorisch. Eine ganze, ungeheure Verbrechensgeschichte faltet sich in das komfortable Mantra von «Auschwitz, das sich nie wiederholen darf», zurück oder in die noch gedankenlosere Formel von «Nie wieder Krieg!»

Die erste, naheliegendste Referenz, wenn man das hybride Regime Putins charakterisieren will, wäre natürlich das Stalins, wie es sich damals in der Kollektivierungsrevolution, im Großen Terror und im «Großen Vaterländischen Krieg» herausgeformt und ausgehärtet hatte, in dessen überlebensgroßem Schatten und mythischen Nachklängen der junge Wladimir noch aufgewachsen ist. Allerdings ist einstweilen nicht erkennbar, dass der heutige Kremlherr, auch wenn sein Name mit den Kampfnamen seiner Vorgänger einen magischen Dreischritt ergibt (Lenin – Stalin – Putin), die Absicht oder auch nur die Mittel hätte, in der Manier seines großen Vorgängers,

1 So die Perspektive, die Timothy Snyder in seinen Büchern «Bloodlands» (2010) und «Black Earth»(2015) gegen alle rein deutsch- oder russo-zentrischen Verengungen eingenommen hat.

«des Stählernen», alle potentiellen Gegner im Volk und im eigenen Apparat terroristisch zu eliminieren und seinen engeren Machtzirkel in stetem, latentem Schrecken zu halten. Putin, so sieht es bisher zumindest aus, umgibt ein Fluidum freiwilliger Devotion und bedingungslosen Diensteifers, und mehr braucht er offenbar nicht, um seine Position als Entscheider letzter Hand zu wahren.

Das könnte dann eher schon wieder an Hitler erinnern, der in seinem engerem Umfeld ebenso wie gegenüber der Masse der deutschen Volksgenossen einen massiven, massenhaften Terror ebenfalls nicht benötigte, sondern bis zuletzt die nötige Gefolgschaft fand, vor allem nachdem er sein Volk und sein Gefolge durch den ultimativen Ausweis modernen politischen Führertums, nämlich die «entscheidende historische Tat», in eine kriegerische Vorwärtsbewegung hineingerissen hatte, aus der es kein Zurück mehr gab.[2] Man wird unweigerlich an Sebastian Haffners «Anmerkungen zu Hitler» erinnert, die sich im Porträt eines Führers zuspitzten, der sein Lebensprojekt – die Errichtung eines futuristischen, rassisch gegliederten und gesäuberten arisch-germanischen Kontinentalreiches – an «die mutmaßliche Dauer seiner irdischen Existenz» gebunden und von allen engeren Zielen und Imperativen einer deutschen, selbst großdeutschen Staatlichkeit und Existenz emanzipiert hatte.[3]

Auch mit Putins heutigem Peer, dem Großen Vorsitzenden und Präsidenten Xi in China, lassen sich natürlich Vergleiche anstellen und Parallelen finden. Nur verfügt Xi über ein unvergleichlich vielseitigeres Spektrum weltpolitischer Möglichkeiten sowie über einen noch immer in sämtliche Winkel von Staat und Gesellschaft hineingreifenden, alles überwachenden Partei- und Machtapparat; und zugleich über einen verbindlichen ideologischen Kanon, die «Xi-Jinping-Ideen», mittels derer die Rede- und Denkweisen der Kader,

2 Auf diesen Aspekt hat Benno Ennker in einem Essay «Wladimir Putin – Führer, Diktator, Kriegsherr» abgehoben, in: Russland-Analysen 421, 20.6.2022 (Osteuropa-Forschungsstelle Bremen).

3 Sebastian Haffner, Anmerkungen über Hitler, Tb-Ausgabe Reinbek 1981, S. 22 ff.; S. 156 ff.

und in gewissem Grad sogar die der Gesellschaft im Ganzen, konditioniert werden sollen.

Auch all das scheint Putin nicht zu benötigen oder anzustreben. Vielmehr übertreffen die politischen Granden und Tele-Propagandisten seines Regimes sich gegenseitig in scharfen Vorschlägen, wilden Behauptungen oder verbalen Exzessen, die sogar eine ziemliche Kakophonie ergeben können. Und selbst nach der Ausschaltung der letzten oppositionellen Gruppen und Stimmen in der Gesellschaft gibt es noch einen Strauß rivalisierender Duma-Parteien (einschließlich der Kommunisten als loyaler Hof-Opposition), konkurrierender Think-tanks und ideologischer Schulen, um Auflagen, Einschaltquoten und Clicks bemühter Medien sowie eifrig rekrutierender gesellschaftlicher Organisationen, die allesamt an der Produktion einer putinistischen volonté générale mitwirken.

Nicht zu vergessen sind im Bild des putinistischen Regimes last not least natürlich auch die großen Oligarchen, die die Filetstücke der Volkswirtschaft nach staatlichen Vorgaben als formelle Privateigentümer managen und abschöpfen dürfen, sofern sie die Oberkaste der Silowiki, der hohen Machtträger aus Regierung, Justiz, Militär und Geheimdiensten, an den sprudelnden Devisenerlösen teilhaben lassen und für diese selbst und für ihre Kinder und Verwandten, und immer auch für Putins engere «Familie», lukrative Jobs und Pfründen, luxuriöse Immobilien und schicke Resorts bereithalten. Inwieweit diese Arrangements durch die westlichen Sanktionen und die Einfrierung eines Teils der in ausländischen Steueroasen deponierten Vermögenswerte in Frage gestellt werden, bleibt abzuwarten. Bisher zeigt der Krieg eher, wie recht handzahm und abhängig diese Oligarchen im Ernstfall sind, ohne jeden Anflug von Bürgerstolz und Selbstbewusstsein. Aber vermutlich hat dieser Krieg auch den Zweck, nach innen hin ein unbedingtes Primat der staatlichen Politik und fiskalischen Bedürfnisse über alle ökonomischen Privatzwecke wiederherzustellen – für welches weltpolitische Endziel (falls es eines gibt), das wissen auch die Oligarchen oder Putins Mundstücke, Minister, Handlanger nicht. Was wieder von Ferne an Hitler erinnern könnte.

Im Angesicht des aktuellen kriegerischen Vabanquespiels wirken deshalb auch die ausgefeilten Charakterisierungen des Putin'schen Regimes als eines «Mafia-Staats», in dem die Reviere (idealtypisch) zwischen den Clans aufgeteilt und ein Capo den internen Frieden sichert, eher noch zu harmlos.[4] Zugleich zeigt sich, wie kurz die Anprangerung des Putin-Regimes als einer bloßen «Bande von Dieben und Betrügern» greift; und wie kraftlos eine vor allem auf den Kampf gegen Korruption gegründete Oppositionspolitik letzten Endes bleiben musste, trotz aller noch so mutigen Proteste, drastischen Enthüllungen und charismatischen Auftritte eines Alexej Nawalny und seiner jungen Mitarbeiter/innen.

Näher an den Glutkern dieses Regimes führen da schon die komplementären Rekonstruktionen von «Putins Netz»[5], die ein in die frühen 1990er Jahre zurückreichendes Geheimdienst-Komplott offenlegen, welches nach der Abdankung und Auflösung der alten Parteinomenklatura im Bündnis mit neuen Oligarchen und Mafiosi Staat und Wirtschaft zur Beute genommen hat und zugleich auch schon (teilweise in Verbindung mit der ostdeutschen Stasi) ein internationales Geflecht loyaler Geschäftspartner und politischer Verbündeter in Deutschland, der Schweiz und ganz Europa, den USA und anderswo auf der Welt geknüpft hat. Dieses «Netz» ist es demnach gewesen, welches damals, in den Jahren der Jelzin-Dämmerung, den fast unbekannten Oberstleutnant der stillen Reserve aus Petersburg nach Moskau gebracht und in zentrale Positionen des Staates hineingehievt hat: zuerst als einen vom halbsenilen Altpräsidenten selbst noch aus den Kulissen der Kreml-Verwaltung und des FSB-Apparats hervorgezauberten neuen Ministerpräsiden-

4 So die bahnbrechende Studie von Karen Dawisha: Putin's Cleptocracy. Who Owns Russia?, Cambridge 2014. – Die für deutsche Leser eindrücklichste Ausführung dieser These findet sich in Masha Gessens Putin Biographie «Der Mann ohne Gesicht», München-Zürich 2012 und ihrer gruppenbiographischen Studie «Die Zukunft ist Geschichte», Berlin 2018.

5 Hier nach dem Titel des Bestsellers der langjährigen Moskauer Korrespondentin Catherine Belton, Putins Netz. Wie sich der KGB Russland zurückholte und dann den Westen ins Auge fasste, Hamburg 2022.

ten, und dann auch schon als einen von zynisch begabten Spin-Doktoren und Polittechnologen umgebenen und vom müden Volk begeistert gewählten Nachfolger.

Aber auch diese sehr genauen Recherchen und plausiblen Diagnosen wirken noch zu konventionell, wenn man die erstaunliche Handlungsfreiheit des Putin von heute erklären will, die sich in einer «völligen Nichtachtung aller berechenbaren und äußeren Konsequenzen» gefällt, so wie Hanna Arendt sie einst als ein Signum «totaler Herrschaft» diagnostiziert hatte.[6]

Was die ideologische und propagandistische Seite seines Regimes betrifft, haben die von Putin selbst und seinen Hofideologen, Propagandisten und Staatskünstlern entwickelten «Technologien der Seele»[7] lange Zeit wie ein eklektisches, rein manipulatorisches und alles in allem fast post-modern wirkendes Sammelsurium von Phrasen und Leerformeln, Desinformationen und widersprüchlichen Behauptungen wirken können. In dieser Betrachtung erschien der Putinismus vor allem als Vorläufer und Vorbild des amerikanischen Trumpismus und seiner «alternativen Wahrheiten», so wie Putin überhaupt zum Rollenmodell und zugleich zum Sponsor nahezu aller autoritären Populisten des Westens geworden ist, und ebenso vieler Potentaten auf allen Kontinenten, die man unlängst als einen neuen Typus von «Spin-Diktatoren» zu typisieren versucht hat.[8] Und es stimmt, Putin hat es vorgemacht: Wer alle modernen Informations- und Desinformationsmedien zu bedienen und zu beherrschen weiß und alle potentiellen Rivalen und eventuell gefährlichen Opponenten mit juristischen, steuerlichen oder administrativen Mitteln aus dem Raum der Öffentlichkeit auszuschließen oder notfalls zu eliminieren vermag, der kann auch in einer massenmedial

6 Arendt, Elemente und Ursprünge totaler Herrschaft, München-Zürich 1986, S. 645.

7 Vgl. Ulrich Schmid, Technologien der Seele. Vom Verfertigen der Wahrheit in der russischen Mehrheitskultur, Berlin 2016.

8 Sergei Guriev und Daniel Treisman: Spin Dictators. The Changing Face of Tyranny in the 21st Century, Princeton 2022.

vernetzten Welt mehr oder weniger geschlossene Echoräume erzeugen und sich getrost in pseudo- oder halbdemokratischen Wahlen immer wieder plebiszitär bestätigen lassen.

Einer der Hauptvertreter der These vom Putinismus als einer postmodernen, rein zynischen Spin-Diktatur, Maxim Trudoljubow, hat sich nach Kriegsausbruch allerdings nachdrücklich korrigiert: «Putins alternative Wirklichkeit nicht ernstzunehmen, war ein weit verbreiteter, tragischer Fehler, ein Fehler, den auch ich begangen habe.» Denn tatsächlich liefen die lügnerischen Behauptungen, die diesen Krieg tragen und begründen sollen, auf einen regelrechten «Endkampf gegen die Realität» selbst hinaus. Putin habe das Land und sich selbst «mit seiner eigenen Lüge vergiftet» und in einen Zustand kollektiver Paranoia versetzt.[9]

Verzweifelte Diagnosen wie diese führen uns natürlich nur in immer tiefere, trübere Gewässer, in denen wir vergeblich nach festem Grund tasten. So haben private Umfragen, die der «Meduza»-Autor Shura Burtin kurz nach der Invasion in Moskau und Umgebung in eigener Regie und auf eigene Gefahr anstellte, das verstörende Bild menschlich irgendwie nachvollziehbarer, aber doch nahe an Schizophrenie grenzender Ansichten der «Leute auf der Straße» ergeben.

«Alle, die wir sprachen, ahnten, was da vorging, und versuchten, sich vor diesem Wissen zu schützen.» – «Die Ukrainer fragen ständig: ‹Wissen die Leute [in Russland] wirklich, was da vor sich geht?› Die Antwort ist: Nein, sie wissen es nicht. Aber sie verstehen es trotzdem.» – «Reden, in denen Nazis und Gay-Pride-Paraden ein und dasselbe sind, bilden für die Leute keinen Widerspruch. Das Hakenkreuz und die Regenbogenfahne sind nur unterschiedliche Manifestationen des westlichen Anderen. ‹Es gibt eben Leute, die uns mögen, und andere, die gegen uns sind.› Die Ukrainer haben ‹uns› verraten und sind ‹sie› geworden.» – «Der Refrain ‹Sie [die

9 Maxim Trudoljubow: Endkampf gegen die Realität. Übersetzt aus Meduza, Februar 2022, in: dekóder, März 2022 https://www.dekoder.org/de/article/krieg-ukraine-putin-realitaet-luege.

Ukrainer] haben uns immer gehasst›, kam in zwei von drei Interviews auf, in einem Atemzug mit ‹Sie sind doch eine Brudernation› und ‹So etwas wie Ukrainer gibt es doch gar nicht›.» – «‹Wir müssen den Banderismus [nach Stepan Bandera, dem Gründer der ukrainischen Unabhängigkeits-Organisation OUN, G. K.] ein für alle Mal ausrotten. Kein Mitleid, nicht mit Frauen, nicht mit Kindern, oder?› Es war, als wollte er mich fragen. ‹Die NATO kriecht doch an unsere Grenzen heran, oder?›»

Auch in seinem persönlichen Umfeld sah Burtin beunruhigende Phänomene und versuchte, sich einen Reim zu machen: «Kinder im Vorschulalter stellen sich zum Umriss eines ‹Z› auf. Sie malen das Zeichen auch an die Türen von Abweichlern, die man ordentlich erschrecken will. Der Buchstabe [den es im kyrillischen Alphabet nicht gibt, G. K.] hat ein rohes, faschistisches Charisma. Er ist ein Zeichen von Macht und vom Willen, alle Grenzen und Konventionen niederzubrechen. Semiotisch ist er identisch mit den SS-Runen. Aber gleichzeitig sind alle in Russland, von Putin bis zur Frau an der Ladenkasse, davon überzeugt, dass es sich um einen Kampf gegen den Faschismus handelt. (…) Das ganze Land repetiert Wörter wie ‹Entnazifizierung›, ‹Entmilitarisierung› und «Befreiung». (…) Und das ist auch wirklich das, was die Leute unbewusst wollen, aber nicht bekommen können. (…) Russland tut der Ukraine an, was es an sich selbst gern tun würde.»[10] Dem Befrager ist am Ende selbst schwindlig. Freilich, wer hat ihm überhaupt geantwortet – und wer nicht?

Ein ähnliches Bild dissonanter Uniformität zeigen auch die regelmäßigen Meinungsumfragen. Es gehört zu den Eigentümlichkeiten des Putinismus, dem Volk in regelmäßigen Abständen demoskopisch das Fieber zu messen, um Grad und Qualität der Unterstützung zu ermitteln. Noch bemerkenswerter: die Demoskopie ist inzwischen das einzige Feld, in dem auch als «ausländische Agenten»

10 Feeling around for something human: Why do Russians support the war against Ukraine? Shura Burtin investigates, in: Meduza (engl.) 3. Mai 2022 https://meduza.io/en/feature/2022/05/03/feeling-around-for-something-human.

gebrandmarkte Personen wie die Mitarbeiter des Moskauer Lewada-Instituts sich (noch) betätigen dürfen – sogar dann, wenn die Ergebnisse ihrer Befragungen für das Regime keineswegs so positiv sind wie der Leitindex, die pauschale 80%ige Zustimmung zu Putin und seiner Politik, es suggeriert. So ist nur eine knappe Hälfte der Meinung, das Land sei insgesamt auf dem richtigen Weg. Und nur eine sehr kleine Minderheit (16%) findet, die Politik des Staates richte sich nach den Interessen der einfachen Leute statt nach denen der Reichen, Staatseliten usw. Auch akute Bedrohungsgefühle durch den Westen waren bis unmittelbar vor Beginn des Krieges nur begrenzt zu spüren.[11]

So ergibt sich immer wieder das Bild eines buchstäblich gespaltenen Bewusstseins, so als hätte Putin mit seinen eigenen Staatsorganen, Eliten oder Propagandisten nur peripher zu tun und schwebe gottgleich über allem, was gewissermaßen ja auch stimmt. Umso mehr ist anzunehmen, dass diese Umfragen von seinen Polittechnologen aufmerksam studiert werden. Und die Ahnung könnte sie und Putin selbst durchaus streifen, dass die Behauptung einer ehernen 80%igen «Zustimmung zur Arbeit des Präsidenten» recht bröckelig würde, könnte man quantifizieren, wer am Telefon oder an der Haustür auf heikle Fragen wie «Unterstützen Sie die Spezialoperation der Regierung?» überhaupt antwortet, und dann auch noch ehrlich. So könnte eine diffuse und nicht völlig unbegründete Angst, auf Treibsand zu stehen und wie die früheren, vermeintlich ultra-stabilen Vorläuferregime, vom Zarentum bis zur Sowjetmacht, plötzlich in einem chaotischen Aufruhr unterzugehen, durchaus der tiefere Grund der Nervosität sein, die Putins Aktionsmodus eines atemlosen Vorwärtsdrängens, gepaart mit Prahlereien über unschlagbare Wunderwaffen, und seine Alles-oder-Nichts-Mentalität erkennbar durchzieht.

Freilich bleibt es eine offene Frage, inwieweit Putin und der um ihn gruppierte Machtapparat die souveränen Produzenten dieser

11 Vgl. die Zusammenstellung der Umfragen in: Russland-Analysen (Anm. 2).

Meinungen und Mentalitäten sind oder nicht ihrerseits deren Produkt oder Symptom. Jedenfalls trägt der «Autoritarismus» in Russland ungleich ernstere Züge als in Amerika, Brasilien, Ungarn oder Indien. Er steht hier auf der mentalen Basis einer traumatischen, emotional und intellektuell kaum zu bewältigenden Geschichte totalitärer und terroristischer Machtausübung gegen die eigene Gesellschaft, die in der Ära Stalins einen auf ihre Weise «singulären», d. h. präzedenzlosen und mit kaum einem anderen historischen Phänomen sinnvoll vergleichbaren Charakter angenommen hatte. Ob diese geschichtliche Erfahrung nicht sogar einen eigenen Menschentypus hervorgebracht hat, einen «Homo Sovieticus», wie vielfach gesagt worden ist, kann man ebenso gut begründen wie bezweifeln. Jedenfalls muss man die singulären Erfahrungen von Massenterror und totalitärer Auslieferung zusammensehen mit der Erfahrung des ebenso singulären Triumphs im «Großen Vaterländischen Krieg» 1945, und wiederum mit der gegenteiligen Erfahrung des ruhmlosen und chaotischen Zusammenbruchs der vermeintlichen Supermacht UdSSR und des gesamten, seit dem Weltkrieg von ihr beherrschten «Weltlagers» – ein Kollaps, dem man gleichfalls das Attribut «singulär» beilegen könnte, insofern kein Imperium dieses Formats jemals so abrupt und so sang- und klanglos abgetreten ist, und das mitten im Frieden.

Es bedarf keiner besonderen Analytik, um zu verstehen, wie dieser ungeheure historische Erfahrungszyklus mit all seinen ideologischen Überspannungen und emotionalen Wechselbädern eine weit verbreitete mentale Disposition produziert hat, an gar nichts mehr zu glauben und alles für möglich zu halten. Gleichzeitig muss ein derartiges geistiges und emotionales Vakuum, in dem es Menschen kaum aushalten und aushalten können, fast zwangsläufig neue, synthetische Sinnstiftungen anziehen. Mehr noch: Es kann sogar ein erneuertes Bedürfnis nach allseitiger, neo-totalitärer Macht produzieren, die wieder Ordnung in den Wirrwarr der Gegenwartswelt bringen soll und – in Hannah Arendts Formulierung – abermals ein «eisernes Band (schafft), das alles so eng aneinanderschließt, dass …

es ist, als seien alle zusammengeschmolzen in ein einziges Wesen von gigantischen Ausmaßen».[12]

Totalitäre Macht und selbst exzessiver, willkürlicher Terror können eben keineswegs nur abschreckend, sondern auch anziehend wirken. Und dasselbe tun große Kriege – die regelmäßig nicht nur eine retrospektive Nostalgie erzeugen, sondern oft auch eine prospektive Sehnsucht nach neuem Krieg erzeugen können. Und kaum etwas ist dafür besser geeignet als der «Große Vaterländische Krieg» nach dem deutschen Überfall 1941, der ein unzweifelhaft gerechter, unausweichlicher Krieg um die schiere Existenz war und ungeheuerliche Opfer gefordert hat, die posthum noch immer nach Kompensation verlangen. Zugleich stellt diese ideologisch gefriergetrocknete Formel den aufgezwungenen Verteidigungskrieg der UdSSR aus dem Gesamtgeschehen des Zweiten Weltkriegs weitgehend heraus und reduziert ihn auf einen einzigen Aspekt: die autistische Erzählung vom unbesiegbaren Großen Russland. Und ebenso werden alle Äußerungen einer echten, lebendigen, menschlichen Tragik und Trauer, die in den späten sowjetischen Kriegserzählungen noch halbwegs zu spüren waren, im Putinismus in nackten Triumph und Militarismus umgewandelt. So soll eine neu aufgestellte, vielhunderttausendköpfige «Junarmija», eine vormilitärische Kinder- und Jugendarmee, unter der morbiden Losung «Wir können es noch einmal tun» auf eine neue, entgrenzte, beliebig missbrauchbare Kriegsbereitschaft eingestimmt werden.

Kriege waren für Putin von Anfang an das Mittel der Wahl, um die schwelende Unzufriedenheit über die grellen sozialen Unterschiede und über die manifeste Willkür, Korruption und Dysfunktionalität der staatlichen Organe immer von Neuem in die Kanäle eines aufgeputschten Machtstaats- und Großmachtstolzes umzulenken. Schon der erste, phänomenale Popularitätssprung, der dem unbekannten und spröden Apparatschik im Jahr 2000 den Weg ins Amt sicherte, verdankte sich seiner Rolle als Kriegsherr. Ähnliches galt

12 Arendt, Elemente und Ursprünge totaler Herrschaft, München 1986, S. 713 f.

2008 für den Krieg gegen Georgien und die dort gemachten Eroberungen, mittels derer die Vertrauens- und Verfassungskrise gelöst wurde, die sich am gezinkten Ämtertausch mit seinem Adlatus Medwedew entzündet hatte. Und ebenso diente die Okkupation der Krim und die Aufstellung einer Separatistenarmee im Donbass im Frühjahr 2014 dazu, eine Periode innerer Unruhe, die sich vor und nach der massiv gefälschten Wiederwahl Putins 2011/12 in großen Massendemonstrationen entlud, in einer Woge patriotischen Stolzes zu ertränken. Einen historischen Moment lang hatte es damals so ausgesehen, als werde auch Russland sich der Kette der demokratischen «Farbenrevolutionen» anschließen, die in Serbien 2000 begonnen hatte, sich in der Ukraine 2004 und in Georgien 2008 fortsetzte und über den Iran 2009 die arabische Welt 2010/11 erreichte. Stattdessen gelang es Putin, alle Widerstände gegen sich und sein Regime durch Serien repressiver Gesetze und Verordnungen, drakonischer Justizurteile und gezielter Morde (wie der Erschießung Boris Nemzows, des letzten prominenten Oppositionellen, unter der Mauer des Kreml 2015) niederzumachen und schließlich fast völlig zu ersticken.

Seither hat er freie Hand. Und jetzt geht es ihm erkennbar um weit Größeres und womöglich sogar um etwas völlig Anderes als um Stabilität und Prestige. Schon durch seinen einsamen, womöglich impulsiv gefassten nächtlichen Entschluss, unmittelbar im Anschluss an die Olympischen Spiele in Sotschi am 18. März 2014 die Krim zu okkupieren und einen Krieg im Donbass zu eröffnen, hatte er einen Rubikon überschritten, hinter den es kein Zurück mehr gab und gibt – und wohl auch gar nicht mehr geben sollte. Seither lebt Russland, wie Putins begabtester Polittechnologe Wladislaw Surkow 2020 verkündet hat, in der «Epoche 2014+» und strebt, notfalls in «100 Jahren geopolitischer Einsamkeit», völlig neuen, unbekannten Ufern zu.[13]

13 Wladislaw Surkow, 100 Jahre geopolitische Einsamkeit, in: dekóder, 12.6.2018; siehe auch den Essay «Der Narzissmus der Unverstandenen – Phantasmen einer eurasischen Weltzivilisation» in diesem Buch, S. 236–258.

Wer sich tiefer in den Irrgarten historio-sophischer Konstruktionen hineinbegibt, die Putin seit mehr als einem Jahrzehnt selbst freihändig vorskizziert hat, um anschließend von einem weiten Kreis amtlicher oder selbstberufener Ideologen und Mythologen, Theologen oder Geostrategen ausgemalt zu werden, könnte leicht irre werden. Natürlich liegt der pseudoreligiöse Charakter aller dieser ideologischen und moralischen Zurüstungen offen zutage – allein schon beim Blick auf den opulenten und alles andere als sittlichen Lebensstil Putins und der ihn umgebenden Machteliten – und hat sich in dem von Nawalny nach seiner Vergiftung und vor seiner Rückkehr und Wiederverhaftung im Januar 2021 enthüllten «Palast für Putin» ein denkwürdiges Monument geschaffen, von dem allerdings unklar bleibt, wozu diese Orgie von monströsem Protz, schlechtem Geschmack und Dysfunktionalität jemals hätte dienen sollen.

Parallelen zum christlich-fundamentalistischen Pseudo-Konservativismus der US-Republikaner in der Ära Trump, zum luxurierenden Islamismus und Pseudo-Konservativismus der saudischen und emiratischen Herrscher oder auch zu den neo-osmanischen Phantasiewelten eines Recep Erdoğan bieten sich an. Und natürlich müssen die eurasisch-orthodoxen Ideologen des Putinismus mit dem hybriden geschichtstheologischen Exzeptionalismus der chinesischen Kommunisten in der Ära Xis Schritt halten – so wenn dieser in seiner Rede zum hundertsten Jahrestag der Kommunistischen Partei 2017 als den epochalen «Chinesischen Traum» verkündete: «Wenn das Dao waltet, herrscht der Gemeinsinn über alles unter dem Himmel. Wir ... nehmen den im mehr als 5000-jährigen Kampf des chinesischen Volkes angereicherten kulturellen Nährstoff auf ... und verfügen über einen unvergleichlich breiten Horizont der Zeit, ein unvergleichlich tiefgründiges Kulturerbe und eine unvergleichlich starke Entschlossenheit zum Fortschritt.»[14]

Gegen 5000 Jahre China = Dao = Kommunismus ist selbst mit einer tausendjährigen eurasisch-russisch-orthodoxen Superzivilisa-

14 Xi Jinping, Bericht auf dem XIX. Parteitag der Kommunistischen Partei Chinas, 18. Oktober 2017, S. 76.

tion schwer anzukommen. Es sei denn, man ist ein Nahendra Modi und kann im Metaversum des 21. Jahrhunderts das noch ältere «Licht der Arier» simulieren und herbeizaubern, in dessen okkultem Widerschein auch der Wagnerianer Adolf Hitler sich einst gebräunt hat.

Ob man all diese hybriden Welt- und Gesellschaftsentwürfe als Indikatoren einer neuen «Paläo-Moderne» beschreiben müsste, wie ich es als ironische Replik auf den ähnlich esoterischen Signifikantenzauber der «Post-Moderne», ohne besonderen theoretischen Anspruch, gern tun würde, kann dahingestellt bleiben. Damit soll auch nicht gesagt werden, dass es sich um reine Restaurationen oder Regressionen handele, allerdings um Reaktionen (im alten, politischen Sinne dieses Wortes) auf die weltpolitischen, weltwirtschaftlichen und zivilisatorischen Revolutionen und tektonischen Verschiebungen der letzten drei Jahrzehnte, und insoweit um einen tiefen zivilisationsgeschichtlichen Rückfall.

Jedenfalls knüpfen die «autoritären Regimes» von heute an jene Macht- und Ideenformationen aus der ersten Hälfte des 20. Jahrhunderts wieder an, die sich damals ebenfalls durch Kombinationen hochmoderner und tiefarchaischer Macht- und Produktions-, Mental- und Sozialtechniken ausgezeichnet haben und die man damals mit dem Attribut «totalitär» zu erfassen versucht hat.

Erhellender als rein typisierende Betrachtungen – die etwa dazu führen, das Regime Putins nach ideologischen und politologischen Kriterien als «faschistisch» zu bezeichnen – wäre es, alle diese historisch einander ablösenden oder sich überschneidenden Totalisierungen und politisch-ideologischen Evolutionen als Teil und Ausdruck der inneren und zugleich der weltpolitischen Konflikte des Zeitalters zu beschreiben. Und das gilt für damals wie für heute. Alle diese Regimes und Systeme waren und sind an jeweilige, ganz bestimmte Länder und Nationen gebunden. Italienischer Faschismus, japanischer Militarismus oder deutscher Nationalsozialismus, russländisch-sowjetischer Bolschewismus und chinesischer Maoismus waren gegeneinander nicht einfach austauschbar. Dabei waren sie alle Produkte der totalen Mobilmachungen und sozioökonomischen Umwälzungen der beiden Weltkriege und daraus hervorgegangenen Mächtekonstellationen. Und alle sahen sie sich auf jeweilige Weise als Herausforderer der scheinbar siegreichen und angeblich die Welt dominierenden europäisch-atlantisch, bürgerlich-kapitalistisch und demokratisch-pluralistisch geprägten Welt eines «Westens», den es als politische Einheit in Wirklichkeit damals nur zeitweise und sehr bedingt gegeben hat. Gleichzeitig waren sie untereinander in tiefe Konflikte verstrickt oder haben sich gegenseitig zu kannibalisieren versucht. Aber gerade in dieser Verstrickung haben sie sich jeweils weiterentwickelt oder voneinander gelernt.

Mao Tsetung wie Deng Xiaoping haben häufiger, mal spöttisch, mal auch ganz ernsthaft betont, was sie als chinesische Kommunisten ihrem Todfeind Japan zu verdanken hatten – und zwar nicht nur durch originäre geistige Einflüsse und als Vermittler westlicher Theorien und Technologien, sondern gerade durch alle Kriege, Okkupationen und Konfrontationen hindurch, in denen sie an ihrem unmittelbaren Gegner Maß genommen und von ihm gelernt haben, um ihn schließlich als Vormacht Ostasiens und pazifischen Herausforderer der US-Hegemonie direkt zu beerben.

In einer ähnlichen, weniger einseitigen, viel komplexeren Weise ließe die Geschichte der gegenseitigen Beeinflussungen und Konfrontationen des Deutschen und des Russländischen Reichs sich beschreiben. In meinem Buch «Der Russland-Komplex» von 2005 habe ich diesem Zusammenspiel, vorwiegend aus deutscher Perspektive und in impliziter Antithese zu dem von Ernst Nolte konstatierten «kausalen Nexus» von Nationalsozialismus und Bolschewismus, in vielen Verästelungen nachzuspüren gesucht. Und mindestens so interessant wäre der komplementäre «deutsche Komplex» auf russischer Seite.

Das gilt nicht nur für die bekannteren Kapitel von Prussia et Russia, vom «Geist von Tauroggen» (der Waffenbrüderschaft gegen Napoleon) und von Bismarcks Politik der «Rückversicherung» oder für die Entstehung der Slawophilie aus dem Geist des deutschen

Idealismus. Es gilt noch expliziter für die Modernisierungsideen der russischen Sozialisten gemäß eines ganz auf russische Verhältnisse hin zurechtgetrimmten, positivistisch verstandenen Marxismus, gepaart mit der Bewunderung für deutschen Organisationsgeist und deutsche Technik, wie sie sich in der Gründergruppe des Bolschewismus um Lenin fast zur fixen Idee entwickelte. Auch die eher im Schatten liegenden, dem Allgemeinbewusstsein verborgeneren Wege und Lineaturen, wie die geheime Förderung der Lenin-Gruppe und anderer russischer oder nicht-russischer Revolutionäre zur «Dekomposition» des Zarenreichs durch die Berliner Reichsleitung und die Wege, die dann vom Friedensvertrag von Brest im Februar 1918 weiter zum Vertrag von Rapallo im April 1923 führen, oder die intensive und hoch konspirative Zusammenarbeit von Reichswehr und Roter Armee wären zu rekonstruieren, und schließlich und vor allem dann die Art und Weise, in der Stalins Sowjetunion und Hitlers Drittes Reich sich in ihren Kollusionen und Konfrontationen vor und im Weltkrieg gegenseitig vorwärtsgepeitscht und aneinander Maß genommen, in ihren Kriegs- und Okkupationspolitiken voneinander gelernt oder sich in all ihrer Todfeindschaft osmotisch durchdrungen und verändert haben.

In Wassili Grossmans in den Jahren der Antikosmopolitismus- und Antizionismus-Kampagnen der letzten Stalinjahre verfasstem Romanepos «Leben und Schicksal» wird dieses unheimliche Gefühl und der kaum aussprechbare Gedanke bis zu der Andeutung getrieben, die Sowjetunion und die Partei Stalins (Grossmans Partei) könnten in den existenziellen Konfrontationen dieses Lebensraum- und Versklavungskriegs und in der Hölle der Massenausrottungen und Völkerverschiebungen auf den östlichen «Bloodlands» Züge eines ganz eigenen, russischen «National-Sozialismus» angenommen haben – für den es schon manche Voraussetzungen gegeben hätte.[15]

15 Wassili Grossman, Leben und Schicksal, Berlin 2007.

Das sind alles freilich nur tastende Hypothesen, um zu verstehen, warum nach der von Putin beschworenen «größten geopolitischen Katastrophe des 20. Jahrhunderts», also dem Zerfall der Sowjetunion und der damit verbundenen imperialen Entblößung Russlands, die Figur Stalins in vielen Umfragen wieder als die «bedeutungsvollste Gestalt der russischen Geschichte» die Bühne betreten hat, und mit ihm unvermeidlich auch seine schattenhafte Gegenfigur Hitler, ohne den er niemals auf die geschichtliche Höhe katapultiert worden wäre, auf der er und der von ihm repräsentierte Metastaat 1945 standen, dessen geopolitischer Radius nun «von der Elbe bis zum Jangtse» reichte.

Stalin hatte seine eigenen, guten Gründe, das Epithet «Nationalsozialismus» zu verpönen und es durch den beliebig erweiterbaren und anwendbaren Begriff des «Faschismus» zu ersetzen. Unter seinen Nachfolgern ist «Faschismus» dann oft mit «Nazismus» synonym gesetzt worden, aber damit haben diese Begriffe sich erst recht von allen genaueren Bestimmungen und Bedeutungen gelöst. Wenn heute von Putin und seinen Ideologen sogar von einem «Nürnberger Tribunal» gegen die «Nazi-Junta» in Kiew gesprochen wird, geführt von einem Komiker namens Selenskyj, der zwar jüdisches Blut in den Adern habe, aber wie Hitler ja vermutlich auch … – dann hat Außenminister Lawrow, der das vor der Weltpresse mit aller Selbstverständlichkeit erklärt hat, nur in den Schmiertopf einer jahrzehntelangen sowjetischen Propaganda gegriffen, mit der er wie Putin oder sein schäumender Ex-Premier Medwedew schließlich großgeworden sind. Auf sowjetischen Plakaten und in Karikaturen trugen damals nicht nur US- und NATO-Generäle, sondern auch israelische Panzerkommandanten obligatorisch SS-Runen auf den Helmen, während die westlichen Monopolkapitalisten oder die «wurzellosen Kosmopoliten» aller Länder sich den Stürmer-Karikaturen des «Weltjuden» verblüffend anähnelten. Aber auch die Aufständischen und Abtrünnigen in Ostberlin und Budapest, in Prag oder Danzig erhielten regelmäßig das Stigma einer «Nazibande» aufgedrückt, die vom «Zionismus» instrumentiert werde, der selbst nur eine Form des Faschismus oder Nazismus war … Und nicht anders erging es sowjetischen Dissidenten und in jüngster Zeit eben den Demonstrierenden und Kämpfern auf dem Maidan in Kiew.[16]

In dieser Nacht, in der alle Katzen braun sind, bringt es daher nur begrenzten Gewinn, wenn man umgekehrt das Putin-Regime nach systemischen Merkmalen als «faschistisch» oder «nazistisch» qualifiziert (wie Timothy Snyder und viele andere es getan haben), oder Putin mit Hitler oder mit Stalin tatsächlich gleichsetzt (statt sie zu vergleichen, was etwas anderes ist). Vielmehr wäre Putins Regime mit seinen brutalen Vernichtungsbombardements und mit seinen plumpen, jeden Menschenverstand beleidigenden Lügen und Suaden als scheußliche Chimäre oder hybride Schöpfung zu charakterisieren, die die Gehässigkeiten und Gemeinheiten so ziemlich aller historischen Formationen vor oder neben ihr aufnimmt und neu kombiniert oder synthetisiert.

Schafft man es dagegen, sich für einen Moment von der morbiden Faszination zu lösen, die von dem giftigen, alle Sinne und alle Gedanken lähmenden Strom von Bildern und News sinnloser Zerstörungen und brutaler Hassreden ausgeht, und hört und schaut man stattdessen einmal zu, wie der Gegenpart des großen Zampano Wladimir, der kleine Comedian Wolodymir, an jedem Tag per Video mit gefasstem Ernst als Kriegspräsident wider Willen zu seinen Leuten und zu uns allen spricht – dann verschwimmen Bildseqenzen, in denen er vor kaum zehn Jahren noch als begnadeter Steptänzer aufgetreten ist, bevor er als «Diener des Volkes» zum Präsidenten gewählt wurde, mit den noch älteren Bildern eines Charie Chaplin, wie er im Jahr 1940 als vexatorischer Wiedergänger des «Großen Diktators» Hynkel tanzend mit der Weltkugel gespielt und alle Schrecken für einen Moment in befreites Gelächter aufgelöst hat. Leider nur im Kino.

16 Vgl. Mischa Gabowitsch, Von «Faschisten» und «Nazis». Russlands Geschichtspolitik und der Angriff auf die Ukraine. In: Blätter für deutsche und internationale Politik, H. 5/2022, S. 55–62.

II. Abschied von Gestern – Historische Momentaufnahmen (1989–1997–2001–2018)

«Oh, Yesterday came suddenly.»

(Paul McCartney)

1. Arsenijs Lied

Russland im Zirkel der Geschichte*

Das Foto, das Arsenij Roginskij kahlgeschoren 1982 im Lager zeigt, könnte mit seinem tiefen, melancholischen Blick schon an das eines Menschen erinnern, der gegen eine unheilbare Krankheit kämpft und um die Vergeblichkeit weiß. Natürlich ist das eine Projektion, die den mehr als dreißig erfüllten Jahren, die Arsenij nach seiner Entlassung gelebt und gewirkt hat, vor allem als Mitgründer, Inspirator und Gesicht von «Memorial», nicht gerecht wird. Er selbst hat sich später darüber mokiert, wie rasch er damals – in bester oder schlechtester russischer Tradition – bereit war, vom «Schicksal» zu reden, das «ihm bestimmt» und das «stärker als wir» sei, und sich erst in den Lagern, die er durchlief, «im wahren Russland» zu fühlen.

Aber solche Klischees haben eben oft, wie Karl Kraus einmal über das Wort «Familienbande» bemerkt hat, «den unangenehmen Beigeschmack von Wahrheit». Noch in Arsenijs Selbstironie steckte die tiefe Trauer über den Zirkel, in dem die Geschichte Russlands sich bewegt und in dem auch der Kampf um die Erinnerung, gegen den kollektiven Gedächtnisverlust vieler seiner Bürger, bis heute feststeckt. Alles, was er und seine Mitstreiterinnen und Mitstreiter in «Memorial» seit 1988 so hartnäckig und erfolgreich unternommen haben, hat im Bewusstsein der Gesellschaft «kaum die Ober-

* *Dieser Text erschien im Heft 11–12/2017 der Zeitschrift «Osteuropa», u. d. T. «Im Zirkel der Geschichte. Gedächtnisverlust und Kampf um Erinnerung», S. 45–52. Das Heft war dem verstorbenen Mitgründer und Inspirator der Geschichts- und Menschenrechtsorganisation «Memorial», Arsenij Roginskij, gewidmet. Im Herbst 2022 erhielt «Memorial» den Friedensnobelpreis.*

Links: Arsenij Roginskij, 1982 im Lager. Rechts: Mitglieder der Gründungsgruppe von «Memorial», Moskau 1993: v. l. n. r.: Nikita Ochotin, Jelena Shemkowa, Alexej Korlajew, Arsenij Roginskij

fläche berührt», wie Arsenij in einem Lebensbericht von 1996 gesagt hat.[1]

Wenn es so ist, dann wäre die Ära Putin, die drei Jahre später begann, schon das mentale Resultat einer kollektiven Selbsttherapie: der Substitution der unerträglich schmerzhaften Erinnerung an eine mit maßlosen, sinnlosen Opfern erkaufte Geschichte Russlands im 20. Jahrhundert durch eine krude Mixtur aus alten und neuen Größenphantasien, die durch die staatliche Geschichtspolitik eher bedient als erzeugt werden.

Diese Diagnose ist heute fast schon trivial; zumal Russland ja beileibe nicht das einzige Land der Welt ist, dass die Untiefen oder Abgründe seiner Geschichte mit pompösen Geschichtsklitterungen zu überdecken sucht. Eher ist es vielen anderen Ländern darin vorangegangen. Wladimir Putin und seine offensive Geschichtspolitik dienen heute implizit oder explizit als Rollenmodell für die Türkei unter Erdoğan, das Indien Modis, das China Xis oder die USA unter Trump. Überall wimmelt es von Heldenerzählungen und na-

1 Arsenij Roginskij: Za naszą i waszą przeszłość, in: Karta, 20/1996, S. 23–42. Deutsch in: «Osteuropa» H. 11–12/2017, u. d. T. Wahrheit und Recht. Autobiographische Erinnerungen, S. 13–36.

tionalreligiösen Erbauungsbildern, die man in ihrer Primitivität und Eindimensionalität, aber auch ihrer medialen Raffinesse kaum noch für möglich gehalten hätte. In staatlich gesponserten Fernsehserien und Filmepen, Schulbüchern und Monumentalbauten wird die jeweiligen National- und Reichsgeschichten noch einmal in einer Weise neu erfunden, die umso verpflichtender ist, je mehr sie sich von allen wirklichen historischen Erfahrungen und Erinnerungen entfernt.

Aber das Beispiel Russlands ist doch dramatischer und geht tiefer. Wenn die Geschichte eines Landes im 20. Jahrhundert die Bezeichnung «tragisch» verdient hat, dann ist es die Russlands – vor, während und nach seiner sowjetischen Periode. Bei der Weltausstellung im Jahr 1900 in Paris trumpfte das Zarenreich mit einer eurasischen Entwicklungsperspektive auf, die keineswegs aus der Luft gegriffen schien. Noch am Vorabend des Ersten Weltkriegs 1914 sagte der französische Wirtschaftswissenschaftler Edmond Théry – indem er die demographischen, industriellen, agrarischen und urbanen Entwicklungen in den Jahren seit 1890 hochrechnete – für das Jahr 1948 eine Vervielfachung des Sozialprodukts und Verdoppelung der Gesamtbevölkerung des Russländischen Reichs auf 340 Millionen Menschen voraus.[2]

Stattdessen zählte die territorial erweiterte UdSSR 1948 kaum mehr Menschen als das Zarenreich im Jahr 1914, etwa 170 Millionen. Nur China hat zwischen 1850 und 1950 auf einen ähnlich katastrophalen demographischen und sozioökonomischen Einbruch zurückgeblickt.[3] Aber der Absturz Russlands hatte sich in einer viel kürzeren historischen Frist vollzogen. Und er war, wie im Falle Chinas auch, nur zum Teil das Ergebnis äußerer Invasionen; zum anderen, entscheidenden Teil war er hausgemacht. Hitlers Projekt der

2 Edmond Théry, La transformation de la Russie, Paris 1914, S. XIII; hier zit. nach Michail Heller: Geschichte der Sowjetunion. Band 1: 1914–1939, Frankfurt/Main 1981, S. 7.

3 Vgl. das von Rudolph J. Rummel erstellte Zahlentableau der sukzessiven chinesischen «Demozide», referiert als eine «historia tragica» in Jürgen Osterhammel, Shanghai, 30. Mai 1925. Die chinesische Revolution, München 1997, S. 29 f.

Eroberung germanischen «Lebensraums» im Osten, irrwitzig wie es war, baute den Schein seiner Plausibilität gerade auf den immensen Menschenverlusten und Verwüstungen auf, die sich Russland als Vielvölkerreich im sektiererisch entfachten Bürgerkrieg von 1918 bis 1922 selbst zugefügt hatte, und dann noch einmal in den Katastrophen der Kollektivierung und im Großen Terror der 1930er Jahre. Das erst erlaubte es Hitler, sich die UdSSR als einen «Koloss auf tönernen Füßen» vorzustellen, den man zuerst ausnutzen und dann niederwerfen konnte. Und Stalin selbst war es gewesen, der durch den stillen Kriegspakt von August/September 1939 eine gemeinsame Grenze mit dem Nazireich hergestellt und seine vom Terror dezimierte, nicht auf Verteidigung eingestellte und aufgestellte Armee und sein psychisch und physisch tief erschöpftes Land im Sommer 1941 nach einer katastrophalen Fehleinschätzung der weltpolitischen Lage und namentlich der Absichten Hitlers hatte überrumpeln lassen – mit Verlusten, die dem tatsächlichen Kräfteverhältnis keineswegs entsprachen.

Und wäre wenigstens der Sieg im Großen Vaterländischen Krieg, der heute als das Zentralstück der patriotischen Neuerfindung Russlands dient, wirklich das gewesen, was die Völker des Vielvölkerimperiums und seine Subjekte vereint und aufgerichtet hätte! Stattdessen war dieser Sieg vielfach das Instrument ihrer letzten, ultimativen Spaltung und Demütigung: Nicht nur das Gros der nicht-russischen Nationalitäten, von den Ukrainern bis zu den Tataren oder Tschetschenen, auch Millionen russischer «Hiwis», Zwangsarbeiterinnen und Zwangsarbeiter, Kriegsgefangener und selbst KZ-Insassen wurden als Kollaborateure und «deutsche Hündinnen» an die Seite der früheren «Volksfeinde» und ihrer Familien gerückt und füllten ab 1944 den üppiger denn je aufblühenden Archipel der Lager und Verbannungsorte.

Selbst die Masse der einfachen Rotarmisten, die – fast ohne jede Chance, diesen Krieg heil zu überleben – in immer neuen Jahrgängen in die Schlachten geworfen worden waren, wurden kaum in einer ihrem Selbstopfer angemessenen Weise geehrt, geschweige entschädigt, sondern als psychisch lädierte oder physisch verstümmelte Menschen vielfach aussortiert und an den Rand gedrängt.[4] Die Ordensbrüste der Veteranen, meist Offiziere, an den Festtagen, wie sie vor allem in der Breschnew-Zeit ins Bild gerückt wurden, täuschten nur darüber hinweg, dass vielleicht keine Generation in Russland von ihrem Vaterland so misshandelt worden ist wie gerade die der einfachen Kriegsteilnehmer; von den Millionen Frauen, die an und hinter der Front die stumme Grundlast dieses Überlebenskampfs getragen haben, noch ganz zu schweigen.

«Hitler hat ja nur die Anderen umgebracht. Aber Stalin – die Eigenen!» Das sagte uns ein junger Taxifahrer (vermutlich ein Student), als ich im März 1989 das erste Mal nach Moskau fuhr, um eine Rundfunk-Reportage über die – so schien es damals – fast fieberhaft hochschießende historische Erinnerung in der Sowjetunion unter Michail Gorbatschow zu machen. Dieser Schein einer obsessiven Beschäftigung mit der eigenen Geschichte trog auch nicht, zumindest was große Teile der städtischen Intelligenzija und der Jugendlichen anging – freilich in Formen, die schon damals diametral auseinanderstrebten.

Am 5. März 1989 nahm ich an einer Kundgebung zum Jahrestag des Todes von Josef Stalin im Park Kultury teil, auf der unter anderem der Schriftsteller Jewgenij Jewtuschenko sprach. Sie war nicht sehr groß, vielleicht tausend Menschen. Immer wieder wurde der verblichene Sowjetführer mit Hitler verglichen, im Diskurs dieser Reformzeit noch immer ein ungeheures Sakrileg, aber auch ein Ausdruck von Hilflosigkeit, das stalinistische System in eigenen Kategorien zu beschreiben; und immer wieder brachen die Teilnehmer in den Ruf «Schande, Schande» aus.

Am Abend desselben Tages traf ich dann in einer winzigen Wohnung mit der Gruppe der Aktivisten von Memorial zusammen: mit Arsenij Roginskij, der als erster das Wort ergriff und die anderen

4 Eine eindrucksvolle Schilderung dieser Nachkriegswelt findet sich in Irina Scherbakowa: Die Hände meines Vaters. Eine russische Familiengeschichte, München 2017, insbes. Kap. 3: Der Krieg meines Vaters, S. 97–166.

vorstellte: Jelena Shemkowa, Oleg Orlow und Nikita Petrow. Der Kampf um die Erinnerung, von dem Arsenij sofort zu sprechen begann, zentrierte sich teilweise noch auf so handfeste Fragen wie den Molotow-Ribbentrop-Pakt: «Gab es ihn oder gab es ihn nicht? Die offiziellen Stellen sagen, es gab ihn praktisch nicht.» Ungleich aufwühlender war, was Oleg Orlow über die im ganzen Land vorangehende Suche nach Massengräbern der erschossenen «Volksfeinde» berichtete, so auch über die Erschießungsstätten am Rande der Hauptstadt selbst, vermutlich in Butowo, und über das Krematorium im Donskoj-Kloster, mitten im Zentrum Moskaus, in dem die in den Gefängnissen erschossenen «Parteifeinde» verbrannt worden waren. Dass sich in der Grube auf dem Gelände die Asche großer Künstler wie Isaak Babel oder Wsewolod Meyerhold in einer obszönen Intimität mit der des Organisators des Großen Terrors, Nikolaj Jeshow, vermischte, ahnte man damals wohl noch nicht.

Im noch immer sehr improvisiert wirkenden Büro von Memorial kamen und gingen Besucher, brachten Bilder und letzte Briefe ihrer verschollenen Angehörigen, wurden registriert oder interviewt. Wie bei einem Suchdienst nach einem Weltkrieg waren auf einer großen Pinnwand Fotos und Zettel mit Fragen befestigt: Wer hat ihn (unseren Vater, unseren Bruder) oder sie (unsere Mutter, unsere Schwester) zuletzt noch wo gesehen, wer weiß irgendetwas über ihr Schicksal?

Diese Szenerie hat sich mir eingebrannt. Inmitten oder am Rande der Stadt, in der man lebte, bei Klöstern, die als KZ's und Erschießungsstätten gedient hatten, oder in den verwirrten, kaum noch erkennbaren Resten alter Lagerkomplexe nach den menschlichen Überresten oder vermoderten Lebenszeugnissen von ermordeten und verschollenen Bürgern des eigenen Landes zu suchen, wie es Tausende junge Russen in diesen Jahren taten – das war mit der archivarischen Spurensuche deutscher Geschichtswerkstätten, der Oral-History-Bewegung oder mit der Arbeit an den offiziellen Gedenkstätten für die NS-Opfer nicht entfernt zu vergleichen.

Damals verfestigte sich in mir der Gedanke, dass die Auseinandersetzung mit den Abgründen der eigenen Geschichte in den Hauptländern des Weltkommunismus sowohl aus politischen wie aus psychischen und intellektuellen Gründen noch ungleich schwieriger und langwieriger sein würde, als es die Abrechnung mit dem Nationalsozialismus für uns gewesen war, dessen Verbrechen in einem konzentrierten Zeitraum von zwölf Jahren verübt worden waren und die gleich nach dem angezettelten und verlorenen Weltkrieg 1945 offen zutage lagen. Anfang 1990 schrieb ich im Frankfurter Stadtmagazin «PflasterStrand»:

«Heute öffnen sich im Mutterland der Großen Sozialistischen Oktoberrevolution endlich die Archive. Und gleichzeitig öffnen sich die Gräber. Das ist ein geschichtlicher Moment von furchtbarer Intensität. Inmitten der mehr oder minder dicht besiedelten Kerngebiete Russlands – und keineswegs nur im hohen Norden oder im fernen Sibirien – ist der Archipel der Lager und ‹Sondergebiete› wie ein urzeitliches Monstrum aufgetaucht. Oder das, was davon übrig ist: eine Welt verfallener Wachtürme und Baracken, geisterhaft leerer Klöster und Paläste, manchmal von überirdischer Schönheit. Und fast immer umgeben von regelmäßig angeordneten oder irregulär verstreuten Gräberfeldern. Darin liegen Menschen mit einem akkuraten kleinen Loch im Schädel, jeweils hundert beieinander, und das mal tausend oder ein Vielfaches von tausend. Gruppen Jugendlicher sind, wie auf einem Kinderkreuzzug, seit mehreren Sommern unterwegs, um diesen Archipel zu vermessen, zu fotografieren, auszugraben. Und ihn nach Lebenszeichen zu durchstöbern: nach Stapeln niemals abgeschickter Briefe, nach Ausweisen und Blechnäpfen, nach geschnitzten Figuren und eingeritzten Botschaften.

Aber niemand scheint mehr da, der diesen historischen Moment in seiner ganzen furchtbaren Intensität wahrnimmt. Oder jedenfalls erscheint das, was wahrgenommen wird, ungleich abstrakter, ferner, mysteriöser als die anderen Menschheitsverbrechen dieses Zeitalters. Es scheint, als sollte die Überlegenheit des Kommunismus über seinen primitiveren Gegenspieler und Konkurrenten, den Faschismus und deutschen Nationalsozialismus, darin noch einen letzten Triumph feiern.»[5]

1989 war, noch bevor es zum Jahr der ersten Wahlen in Polen, des Mauerfalls in Berlin und der demokratischen Umstürze an der Peripherie des vormaligen Sowjetblocks wurde, auch das Jahr des Massakers auf dem «Platz des Himmlischen Friedens» in Peking. In einem Bändchen «Nachdenken über China», das Mitte 1990 erschien, zog ich einen Vergleich zu dem Geschichtsfieber, von dem Russland und der ganze postsowjetische Raum damals erfasst schienen:

«In China ist die Zeit dieser archäologischen Grabungen noch nicht gekommen. Vielleicht wird es sie in dieser Form auch später nicht geben, obwohl die Zahlen, die genannt werden, denen aus der Sowjetunion bestürzend gleichen. Aber vielleicht werden sich die Grabfunde hier, im Reich der Mitte, in ganz anderer Weise über die Oberfläche des Landes verteilen, sind sie auf andere Weise dem Lehm, dem Wasser und der Luft überantwortet gewesen. Vielleicht gibt es ja hier überhaupt nicht dieses übermächtige Pathos des Erinnerns, Pamjat' oder Memorial genannt, wie heute in Russland … Ich habe als langjähriger Maoist nicht die geringste Ahnung …»[6]

Dabei spielte meine Formel vom «übermächtigen Pathos des Erinnerns» in Russland schon auf das Zwiespältige dieses Erinnerns an, mit dem ich beim Besuch im Frühjahr 1989 auf schroffe Weise konfrontiert worden war. Durch einen Zufall kam ich – vor meinem Treffen mit den Aktiven von Memorial – zu einem Interview mit dem Führer von «Pamjat'», der ersten, offen großrussisch-chauvinistisch-antisemitisch auftretenden Organisation, die sich explizit in die Tradition der vorrevolutionären «Schwarzen Hundert» stellte, einem gewissen Dmitri Wassiljew. Vor einer Phalanx von Schwarzhemden mit Koppel entrollte dieser Führeranwärter, ein «Kunst-

5 Gerd Koenen: Der Kindertraum des Kommunismus, in: PflasterStrand, Juli 1990, S. 47–50, Zitat S. 50.
6 Unsere kleine deutsche Kulturrevolution, in: Ulrich Menzel (Hg): Nachdenken über China, Frankfurt/M. 1990, S. 242–253 hier S. 252.

fotograf» (der vor allem Landschaften mit verfallenen Kirchen und Klöstern ablichtete), ein hermetisches Bild der Geschichte des russischen Volkes, «das durch einen Genozid beinahe vernichtet worden ist». Freimaurerlogen hatten demnach seit der Zeit Peters die besten kulturellen Traditionen Russlands deformiert. Im Februar 1917 hatten sie in Gestalt eines gewissen Kerenski, der eigentlich Aaron Kirbis hieß, die Macht ergriffen, nur um durch die Machteroberung der Zionisten um Trotzki, Sinowjew, Swerdlow und im Namen der vom deutschen Juden Marx entwickelten Lehre vom Kampf der Klassen verdrängt zu werden. Seit es diesen global operierenden dunklen Kräften gelungen war, Deutschland und Russland im Zweiten Weltkrieg aufeinander zu hetzen, rückte eine zionistische Universalherrschaft immer näher. Aber überall standen die nationalen Kräfte nun auf, um gegen die Kulturvernichtung und Versklavung Widerstand zu leisten, wie Jean-Marie Le Pens «Front National» in Frankreich oder die «National-Patriotische Front ‹Pamjat›» in Russland.[7]

So bizarr eine solche Suada im Frühjahr 1989 noch wirkte, so bestürzend war es zu verfolgen, wie binnen kaum eines Jahres diese dämonologischen Welt- und Geschichtsbilder in einigen großen Presseorganen der späten Sowjetzeit in vollem Ernst ausgebreitet wurden. Da ging es etwa um den okkulten (satanischen) Charakter des roten Sowjetsterns, um die Juden innerhalb der bolschewistischen Partei- und Staatsführung und immer wieder obsessiv um die unmittelbar drohende «Ausrottung der russischen Nation», die in Manifesten wie dem «Brief der Schriftsteller Russlands» vom März 1990 und einer ganzen Flut von Artikeln, Aufsätzen und Parlamentsreden fast schon zum Gemeinplatz wurde.[8]

Die Aktiven von Memorial sahen die Schwarzhemden von «Pamjat'» durchaus als eine potentiell starke Konkurrenz, aber stuften sie

7 Vgl. Interview mit Dmitrij Wassiljew in: «Osteuropa», H. 3/1990, S. A 149–157; sowie Gerd Koenen: Pamjat und die russische «Neue Rechte» im selben Heft, S. 203–209.
8 Vgl. die ausführliche Dokumentation in Gerd Koenen, Karla Hielscher (Hg.): Die schwarze Front. Der neue Antisemitismus in der Sowjetunion, Reinbek 1991.

eher als eine neostalinistische Organisation ein – was insofern nicht ganz falsch war, als Stalin im großen Lamento dieser neofaschistischen Ideologen ausgespart blieb, während sie sich der noch immer herrschenden, aber geschwächten Partei offen andienten. So sagte Wassiljew in einem Interview mit der «Sowjetliteratur», einer in neun Sprachen erscheinenden Monatszeitschrift des sowjetischen Schriftstellerverbandes: «Das auf Dissidentenart gestimmte Publikum sagt: Die Kommunisten sind an allem schuld, nieder mit ihnen! Na und? [...] Die Kommunistische Partei hält heute das Werkzeug des Staatswesens in ihrer Hand, und es gilt, dieses Werkzeug nicht zu brechen, sondern es allmählich aus der Hand der Partei in die Hände des Volkes zu geben.»[9]

Auch wenn dieser selbsternannte, nicht allzu eindrucksvolle Führer («teigiges Gesicht mit wässrigen Augen, Menjoubärtchen und schütterer Haarkranz ..., vom Phänotypus her irgendwas zwischen Friseur und Schlachter», wie ich mir notierte) ziemlich bald von der Bildfläche verschwand – auf verschlungene Weise und durch schwere, zeitweise bewaffnete Auseinandersetzungen im postsowjetischen Machtapparat hindurch wie beim Kampf um das «Weiße Haus» im Oktober 1993 ist die Entwicklung letzten Endes in diese Richtung gegangen, die durch die alte, im 19. Jahrhundert formulierte und in der Rhetorik der Stalinzeit schon vielfach wiederbelebte Trias von «Autokratie, Orthodoxie, Nationalität» markiert werden kann.

In seinem Lebensbericht «Für unsere und Eure Vergangenheit» von 1996 spricht Arsenij, umgekehrt, fast wieder aus dem Off eines Dissidenten oder jedenfalls eines in die diffuse Zwischenzone einer eher informellen als formellen Öffentlichkeit Verbannten – was zu diesem Zeitpunkt nicht ganz der Realität entsprach, da «Memorial» und er selbst noch eine halboffizielle Stellung in einigen Kreml-Gremien einnahmen, die sich mit Menschenrechtsfragen, histori-

9 Sowjetliteratur. Monatsschrift des Schriftstellerverbandes der UdSSR, Moskau, Jg. 6/1990.

schen Archiven oder mit Schulbüchern befassten. Aber es enthielt doch bereits eine starke Intuition, wohin der Hase laufen würde.

Hätte ich bei unserer ersten Begegnung 1989 und dann bei den vielen späteren Treffen im Rahmen der Heinrich-Böll-Stiftung, des Frankfurter Kulturzentrums «Palais Jalta» oder auf der Frankfurter Buchmesse gewusst, was ich leicht hätte genauer wissen können: wie existenziell die Schicksale seines Landes Arsenij Leben biographisch eingeschrieben waren – angefangen mit der Geburt im Schatten des Lagers 1946 und dem spurlosen Verschwinden des Vaters nach seiner zweiten Verhaftung 1951 –, dann hätte ich seine nur auf den ersten Blick fatalistische, eher wohl realistische und deshalb umso beharrlichere Haltung besser würdigen können. Dass er noch unmittelbar vor dem Anbruch der Perestrojka im Lager gesessen hatte, wusste ich natürlich – aber nicht zum Beispiel, dass er damals (1981) wegen der Herausgabe eines Almanachs unter dem Titel «Pamjat'» verurteilt worden war.

Und ebenso wenig wusste ich, dass er ein auf persönliche Befragungen gestütztes «Lexikon der sozialistischen Häftlinge» mit erstellt hatte, das allen jenen Sozialrevolutionären, Volkstümlern, Anarchisten und Menschewiki ein Denkmal setzte, die in den Gefängnissen und Lagern seit den Tagen des Bürgerkriegs und der frühen Herrschaft der Bolschewiki, wie er schrieb, «immer ungebrochen geblieben» waren – obwohl sie von allen Seiten verachtet wurden, gerade auch von den als «Parteifeinden» eingelieferten Trotzkisten und sonstigen Abweichlern, und obwohl es fast nichts gab, auf das sie hätten hoffen können. Gerade diese Haltung war es wohl, die Arsenij bewundert hat – ohne sich aus seinen eigenen Lagererfahrungen heraus darüber zu täuschen, dass in einer solchen Sphäre völligen Ausgeliefertseins auch der integerste Mensch moralisch erschüttert und auf die eine oder andere Weise zum Teil des inhumanen Zwangssystems wird.

Als wir Juni 2012 im Anschluss an einen Vortrag, den ich über Russland und China im neuen Veranstaltungszentrum von «Memorial» gehalten hatte, auf die letzte große Demonstration der demokratischen Opposition gingen, mit einigen zehntausend, unter den unterschiedlichsten Farben, Flaggen und Losungen marschierenden Teilnehmern, und als wir unentschieden waren, wohin wir uns orientieren sollten, da schien es Arsenij, der sich gegen die Sonne aus seinem Hemd einen Turban gedreht hatte, für einen Moment hin zu dem kleinen, lautstarken und jugendlich aufgekratzten schwarzroten Block zu ziehen. Nur trugen dessen zwischen Blockupy und Antifa changierende Parolen einen derart beliebigen und abstrakten Charakter, dass wir ihn wie alle andern Blöcke vorbeiziehen ließen – alte, heimatlose Linke, was immer das im Jahr 2012 in Moskau noch heißen mochte … Aber das war vielleicht wieder nur meine Projektion.

3. Der Schlaf des Rotarmisten

Erinnerungen an Lew Kopelew

Geschrieben aus Anlass seines Todes im Juni 1997*

Einmal habe ich ihn von einer Veranstaltung in Frankfurt mit dem Auto nach Köln gefahren, wo ein Termin in der Heinrich-Böll-Stiftung mit den Freunden von Memorial (der antistalinistischen, damals noch sowjetischen Geschichtsvereinigung) auf uns wartete. Das war am Beginn der 90er Jahre, als er seine schweren gesundheitlichen Einbrüche noch nicht erlitten hatte. Wir diskutierten über meine irritierenden Treffen in Moskau mit den Schwarzhemden von Pamjat, die dort zusammen mit Stalinisten und Nationalkommunisten gegen Demokraten und «Zionisten» vorgingen – und dann erklärte er, dass er sich etwas hinlegen müsste, kippte den Sitz nach hinten und schlief geschlagene anderthalb Stunden den tiefen, robusten Schlaf des Rotarmisten, der er, wie mir schien, immer geblieben war. Oder war es nicht doch der Schlaf des Häftlings? Als wir ankamen, war er jedenfalls so unternehmungslustig und wissbegierig wie zuvor, und das Komitee wurde gegründet.

Der Krieg hat ihn geprägt, und nicht nur der Große Antifaschistische und Vaterländische Krieg, den er als Propagandaoffizier mit Megaphon und Kalaschnikow, mit Witz und Härte geführt hat; sondern auch schon der Klassenkrieg der zwanziger und dreißiger Jahre, den er als junger Komsomolze, reumütiger Trotzkist und frisch gebackener Jungstalinist mit brutalem, durchaus lebenshungrigem Übereifer geführt hat. Lew Kopelew hat diese Epoche der Bürgerkriege und Weltkriege nicht nur beschrieben und «Aufbe-

* Zuerst veröffentlicht in: die tageszeitung, 21. Juni 1997.

wahrt für alle Zeit» – sondern auf eine oft irritierende Weise auch verkörpert. Seine erste Empörung in Ostpreußen verdankte sich, wie er aufrichtig genug geschildert hat, nicht einem schieren humanitären Mitleid – sondern der Sorge um die Verrohung seiner Kameraden und die Ehrenhaftigkeit seiner Sache. Seine handgreiflichen Interventionen gegen die Plünderer und Vergewaltiger, seine energischen Vorstellungen bei den vorgesetzten Offizieren hatten etwas durchaus Soldatisches. Aber dann war da inmitten aller Schlachten und Brände diese plötzliche Durchlässigkeit für die Leiden der Anderen, der Feinde, und er begann eine hartnäckige Auseinandersetzung darum, ob dies nun ein Krieg gegen die Faschisten oder gegen die Deutschen war – bis man ihm die Achselstücke herunterriss und er seine lange, zehnjährige Reise in die Welt der Lager antrat.

Hinter seinen ostpreußischen Erfahrungen von 1945 stand auch ein Bild von Deutschland, das gerade uns linken Nachgeborenen des Krieges und der NS-Zeit nicht leicht einging. Als Bürgerrechtler und besorgten Ökologen in tolstojanischem Gewande, als Humanisten und Weltbürger wollte man ihn gerne haben – aber wenn er begann, von seinem Thomas Mann entlehnten Leitmotiv der «deutsch-russischen Wahlverwandtschaft» und «Kameradschaft» zu sprechen, wollten viele lieber nicht so genau hinhören. Das klang allzu unzeitgemäß, allzu emphatisch. Sein letztes, großes Lebensprojekt der «West-östlichen Spiegelungen», das sich mit den Russlandbildern der Deutschen und Deutschlandbildern der Russen über die Jahrhunderte befasst, hat nie die Publizität erhalten, die seine streitbaren Interventionen zum Tagesgeschehen immer fanden.

In dem langen Gespräch, das dem von uns gemeinsam erstellten Band über «Deutschland und die Russische Revolution» als Einleitung vorangestellt war[1], gab es eine Stelle, wo mir doch der Atem stockte. Ich wollte immer auch den politisch durchaus problematischen Charakter ansprechen, den nicht nur die Phobien und Feind-

1 Lew Kopelew und Gerd Koenen: Verlorene Kriege, gewonnene Einsichten. Rückblick vom Ende eines Zeitalters. Ein Gespräch. In: Gerd Koenen/Lew Kopelew (Hg.), Deutschland und die russische Revolution 1917–1924, München 1998, S. 15–46.

Lew Kopelew als «schwarzer Major» und junger Propagandaoffizier der Roten Armee, 1943, und als weiser alter Mann in seinem Kölner Arbeitszimmer, Herbst 1991

schaften, sondern auch die Faszinationen und Attraktionen zwischen beiden Ländern gehabt haben. War nicht das ins Universale überhöhte, hybride Selbstbild eine gemeinsame Grundlage der totalitären Ausbrüche in ihrer Geschichte – also der Slogan «Am deutschen Wesen soll die Welt genesen» und Dostojewskis Satz, wonach «Der Welt von Russland das neue Wort» gesprochen werde? Und Kopelew sagte in unserem Gespräch: Ganz richtig, und deshalb lautet meine Schlussfolgerung: Am deutsch-russischen Wesen kann die Welt genesen.

Das war fast ein Moment der Verzweiflung. Wie konnte man um Gottes willen so etwas sagen? Aber für Lew Kopelew ging es bei dieser bewussten Überpointierung um etwas ganz Bestimmtes: Seine frühe Biographie wurzelte eben noch in einer Zeit, in der der kulturelle Verkehr und die osmotischen Austauschprozesse innerhalb der polyglotten Gemeinde der Künstler und Gebildeten eine Dichte und Intensität besaßen, von der die Ausstellung «Moskau-Berlin» vor zwei Jahren einen letzten, schwachen Eindruck gegeben hat.

Die Jahre des Totalitarismus und Weltkrieges waren auch ein Riss durch diese gemeinsame «Welt von Gestern» (wie Stefan Zweig sie 1940 bereits nannte).

Aber diese Jahre haben, gerade auch durch die Erfahrung des Krieges und des Terrors, eine neue gemeinsame Erfahrung begründet. Dass er, Lew Kopelew, mit einem Heinrich Böll, der auf der anderen Seite gekämpft hatte, sofort eine gemeinsame Sprache fand, war ihm nur ein Beweis mehr dafür, dass es eine Sphäre kultureller und menschlicher Beziehungen zwischen den nationalen Kulturen gibt, die jenseits aller politischen Konjunkturen liegt. Und darin, so sagte er, sei die deutsch-russische Beziehungsgeschichte «bis heute noch immer eine Utopie» – eine Utopie, die für ihn zurück ins 18./19. Jahrhundert und voraus ins 21. Jahrhundert verwies.

Auf dem letzten Photo von einer Ausstellung in Wuppertal, als er mit seinem Stock dasaß und Leute sich herandrängten, die ihn unter allerhand Vorwänden sprechen und (ja) berühren wollten, war aus der robusten, soldatischen Tolstoj-Gestalt des Lew Sinowjewitsch Kopelew plötzlich die zerbrechliche Figur eines alten, weisen Rebbe geworden. Dass die großteils ermordeten, vertriebenen, geflohenen jüdischen Bewohner dieser mitteleuropäischen Sphären doch immer der Kitt gewesen waren, der die Kulturen einmal so intim miteinander verbunden hat, oder jedenfalls die Vermittler in beide Richtungen, darüber hat er sich nicht immer Rechenschaft gegeben.

Aber wer anders als dieser Sohn eines jüdischen Agronomen, der zwischen ukrainischen und deutschen Kindern aufgewachsen ist und seit seiner Jugend immer zu Russland und zur großen Sowjetunion gehören wollte, aber gleichzeitig den Begriff und Beruf eines «Germanisten» mit einer Leidenschaft ausfüllte, die durch die Erfahrungen der nationalsozialistischen Massenverbrechen wie durch die Erlebnisse in Ostpreußen 1945 nicht gebrochen werden konnte und die uns heute, wer weiß, unwiderruflich verloren gegangen ist – wer anders als einer mit eben dieser Biographie und dieser Geschichte hätte so intensiv in zwei und mehr Kulturen zuhause sein können? Er jedenfalls hat seine Utopie gelebt.

3. Jenseits von Moskau

Erkundungen in der russischen Provinz, Sommer 2001*

Warum hatte ich ausgerechnet dort hingewollt? Weil vor Jahren eine Ausstellung mit Annette Fricks eindrucksvoller Fotoserie *Ausflug auf der Vjatka* einen unbestimmten Aha-Effekt bei mir ausgelöst hatte. Manche von diesen Bildern hätten auch vor hundert Jahren aufgenommen sein können – wäre nicht die Ikonographie der untergegangenen Sowjetunion so fugenlos mit hineinverschmolzen gewesen, während zugleich schon die Attribute der heutigen westlichen Warenwelt ins Bild drängten.

Der Aha-Effekt lag gerade in diesem Eindruck einer stillgestellten, aus der Zeit gefallenen Lebenswelt, über die doch einige der umstürzendsten und gewaltsamsten Ereignisse des eben vergangenen Jahrhunderts hinweggegangen waren – eine eigentümliche, stationäre Idylle am äußersten östlichen Rand Europas, so schien mir, für uns weltläufige Bewohner westlicher Breiten mittlerweile fast entlegener und exotischer als die Wälder des Amazonas.

Neben den Fotos von Annette Frick enthielt der Band eine Handvoll witzig-lakonischer, tief ins postsowjetische Leben greifender Kurzgeschichten eines jungen Kirower Autors, Alexander Ikonnikow, die die Bilder kongenial ergänzten.[1] Als ich ihn anrief (jeder Satz hallte in der Leitung nach), um zu fragen, ob er nicht noch

* *Dieser Text erschien in der Zeitschrift «Kommune. Forum für Politik, Ökonomie, Kultur» H. 1/2002, S. 55–61.*

1 Annette Frick, Ausflug auf der Vjatka, Frankfurt/München 1998. – Alexander Ikonnikow hat eine Sammlung seiner Kurzgeschichten aus der Provinz unter dem Titel «Taiga-Blues» 2002 bei Rowohlt veröffentlicht. 2003 folgte sein Roman «Liska und ihre Männer».

Немецкие журналисты нашли Россию за Садовым кольцом
Ausriss aus der Lokalzeitung: «10 Tage im Wjatkaer Land: Deutsche Journalisten fanden das Russland jenseits des Moskauer Gartenrings.» Auf dem alten Grenzpfahl steht: Von Wjatka nach Petersburg 160 ¼ Werst. Von Wjatka nach Moskau 973 ¼ Werst.

mehr solcher Geschichten auf Lager habe, war er gerade als Lehrer in ein Dorf gegangen, um dem Militärdienst in Tschetschenien zu entgehen. Der Anruf (bei den Nachbarn, die ihn herbeiholen mussten) schien ihn keineswegs zu überraschen. Dass er gut Deutsch sprach, wusste ich bereits; dass er es fast akzentfrei sprach, ergab einen verwirrenden Eindruck von Distanz und Vertrautheit. Ich fragte, ob ich ihn vielleicht dort hinten einmal besuchen kommen könnte. Er sagte, na klar, jederzeit, am besten im Spätsommer, wenn die Mücken weg sind. Wir konnten auf der Wjatka paddeln, in den Dörfern übernachten, ein paar Freunde besuchen.

Ende August 2001 habe ich das lange gehegte Vorhaben endlich realisiert, zusammen mit Andrzej Koszyk, dem Freund und Filmemacher. Er mit professioneller Ausrüstung, ich mit nichts als dem bloßen Auge desjenigen, der sich für die Archäologie der einander überlagernden Gesellschaftsformationen Russlands im 20. Jahrhundert interessiert. Der historisch Kundige, so meinte ich, müsste in der Stille dieser russischen Provinz die Zeit- und Kulturschichten rumoren hören wie Erdschollen, die sich übereinander schieben.

Was ich gesucht habe, habe ich – wie noch jeder Erkundungsreisende – auch gefunden. Alle Bilder des Fremden sind Projektionen auf der Netzhaut des Betrachters selbst, dessen Hirn und Sinne weitgehend vorprogrammiert sind. Dem kann man nicht entkommen. Man kann es aber wissen – und sich durchlässiger machen für das, was man sieht und erfährt.

Meine historische Ausgangsthese habe ich in meinem Buch «Utopie der Säuberung» (1998)[2] entwickelt: Wenn die sozialökonomische Entwicklung Russlands sich in der demokratischen Reformperiode nach 1990 erneut wie in einem fehlerhaften Kreislauf bewegt, wenn sich weder eine neue, tragfähige Konstellation der gesellschaftlichen Kräfte wie in den früheren Volksrepubliken Osteuropas noch eine wildwüchsige Wirtschaftsdynamik wie im China Deng Xiaopings und Jiang Zemins entwickelt hat, dann war der tiefste Grund dieser Stagnation – so meine Diagnose – «die beispiellose Art und Weise, in der das gesamte historische Gesellschaftsgefüge … über fast ein dreiviertel Jahrhundert hinweg eingeebnet worden ist». Und diese Einebnung hatte auf dem Land und mit der Bauernschaft begonnen – schon vor und während der Revolution von 1917, die bereits Züge einer sozialökonomischen «Involution» (oder Implosion) trug, und vollends natürlich mit der Stalin'schen Kollektivierung der dreißiger Jahre.

Keine drei Tage, nachdem wir unsere Frankfurter Stadtwohnungen verlassen haben, breiteten wir unsere Schlafsäcke auf dem Fußboden eines Bauernhauses in einem Dorf an der Wjatka aus, Medwedewo, Bärendorf, das richtiger als eine ländliche Siedlung zu bezeichnen wäre. Die Tagesetappen Frankfurt–Moskau, Moskau–

2 Gerd Koenen: Utopie der Säuberung. Was war der Kommunismus?, Berlin 1998.

Links: Ausflug auf der Vjatka, von Annette Frick (1999). Rechts: Dorfstraße in Medwedewo.

Kirow, Kirow–Medwedewo beschreiben ein Zivilisationsgefälle, das anders zu nennen schiere Arroganz wäre.

Also Medwedjewo, das russische Dorf im Jahre 2001. Sandige Wege zwischen Holzhäusern, der ewigen russischen Isba, manche noch traditionell aus verschränkten Balken mit draufgesetzten, bunten Ornamenten gebaut, manche auch völlig stillos. Eine lange Straße, auf der ab und zu ein Motorrad mit Beiwagen (das universelle Verkehrsmittel), ein klappriger Lada oder ein Lastwagen vorbeifährt, trennt die Siedlung von den verrottenden Anlagen am Fluss: einer stillgelegten Getreidemühle, einem verriegelten und verrosteten Öllager, aus dem giftig schillernde Rinnsale in den Fluss sickern, sowie einem recht und schlecht weiterarbeitenden Sägewerk. Reste eines Hafens sind erkennbar, ein paar Kähne rosten vor sich hin, schon halb im Brackwasser versunken.

Afrikanische Szenerien: Vor dem Haus, das unseren Gastgebern gehört, hocken die Männer am hellen Nachmittag auf ihren Fußballen im Schatten des LKW. Eine Flasche kreist – nicht die erste dieses Tages. Schwere Zungen, unverständliche Dispute. Auf dem Weg und im Vorgarten liegen allerhand Zubehör-, Ersatz- oder Wrackteile malerisch verstreut. Jemand kommt und saugt nach kurzen Verhandlungen aus dem LKW zehn Liter Diesel in einen Kanister ab.

Der Hausherr ist, wie sich herausstellt, bereits die zweite Woche auf Sause, d. h. morgens auf Entzug, tagsüber auf der Suche nach Stoff und abends voll. Mit nacktem, tätowiertem Oberkörper setzt er sich später zu uns an den Küchentisch. Von der großen Pfanne mit Bratkartoffeln, zu denen wir Wurst, Bier und Wodka beisteuern, isst er kaum einen Bissen.

Wir versuchen ein Gespräch über seine Lage und seine Aussichten. Er hat sich einen alten LKW gekauft, um Holz oder andere Lasten zu fahren, aber er kommt zu nichts. Für seine Misere macht er «die da» (weite Handbewegung) verantwortlich, die «uns nicht hochkommen lassen». Einen Moment redet er sich in Rage, dann versinkt er wieder in Schweigen. Unklar bleibt, wer alles gemeint ist. Auch die erwachsenen Söhne zehren an ihm, wollen nichts Richtiges anfangen, hängen lieber herum. Drinnen im Wohnzimmer sitzen die Enkel vor dem flimmernden Fernseher aus sowjetischer Zeit.

Die Frau des Hausherrn, die den großen Garten bearbeitet und das Vieh versorgt, versucht ihrem Mann zu entlocken, wann er wieder zu arbeiten anfängt und was er vorhat. Er möchte uns stattdessen eine Bärenjagd vermitteln, bei einer Jagdhütte nicht weit von hier. Auch *djewuschki* (Mädchen) werde es dort geben. Nur ein paar hundert Dollar! Als wir nicht anbeißen, verliert er das Interesse. Die letzten Wodkarunden schafft er kaum noch. Die Lieder, die Sascha anstimmt, brummt er wie eine ferne Erinnerung mit. «Früher hast du noch Gitarre dazu gespielt», sagt die Frau. Ihr flehender Blick versucht vergeblich, sein düsteres Schweigen zu durchdringen.

Da wären wir also, im «tiefen Russland». Und gleich auf den ersten Blick – alles wie erwartet. Proletarisierte Dörfler, die sich selbständig machen möchten, ohne es jemals zu schaffen, ob aus objektiven oder subjektiven, aus politischen, ökonomischen oder mentalen Gründen, gleichviel. Von Unkraut überwuchert die verrottenden Anlagen der Sowjetperiode, die damals «wenigstens noch funktioniert» haben, wie alle sagen. Stattdessen jetzt – Stillstand, Alkoholismus, Armut.

Der Befund scheint eindeutig – und bleibt dennoch vieldeutig. Das brütende Unglück unseres Mannes mag das eines Ehrgeizigen sein, dem immer wieder die Flügel gestutzt werden oder der an sich selbst scheitert. Andere scheinen der stagnanten Situation mehr abzugewinnen. In der Lenin-Kolchose landeinwärts, die wir eine Woche später besuchen, sind an einem schönen Sommerabend bukolische Szenen zu sehen: Die Herde kommt heim, ein biblischer Zug aus Kühen, Schafen, Ziegen. Die Frauen des Ortes warten unter Lachen und Scherzen mit den Kindern am Dorfplatz und führen ihre Viecher nachhause, um sie zu melken. Das in den sechziger Jahren gebaute Kulturhaus ist eine Ruine, die Schule baufällig, aber immerhin in Betrieb. Die schönsten Häuser sind noch alte Backsteinhöfe mit geschnitzten Hoftoren in der hintersten Dorfstraße, um die Jahrhundertwende gebaut. Die mittlere Reihe des Kolchos besteht aus erbärmlichen Holzhütten, errichtet in den Jahren der Kollektivierung oder der frühen Nachkriegszeit. Die vorderste Reihe der Häuschen aus grauem Baumaterial der sechziger oder siebziger Jahre sieht unschön, aber stabil aus. Jedes hat seinen Gemüsegarten, seine Hühner, sein Viehzeug. Die Frau, die uns frisch gemolkene Ziegenmilch anbietet, ist ganz zufrieden, ihr Mann, ein Tatare, jetzt Rektor der Schule, geradezu glücklich. Beide sind sie vor Jahren aus den zentralasiatischen Völkerwirren geflüchtet und haben hier im Kolchos Aufnahme gefunden. Was brauchen wir mehr, als was wir hier haben, sagen sie.

Am Rand des Ortes ist in einem hochgetürmten Holzbau unter ohrenbetäubendem Lärm eine große Trockenanlage in Betrieb, die das aufbereitete Korn in die vorfahrenden Lastwagen abgibt. Zwei Dutzend Männer sitzen in einer Baracke, spielen Karten und trinken. Ab und zu muss einer mit steifen Beinen hinaus, um nach dem Rechten zu sehen. Denen geht's gut, meint Sascha. Niemand will was von ihnen. Alles geht seinen ruhigen sozialistischen Gang. Draußen steht noch das gemalte Schild mit den alten, vertrauten Parolen: Deine Arbeit – eine Sache der Ehre!

Zu den Unzufriedenen gehört dagegen der ehemalige Vorsitzende des Kolchos, ein eindrucksvoller Mann Mitte Fünfzig, nicht

Einsam trunkener Tanz an einem trüben Nachmittag im leeren Dorfladen und Dorflokal von Medwedewo

ungebildet, gelernter Agronom, sicherlich früher Parteimitglied. Alles in Russland geschieht auf dem Rücken der Bauern, wettert er. Man hat das alte System zerschlagen, ohne ein neues zu schaffen. Alles fließt nach Moskau. Nichts kommt zurück. Gerade die Getreideproduzenten erhalten ihre Arbeit nicht bezahlt, während alles übrige teurer wird, der Dünger, die Maschinen, das Benzin. Den Kindergarten, die Schule, die Straßen muss der Kolchos selbst unterhalten. Der Staat hat die Menschen vergessen. Es wäre an der Zeit für einen neuen Bauernaufstand, einen richtigen à la Pugatschow oder wie 1905 oder 1917! Dann verwirren sich seine historischen Reminiszenzen: Die Agrargesetzgebung Stolypins, des 1912 ermordeten Ministerpräsidenten, der die Bauernaufstände niederschlagen ließ, war eigentlich gut. Aber auch Lenin soll ein Herz für die Bauern gehabt haben, während Stalins eiserne Faust – unter wie vielen Opfern! – das Land gerettet hat. Irgendwie ging es doch unter der Sowjetmacht weiter. Man konnte die Kinder auf eine höhere Schule schicken, man hat normal gelebt und gearbeitet. Und jetzt?!

Küchengespräche, die stets wieder nach einem guten Schluck verlangen. Kein Wind der Revolte weht durch diese Siedlungen und Dörfer. Auch wenn alle Straßen und Plätze hier unverändert

«Kommune», «Roter Oktober», «Aufstand von 1905» heißen und wenn überall noch die Statuen von Lenin oder Kirow[3] auf ihren Podesten stehen und in bizarr stillgestellten Posen revolutionären Tatendrang simulieren, während ringsherum die Hühner kratzen – dann ist das in Wahrheit eine vollkommen entleerte Tradition, ja, eine Form des lebensweltlichen Konservativismus geworden, eine säkulare Orthodoxie. Je tiefer die Provinz, so scheint es, umso sowjetischer.

Das bedarf nun allerdings der Erklärung. Gerade die Nachkommen des russischen Bauerntums halten demnach zäh an den Sozial- und Produktionsformen fest, in die sie mit ihrer Enteignung einst gewaltsam hineingezwungen worden sind?

Man muss den Blick historisch etwas nachschärfen. Die Leibeigenschaft, aus der die große Mehrzahl der russischen Bauern erst zur selben Zeit (nach 1861) entlassen wurden wie die schwarzen Sklaven Amerikas, hatte ihre Dörfer über Jahrhunderte in eine patriarchale Haftungsgemeinschaft gepresst, aus der sie sich nach der Befreiung nur teilweise lösen konnten. Die regelmäßige Umverteilung der Böden nach der Kopfzahl der Familien war die (vielfach romantisch verklärte) Form dieses ursprünglichen Kollektivismus – und wirkte gleich doppelt fatal: als Treibsatz der Bevölkerungsexplosion wie als Bremse der Produktivität. Das große soziale Problem Russlands war die «ländliche Überbevölkerung», ein Viertel aller Menschen.

Dennoch oder gerade deswegen traten im Zuge der Stolypin'schen Agrarreformen in den Jahren vor 1914 ein Viertel der aktiven Bauern aus der Dorfgemeinschaft aus. Russland wurde damals wie Amerika zu einem großen Getreide- und Lebensmittelexporteur. Aber im Weltkrieg und vor allem in den revolutionären Wirren 1917/18, als das Zarentum abtrat und Zehntausende von Gutshöfen in Flammen aufgingen, kehrten viele der Ausgetretenen in die Dorfgemeinschaft zurück – oder wurden als «Kulaken» von

3 Der 1934 durch ein Attentat ermordete Parteiführer und Stalin-Rivale, der aus dieser Gegend kam.

ihren Dorfgenossen zur Rückkehr gezwungen. Das Resultat war eine allgemeine Subsistenzwirtschaft, die die Städte in den Hunger trieb und die Bolschewiki zu einer Politik gewaltsamer Requirierungen und blutiger Repressalien verleitete, die den Bürgerkrieg erst recht anfachte und das Land devastiert zurückließ.

Die kurzen Jahre der Neuen Ökonomischen Politik (NEP) brachten eine erstaunlich rasche, vitale Erholung, aber auch wachsende Spannungen zwischen Stadt und Land und innerhalb der Dörfer. Die Bolschewiki mit ihrer schmalen Machtbasis fürchteten (zu Recht), dass aus der selbständigen Bauernschaft ein ländliches Bürgertum entstehen könnte. Der abrupte Übergang zur totalen Kollektivierung folgte einer reinen Ökonomie und Logik des Machterhalts. Mit den «Kulaken» und «Unter-Kulaken» wurde das gesamte, bis dahin herangewachsene russische Bauerntum «als Klasse» vernichtet, und mit ihnen der religiös gebundene Kosmos des russischen Dorfes. Das Gros der ländlichen Bevölkerung verwandelte sich in menschliches Rohmaterial für die neuen industriellen, agrikulturellen und infrastrukturellen Großbauten und Großbetriebe.

Aber siehe da: Inmitten aller triumphalen Erfolgsmeldungen von der sozialistischen Aufbaufront musste 1935 unter der harmlosen Bezeichnung eines «Kolchosstatuts» das Ziel der totalen Kollektivierung in aller Stille bereits weit zurückgenommen werden. Den Kolchosmitgliedern wurde auf ihren kleinen Hofparzellen eigener Gartenbau und eine minimale Viehhaltung gestattet; kleinere Überschüsse durften sie verkaufen. Über die Jahrzehnte bildete sich ein stationäres System staatlicher Halbpacht heraus: die Kolchosniki gaben dem Staat und Kollektiv so viel ihrer Arbeitskraft, wie gerade nötig war, um etwas bares Geld und staatliche Leistungen zu erhalten, und lebten im Übrigen von ihren eigenen Landflecken, auf denen sie schließlich einen Großteil der Grundnahrungsmittel des gesamten Landes produzierten.

So wurde aus einer halb-sozialistischen (oder auch vor-kapitalistischen) Übergangsform eine dauerhafte Sozialform. Man könnte weitergehen und behaupten, dass der Kolchos zur eigentlichen und allgemeinen sowjetischen Lebensform geworden ist. Karl Schlögel hat früh die intuitive Ansicht geäußert, dass die Plattenbauten der städtischen Vororte im Grunde übereinander geschichtete Bauernkaten seien. Zu jeder Wohnung gehört draußen vor der Stadt ein Stück Gartenland (die Datscha), von dem die Familien und die Pensionäre sich zu einem Gutteil versorgen können. Der Arbeitsplatz im Betrieb oder in der Behörde ist im Wesentlichen nur die Andockstelle zum sozialen Ganzen, über die man sich die übrigen notwendigen Güter und Leistungen besorgt.

So gesehen, hat die totale Sozialisierung ein Meer von stationärem Kleineigentum produziert und die allgemeine Proletarisierung der Gesellschaft zu ihrer weitgehenden Verbauerung geführt. Das machte und macht bis heute die Unverwüstlichkeit und den Charme dieses Landes und seiner Menschen aus, ist Ressource und Bleigewicht zugleich.

Wer in das russische Leben tiefer eintaucht, zumindest jenseits von Moskau, lebt sofort ein Stück näher zur Erde. Aus dem sterilen und vertikalen Gebäude der westlichen Zivilisation tritt man in eine archaischere und horizontale Umwelt. Das bedeutet weniger Rückkehr zur «Natur» als vielmehr zu Formen ursprünglicher Kommunion, die sehr körperlich und gleichzeitig sehr «geistig» sind. Der Schmutz, der (fast) alles bedeckt und durch sämtliche Ritzen dringt, hebt die Grenzen auf: soziale Grenzen, Schamgrenzen, kulturelle und nationale Grenzen. Zusammen mit dem Wodka ist der Schmutz der große Egalisator.

Gewiss bedeutet diese kommunitäre Lebensform rings um die Flasche auch eine andere Großzügigkeit des Lebens, worin das Materielle und die zivilisatorischen Formalien nichts gelten. Über die Flasche lässt sich vieles, fast alles im Alltag regeln. Für eine Flasche fährt uns der Käpt'n eines Schleppers, weil es regnet, ein paar Kilometer flussabwärts. (Das Schiff gehört ja nicht ihm, es ist eben da wie die Luft zum Atmen.) Für eine Flasche lässt uns der Wachhabende einer Hubschrauber-Pilotenschule den mit Fluggeräten und Wracks übersäten Landeplatz filmen. (Für ein paar Flaschen mehr hätte er uns vielleicht auch ein ausgebautes MG verkauft.) Aber wohlgemerkt: Die Flasche muss gemeinsam getrunken werden. Sie ist keine prosaische Geldwährung, sondern der poetische Stoff, der die große Kommunion stiftet: die «polnisch-russische Freundschaft» zum Beispiel oder unser lebhaftes Mitgefühl mit dem wachhabenden Wiktor, den wir vor zehn Minuten noch gar nicht kannten, für die Scheiße damals in Afghanistan, als die Mudjahedeen von den Bergen herunter «mit ihren verfickten amerikanischen Raketen auf unsere Hubschrauber schossen».

So lässt es sich leben auf diesem verwilderten Flugzeugfriedhof oder auf der halb stillgelegten Werft am Fluss, die alle eine Art Kolchos sind.

Urshum ist eine Kreisstadt aus dem 19. Jahrhundert mit 6000 Einwohnern. Ein Bahnhof wurde damals gebaut, aber die Bahn kam nie dort an. Die Hauptstraße im Jugendstil ist völlig verfallen. Die alten Holzhäuser sind hier wie überall die stabilsten Behausungen, die das Stadtbild prägen.

Aber jetzt sind wir schon im 21. Jahrhundert angelangt. Und Urshum lebt wie eh und je von seiner Wodka-Destille und einer lokalen Brauerei. Und von Sergej Kirow, der hier geboren ist und dessen bronzierte Statue voller Tatendrang über den staubigen Hauptplatz schreitet, gleich gegenüber dem Museum, in dem seine Leningrader Parteiuniform mit dem Schussloch des Attentates zu sehen ist. Daneben steht sein kleines Geburtshaus mit einer originalen Untergrund-Presse. Eine sowjetische Heiligenvita samt Reliquien.

Unten am Fluss waschen alte Frauen auf einem Steg ihre Wäsche. In der großen, wie überall in Restauration befindlichen Kathedrale werden die Täuflinge im Dutzend geweiht, brennen die Kerzen und surren die Videokameras der Angehörigen, während der junge Pope wie sein eigener Hauptdarsteller agiert.

Auch Sascha ist in Urshum geboren. Und hier lebt Stass, der unsere kleine Flussfahrt organisiert hat, indem er aus vielfach geflickten Aluminiumgestellen und Bootshäuten, aus Ästen, Rinden und Drähten im Handumdrehen eine Arche Noah gezimmert hat, die uns für ein paar Tage aufgenommen hat. Stass könnte ohne weiteres ganz aus der Natur leben, erst recht an diesem Fluss, in den man nachts (wenn keine Wasserpolizei da ist) nur ein paar Nylon-Netze hängen muss, um kleine Störe, Welse oder andere Fische herauszuziehen. Aus angeschwemmten Plastikflaschen macht er Trinkgefäße, aus Ästen Spieße, in ausgehöhlten Ufern macht er Feuerstellen, die kein Nieselregen löscht.

Stass war Sportlehrer. Seit der Staat aufgehört hat, seine Angestellten auch nur halbwegs zu bezahlen, handelt er mit Schrott, um die Familie zu ernähren. Er besitzt einen LKW und einen Jeep. Die Flussfahrt zeigt ihm, wo etwas zu holen ist. Und hier ist überall etwas zu holen, seit der Staat aufgehört hat, die Fahrrinne auszubaggern und die Schifffahrt bis auf die Zeit der Schneeschmelze weitgehend eingestellt ist. Zwischendrin verschwindet Stass, um Absprachen zu treffen und Beziehungen zu pflegen.

Schätzungen zufolge sind «mehr als 33 Prozent der erwerbstätigen Bevölkerung der Russischen Föderation in kriminelle Beziehungen einbezogen».[4] Man könnte die Quote auch gegen hundert ansetzen. «Wenn man vom westlichen Verständnis des Wortes Korruption ausgeht, dann gibt es im Grunde außer dieser Korruption bei uns gar keine Wirtschaft», wird ein Universitätslehrer aus einer Provinzstadt zitiert.[5]

Noch immer beruht das Gros aller Wirtschaftstätigkeiten im nachsowjetischen Russland auf persönlichen Beziehungen. Es gibt weder ein funktionierendes Bank- und Kreditwesen noch ein berechenbares Steuerwesen, weder offen zugängliche Märkte noch kalkulierbare Liefer- und Absatzbeziehungen. Bis zur Rubelkrise 1998 bestand ein Großteil der Wirtschaftsbeziehungen zwischen den Betrieben – wie zu Sowjetzeiten – aus reinem Naturaltausch oder Verrechnungen. Alles war ein System von Absprachen und Abzweigungen.

4 Michael Karaulnik: Die russische Gesellschaft – Von der Gleichheit zur Differenzierung. In: Wostok Spezial. Lebensentwürfe in Russland, 6/1997, S. 39.

5 Kerstin Holm: Freundschaftskapital gibt es reichlich. In Russland triumphiert die Korruption. In: FAZ. Bilder und Zeiten, 25. August 2001.

Erst seit die Währung freigegeben ist, gibt es reale Preise, halten Ware-Geld-Beziehungen in größerem Umfang Einzug. Aber jeder einzelne Bürger und jeder Betrieb ist nach wie vor bemüht, seine nachweisbaren (und damit besteuerbaren) Geldeinkommen so gering wie möglich zu halten. Alles geht von Hand zu Hand, von Mund zu Mund. Weh dem, der Justiz oder Behörden einschalten muss, um etwas einzuklagen oder zu regeln. Aus der sowjetischen Hyperstaatlichkeit ist Staatsversagen geworden. Weil die rechtlichen und administrativen Rahmenbedingungen für reguläre sozialökonomische Tätigkeiten fehlen, bleiben sie irregulär. Weil sie irregulär bleiben, kann der Staat seine Aufgaben nicht regulär erfüllen.

«Der Staat hat uns vergessen, und wir haben den Staat vergessen», lässt Sascha Ikonnikow eine der Figuren seiner Geschichten sagen. Man kann das ganz romantisch finden, diese kleine Freiheit jenseits von Moskau. Vieles, was man an diesen Menschen wirklich mag, ihre Gastlichkeit und Offenherzigkeit, dürfte aus der zur Tugend gewordenen Not stammen, alles persönlich regeln zu müssen, was rechtlich oder sachlich nicht zu regeln ist. Was freilich Freundschaft und was gegenseitige Abhängigkeit ist, wird dabei ununterscheidbar. Die ständige physische und emotionale Nähe schafft wohl ebenso viel Befriedigung wie Stress. «Mal kriecht der Nachbar dir in die Seele und mal du ihm», heißt es in einer anderen Ikonnikow-Geschichte, die den Terror der Intimität in den sowjetischen Blocks der Großstadt als verwandelte Dorfszene schildert. Eben wegen dieser erzwungenen Nähe grüßt man sich auf dem Flur nicht einmal und ist niemand für das Haus im Ganzen mit seinen intensiven Odeurs aus Müll und Urin zuständig.

In diesen dichten Beziehungsnetzen bewegt sich der junge Schriftsteller Ikonnikow, sammelt er seine Geschichten im Umherreisen und bei Besuchen. Die Provinzzeitungen wollen sie nicht drucken, weil sie ein zu «negatives» Bild Russlands zeichnen. Dabei ist Sascha in aller Ironie ein großer Nostalgiker dieser stationären, womöglich langsam versinkenden Lebenswelten der russischen Provinz. «Wir sind doch keine Aborigines!», haben ihm Redakteure einer Kirower Zeitung, für die er eine Zeitlang gearbeitet hat, empört gesagt. «Na sicher sind wir Aborigines!», ruft er emphatisch.

Mit ihm kann man im Trupp völlig unangemeldet bei Freunden einfallen, die bereitwillig den Badeofen anwerfen, damit man duschen kann, während Gurken, Brot und Wodka auf den Tisch kommen. Oder es werden aus den Säcken mit Mehl und Zucker, die in den Fluren stehen, mit Milch und Eiern Pfannkuchen bereitet, dieweil einer schon die Gitarre nimmt. Und was in diesen Kreisen der Provinzintelligenzija, in denen wir uns bewegen, gesungen wird, das sind keine bloßen Volkslieder oder Schlager, sondern ein unerschöpfliches Repertoire jener «Autorenlieder», deren poetische Texte und anspruchsvolle Musiken man allenfalls mit denen der klassischen französischen Chansons vergleichen könnte. Und der Begriff des «Zivilisationsgefälles» zwischen Frankfurt und Urshum dekliniert sich plötzlich ganz anders herum.

Aber dann kann man mit Sascha weiterziehen durch dunkle Straßen, in denen angeheiterte Mädchen einem hinterherrufen: «He Jungs, wo wollt ihr so allein hin?» (Überall in den Lokalen und Diskotheken dieser Provinzorte sind die Mädchen das aktive und mobile Element, während die Burschen in trägen Haufen herumhängen.) Und wird nach Mitternacht durch heftiges Klopfen an der Tür einer Ex-Freundin schließlich erzwingen, dass sie sich langsam öffnet. Ein Betrunkener sitzt auf der Schwelle, ein verwüsteter Tisch mit Flaschen und Essensresten, auf dem Sofa ragt unter einer Decke ein Arm hervor, und aus dem Hintergrund tritt die blasse, halbbekleidete junge Frau mit blaugeschlagenem Auge und stammelt: «Koschmar!» (Alptraum), während eine ätherische Freundin ihr zuraunt: «Ich wusste, er wird kommen, ich wusste es!» Da fühlt man sich wieder bei Dostojewski angekommen, oder auch bei Gorki.

Und weil sie (die gelernte Programmiererin, die seit vierzehn Tagen blau macht so wie der Bauer in Medwedewo) seinen Notebook-PC nicht wie versprochen aufgerüstet hat, muss sie mit uns auch noch die Flasche leeren, die wir mitgebracht haben, und für uns singen. Dieses Bild und diese Stimme wird man nicht leicht vergessen.

III. Blinde Flecken – Die Deutschen und die «Lehren aus der Geschichte»

«Falls Freiheit überhaupt etwas bedeutet,
dann das Recht darauf, den Leuten zu sagen,
was sie nicht hören wollen.»

(George Orwell)

1. «Gerade wir als Deutsche ...»

Das Ende unserer postnationalen Größenphantasien*

Ein greller Blitz der Erkenntnis hat in der Mitte der bundesdeutschen Öffentlichkeit und des Berliner Parlaments eingeschlagen. Diesen Erkenntnisblitz verdanken wir primär Wladimir Putin, als er in der Nacht des 24. Februar 2022 (ab jetzt ein historisches Datum) seine Truppen und Panzer über die Grenze zur Ukraine vorrücken ließ und begonnen hat, die Städte des Landes zu zerbomben, einschließlich Kiews, das er die «Mutter aller russischen Städte» nennt und heim ins neue Großrussische Reich führen möchte.

Selten ist ein Gedicht vielleicht so im rechten Moment erschienen wie am Morgen des 24. Februar in der «Frankfurter Allgemeinen» Uwe Kolbes Trauergesang *«Seit 5 Uhr 45 wird jetzt zurückgeschossen»* – also jener lügnerische Satz Hitlers, der am 1. September 1939 den Überfall auf Polen und damit den Zweiten Weltkrieg eröffnet hat. Bis vor Kurzem hätte sich vielleicht niemand getraut, dieses Wort des deutschen Gröfaz mit der irren Rede Putins zwei Tage vor dem Einmarsch parallel zu setzen, als er von einer «Nazi-Junta» in Kiew faselte, die im Auftrag der NATO einen «Blitzkrieg» (er verwendete das deutsche Wort) gegen Russland vorbereitet habe, um den «Genozid an russischen Menschen» zu vollenden. Damit hat uns Putin in klassisch projektiver Weise alle historischen Assoziationen selbst souffliert, die jetzt wieder im Raum stehen: München, Anschluss, Blitzkrieg, Genozid.

Aber auch nach Beginn der Invasion war noch durchaus unklar, ob das genügt hätte, diesen Erkenntnisblitz im Gros der deutschen

* Veröffentlicht in Der Spiegel, Nr. 10 / 2022. Hier in leicht überarbeiteter Fassung.

Öffentlichkeit und Politik zu zünden. Wäre Putins Kriegsplan aufgegangen, die russische Armee nach kurzem Widerstand in Kiew eingezogen und sein Gegenspieler Selenskyj im amerikanischen Hubschrauber (wie angeboten) davongeflogen – wer weiß, ob nicht allgemeine Erleichterung ausgebrochen wäre und «gerade wir Deutschen» uns wieder berufen gefühlt hätten, den «Gesprächsfaden mit Moskau» ins Endlose weiterzuspinnen.

Jetzt ist die deutsche Politik und Öffentlichkeit, buchstäblich über Nacht, umgeschwenkt – als letzte und sehr spät, aber hoffentlich nicht zu spät. Die Bundestags-Entschließung vom 26. Februar bedeutet, wie allen bewusst ist, eine epochale Veränderung der Rolle und Stellung der Bundesrepublik in Europa, in der Allianz, in der Welt. Und siehe da, nirgends in unseren Nachbarländern hat diese «zweite Wiederbewaffnung» der vereinigten Bundesrepublik Furcht geweckt, im Gegenteil: starke Erleichterung. Während Russlands neoimperiale Weltmachtphantasien so oder so einem tragischen Debakel zusteuern und jedenfalls schon jetzt einem moralischen Offenbarungseid gleichkommen, haben sich auch alle postnationalen Größenphantasien auf deutscher Seite erledigt, die mit diesen Ambitionen auf eine scheinbar hochmoralische und geschichtsbewusste, tatsächlich äußerst trübe Weise verbunden gewesen sind.

Man ermisst die Veränderung, die sich da gerade vollzogen hat, wenn man nachliest, wie noch im Dezember 2014, ein halbes Jahr nach der Blitz-Annektion der Krim und der Eröffnung des blutigen Zermürbungskriegs im Donbass durch Russland, eine Allparteien-Koalition emeritierter Amtsträger, flankiert von Dutzenden prominenter Künstler und Intellektueller, sich in einem beschwörenden Appell «Wieder Krieg in Europa? Nicht in unserem Namen!» an die Öffentlichkeit gewandt hat. In diesem Aufruf wurde allen Ernstes suggeriert, dass die NATO und die USA unter Obama dabei seien, Russland gewaltsam «aus Europa hinaus(zu)drängen», was stets «blutig gescheitert» sei, wie es das «größenwahnsinnige Hitler-Deutschland» ein- für allemal bewiesen habe.

Das war wohlgemerkt nicht die Stimme der professionellen Putin-Versteher oder -Bewunderer. Sondern diese offenbar von Helmut Kohls ehemaligem Amtsleiter und Ostbeauftragten Horst Teltschik verfasste, vom Ex-Präsidenten Roman Herzog unterstützte, von Kohl selbst wie von Schmidt womöglich stillschweigend gebilligte Positionsnahme kam aus der Mitte des deutschen politischen und wirtschaftlichen Establishments. Und mittendrin schwamm wie ein Fisch im trüben Wasser Gerhard Schröder, der als «ausländischer Agent» (nach den Kriterien der putinistischen Strafgesetzgebung) gerade auftragsgemäß dabei war, die Verträge für Northstream II vertragsreif zu machen – ganz im Sinne der offiziellen deutschen Ostpolitik einer «Annäherung durch Verflechtung».

Aber was im Gewand einer feierlichen «Nie wieder»-Rhetorik und gespickt mit «Lehren aus der Geschichte» daherkam, und zwar genau in dem Moment, als für alle Welt sichtbar «wieder Krieg in Europa» war, das war neben robustem Geschäftssinn eben auch eine versteckte Größenphantasie. Sie verbirgt sich genau in der Formel «Gerade wir als Deutsche ...», die bis heute präsidiale oder pastorale Reden gewohnheitsmäßig schmückt und scheinbar genau das Gegenteil signalisiert: eine historisch erworbene Selbstbescheidung und postnationale Verantwortungsethik. Aus ihr soll sich dann eben auch unser «besonderes» Verständnis für die ebenfalls «besonderen» Sicherheitsbedürfnisse Russlands herleiten, welche gleich hinter den zur Staatsräson erhobenen Sicherheitsinteressen Israels rangieren, so wie die Verantwortung für den Überfall auf die Sowjetunion und die 20 oder mehr Millionen Toten gleich hinter den 6 Millionen Toten des Holocaust rangieren soll.

Dieser «Schuldkomplex», von dem polemisch oder auch anerkennend gesprochen wird, ist in dieser Fassung aber keineswegs so übergroß wie er aussieht. Im Gegenteil: er ist auf ein moralisch und politisch gut handhabbares, um nicht zu sagen, recht komfortables Set ritueller Formeln reduziert, die eine lebendige historische Selbstaufklärung und den überfälligen Abgleich der verschiedenen, widersprüchlichen europäischen Erfahrungen und Geschichtserzählungen eher behindern. Die gar nicht zu tilgende historische Hauptschuld Deutschlands (ich scheue diesen Begriff keineswegs) war die gewollte, durch nichts und niemanden erzwungene Eröffnung des Zweiten Weltkriegs im Jahr 1939, der von Beginn an als ein Eroberungs-, Versklavungs- und Ausrottungskrieg angelegt und geführt wurde und nach der kampflosen Zerstücklung und Invasion der Tschechoslowakei sich vor allem zunächst mit voller vernichtender Wucht gegen Polen richtete, und danach in abgestufter Form gegen halb Europa.

Gerade dieser unbedingte, maßlose Eroberungswillen Hitlers, der vom Gros der deutschen Gesellschaft aktiv oder passiv getragen wurde, hat es der Sowjetunion Stalins erst ermöglicht, in loser, aber aktiver Komplizenschaft mit dem Deutschen Reich im Sommer 1939 einen eigenen Krieg zur Annektion der östlichen Hälfte Mitteleuropas zu führen. Mehr noch: Moskau hat die deutsche Kriegsmaschine bei ihren Eroberungszügen nach Westen und nach Süden bis ins Frühjahr 1941 hinein absichtsvoll gefüttert, weil Hitler, wie Stalin seinem Komintern-Chef Dimitroff eine Woche nach Kriegsbeginn schon sagte, «gute Dienste bei der Zerschlagung des Weltkapitalismus und Imperialismus» leiste, und außerdem auch gute Dienste bei der Wiedergewinnung historischer Gebiete für die Sowjetunion. Das war nichts weniger als ein verbrecherisches Vabanque-Spiel eigener Art, welches 1941 dann in verheerender Weise gegen ihn selbst und sein Land zurückgeschlagen hat. Wer freilich solche Fragen im heutigen Russland aufwirft, der muss mit Verbot und Strafe rechnen.

Denn gerade diese Gebiete sind es ja, die Wladimir Putin – ganz in der Spur Stalins, den er als Wahrer und Mehrer des Imperiums ausdrücklich rehabilitiert hat – heute als eine besondere, legitime «russische Sicherheitssphäre» reklamiert. Dazu zählen die 1939 annektierten westlichen Teile der Ukraine und Weißrusslands (die östlichen sowieso) sowie Bessarabien (das heutige Moldawien), die drei baltischen Republiken und Finnland, das nach unerwartet heftiger Gegenwehr 1940 teilamputiert und «finnlandisiert» wurde. Man muss weder Historiker noch Osteuropäer sein, um zu bemerken, dass die von Putin gezeichneten «roten Linien» ziemlich genau der Teilungslinie entsprechen, die Stalin, Molotow und Ribbentrop im August 1939 mit fettem blauem und rotem

Stift auf der Karte des östlichen Europa eingezeichnet und signiert haben.

Aber damit nicht genug: Putin beschwört tatsächlich eine erneute Vor-Weltkriegs-Situation herauf, wenn er den Radius seiner besonderen Sicherheitsbedürfnisse bis zu jenen Linien vorschiebt, auf denen die Rote Armee nach ihrem historischen Sieg 1945 zum Halten kam. Was wiederum auf die deutsche Schuld – oder jedenfalls Verantwortung – zurückführt: Denn es war erst der deutsche Rassen- und Vernichtungskrieg, der die Polen und die Juden, die Weißrussen, die Ukrainer und schließlich auch die Russen getroffen und sie alle, soweit sie es noch konnten, in einen Existenzkrieg hineingezwungen hat. Das erst hat unter dem von Stalin gewählten Signum eines «Großen Vaterländischen Krieges» die Rote Armee am Ende nach Berlin geführt – freilich im Verein mit den Armeen des Westens, worüber in Moskau heute nur ungern gesprochen wird. Hitler und die Deutschen, die ihm bis zum Schluss gefolgt sind, waren es somit, die Stalin erst auf diese weltgeschichtliche Höhe gehoben haben. Und insofern haben sie auch dazu beigetragen, dass die ungeheuren Verheerungen und Menschenopfer, die Stalin und seine Partei im Bürgerkrieg, in der Kollektivierung, im Großen Terror ihrem eignen Land und ihren Völkern zugefügt haben, durch diesen epochalen Sieg von 1945 überdeckt und scheinbar sogar legitimiert werden konnten.

Aus diesem traumatischen Bündel von Erinnerungen und Erfahrungen versucht Putin jetzt in perverser Verkehrung eine neue, bedingungslose Kriegsbereitschaft zu züchten, die von absurden Bedrohungsszenarien und Feindbildkonstruktionen lebt. Diese sollen kompensieren, was dieses immense, nach innen schrumpfende, nach außen expandierende Land als ein «Raum ohne Volk» außer an fossilen Energien und Rohstoffen sowie an hochgezüchtetem Militärgerät eben nicht mehr an lebendiger sozialer Energie und an ökonomischer und wissenschaftlicher Innovationskraft hergibt.

«Gerade wir als Deutsche» sollten aufhören, den großrussisch-völkischen Geschichtskonstruktionen der putinistischen Ideologen auch nur den kleinen Finger zu reichen. Als ein zentrales und starkes, aber stinknormales europäisches Land unter Ländern sind wir gefordert, den Ukrainern wie allen anderen Bedrohten beizustehen und uns an den jetzt notwendigen Verteidigungs- und Eindämmungsmaßnahmen nach besten Möglichkeiten zu beteiligen. Und wenn wir aus irgendeiner historischen Erfahrung klug geworden sind, die wir zu teilen hätten, dann war es die der Niederlage, die uns erst bei unseren hypertrophen Weltmachtplänen Demut gelehrt und zur Besinnung gebracht hat.

Russland, dessen erfolgreiches Drängen auf Freiheit und Selbstständigkeit in Wirklichkeit 1991 den entscheidenden, letzten Anstoß für das Auseinanderbrechen der Sowjetunion als einer bedrückenden imperialen Superstruktur gegeben hat, aber das aus dieser neu gewonnenen Unabhängigkeit wenig gemacht hat und jetzt wieder partout Weltmacht werden möchte, wird diese heilsame Erfahrung hoffentlich schneller und hoffentlich weniger katastrophisch als wir machen.

2. Russland gründlich entzaubert

Vom Ende eines deutschen Komplexes*

Putins Eroberungs- und Vernichtungskrieg gegen die Ukraine, vor allem aber der im Geist des zivilen Heroismus geleistete und äußerst wirksame Widerstand, auf den Russlands Invasionsarmee dabei gestoßen ist, haben für die Politik und Gesellschaft der Bundesrepublik einen Realitätsschock bedeutet, der kaum wieder rückholbar erscheint. Wäre Putins Armee, wie von ihm und seiner Militärführung erhofft, binnen weniger Tage in Kiew eingezogen und hätte er dort einen Statthalter eingesetzt, wäre für die deutsche Haltung kaum sicher zu bürgen gewesen.

Jetzt aber hat sich die Ukraine, dieser weiße Fleck auf der mentalen Landkarte der meisten Bundesbürger, mit Bildern und Farben («Nationalfarben», horribile dictu!) gefüllt, lernen wir die ukrainischen Namen der ukrainischen Städte und studieren täglich die Frontverläufe. Und vor allem haben wir Menschen kennengelernt, die wie wir sind, gewöhnliche Berufe haben, oft mehrere Sprachen sprechen, sich in der Welt auskennen – und die nach der Invasion, ob als Graphiker oder Kosmetikerin, Professor oder Kindergärtnerin, mit einer uns unbegreiflich gewordenen Entschlossenheit ihre Angehörigen und Kinder in Sicherheit gebracht und sich dann in die Fleckmontur geworfen, gelb-blaue Armbinden angelegt und in Crashkursen gelernt haben, Gewehre oder Panzerfäuste zu bedienen und ihre Mobiltelefone auch militärisch zu nutzen. So sind sie als ein intelligent vernetzter David einem stumpfsinnig und brutal

* *Zuerst veröffentlicht unter diesem Titel in «Osteuropa», H. 1–3/2022 (Russlands Krieg gegen die Ukraine. Propaganda, Verbrechen, Widerstand), S. 19–32.*

agierenden Goliath gegenübergetreten, der sich viel verwundbarer zeigt, als irgendjemand gedacht hätte, und dafür nun umso brutaler um sich schlägt.

Neben dem jähen Bewusstwerden unserer weitgehenden Abhängigkeit in der Energie- und Rohstoffversorgung haben die aus Russland abgefeuerten Raketen uns auch unsere eigene Verwundbarkeit demonstriert – in einer elementaren Bedeutung, die wir fast vergessen hatten. Nach zwei Jahrzehnten intensiver Debatten über die legitimen und ach, so schmählich übergangenen Sicherheitsbedürfnisse Russlands stellt sich heraus, dass wir selbst binnen Minuten von Russland pulverisiert werden könnten, zum Beispiel durch Iskander-Raketen mit Nuklearsprengköpfen von der weit vorgeschobenen Raketenbasis «Kaliningrad» aus, dem verödeten, mit dem Namen eines stalinistischen Haupttäters verunzierten Königsberg – einem weiteren, noch weißeren Fleck auf der europäischen Landkarte, über den niemand sprechen oder gar verhandeln möchte, weil dann alle möglichen Gespenster der Vergangenheit im Raume stünden.

Nur wenn Putin in der erbittert sich behauptenden Ukraine eine militärische und politische Abfuhr bekäme, die seinen aufgeblasenen Nimbus eines genialen Globalstrategen ein für alle Mal ruinierte, könnte auch Russland selbst daran gehindert werden, sich erneut in den Malstrom seiner ureigenen periodischen Selbstdestruktionen hineinzuwerfen. Aus allen diesen Gründen ist Neutralität in diesem Krieg keine Option mehr. Es geht um Entscheidungen, denen wir nicht länger ausweichen können und die uns – oft in betont undiplomatischer Weise – von den Angegriffenen auch abverlangt werden.

Aber erst der politische und moralische Druck aus der Mitte der deutschen Gesellschaft hat die Regierung Scholz genötigt, spät, hoffentlich nicht zu spät, die lang etablierte Position einer «Zurückhaltung» hinter sich zu lassen, die angeblich unserer «besonderen historischen Verantwortung», in Wirklichkeit aber dem Spekulieren auf eine «Friedensdividende» entsprungen ist. Im Angesicht der russischen Aggression hat ein mentaler und politischer Gezeitenwechsel eingesetzt, der sich – etwa nach einem ausgehandelten Waffenstillstand – nicht mehr auf den *Status quo ante* eines business as usual wird zurückführen lassen. Dieser Wechsel drückt sich nicht zuletzt auch in der überraschenden Selbstverständlichkeit aus, mit der jetzt eine Plejade oft recht junger Frauen in Parteien und Ministerien, Think-tanks oder Medien, in «Fridays-for-Future» und anderen sozialen Bewegungen mit einer neuen Selbstverständlichkeit auch über Fragen von Militärstrategien, Waffensystemen und Kriegsszenarien diskutiert. Und das nicht nur bei uns: In vielen Ländern Europas sind es jetzt gerade Frauen, die als Premier-, Außen- oder Verteidigungsministerinnen Formen einer «Realpolitik» praktizieren, welche ihren Namen jedenfalls eher verdient als vieles, was bisher unter diesem Label lief. Annalena Baerbock ist insoweit nur die Prototype einer ganzen Generationskohorte, die in den skandinavischen und baltischen Ländern, in Moldowa und der Slowakei oder im Präsidium des Europäischen Parlaments inzwischen die Politik und das Wort führen – und die verkniffenen Geostrategen und bärtigen Eurasier-Ideologen im Umfeld des Kreml und seines bleichen Führers Lügen strafen, wenn diese unisono vom Niedergang des degenerierten «Gayropa» und der westlichen Demokratien schwadronieren.

Abschied vom «Russland-Komplex»

Diese neue Verbindung eines gehärteten Realitätssinns mit moralischen Standards bedeutet auch den Abschied von überlebten Klischees und falschen Gefühlen – und in Deutschland von einem tief verwurzelten «Russland-Komplex».[1] Dabei hatte mein gleichnamiges Buch im Jahr 2005 noch mit der optimistischen Annahme geendet, dass das in einem weiten historischen Bogen und Spektrum darin ausgeleuchtete «Gemisch aus Furcht und Faszination, aus emphatischer Einvernahme und phobischer Abwehr mit dem Ende des Weltkriegs- und Revolutionszeitalters des 20. Jahrhunderts

1 Gerd Koenen: Der Russland-Komplex. Die Deutschen und der Osten 1900–1945, München [2]2023.

seine ursprüngliche Brisanz verloren hat und mit der Auflösung der Sowjetunion und damit des Ost-West-Gegensatzes […] in einen Zustand beiderseitiger heilsamer Ernüchterung übergegangen ist».[2]

Russland, so der einfache und nicht unbegründete Gedanke, werde sich mit dem (relativ) friedlichen Umbruch von 1989 und der Auflösung der Sowjetunion 1991 nun seinerseits aus dem Gefängnis eines immer erneuerten imperialen Weltmachtstrebens entlassen und könnte endlich ein stinknormales Staats- und Gemeinwesen im Konzert der Nationen und Länder Europas, Asiens und der übrigen Welt werden – so wie Deutschland es nach der finalen Niederlage von 1945 auch geworden und trotz oder wegen der Wiedervereinigung von 1990 auch geblieben ist.

Alle historischen Sonderbeziehungen, alle nie ausbuchstabierbaren, aber stets latenten Machtphantasien und Bündnisoptionen auf der Achse Berlin-Moskau, alle Vorstellungen einer gegenseitigen Bemächtigung oder umgekehrt einer synergetischen Verkoppelung und Verschmelzung müssten sich historisch endgültig erledigt haben, hoffte ich, so wie auch alle die miteinander und gegeneinander entwickelten, hypertrophen welthistorischen Beauftragungen, die noch stets aus der kategorischen Verwerfung eines dämonisierten, dem Untergang geweihten Westen gelebt hatten – obwohl dieser «Westen» selbst als eine politische Größe sich in Wirklichkeit gerade in diesen Weltkriegs-Konfrontationen und Nachkriegsordnungen erst herausgebildet hatte. Schluss also, hoffte ich, mit allem «deutschen Wesen», an dem eine profan-materialistische Welt genesen sollte; und Schluss mit der ewigen «russischen Seele», die (frei nach Dostojewski) einer verdorbenen Welt das erlösende «letzte Wort» sprechen werde. Aber Schluss vor allem auch mit dem Verbrüderungskitsch, der sich (wie prototypisch in der Kriegskinder-Kameraderie von Wladi & Gerhard) in diffuser, klebriger Weise ausgerechnet aus den Katastrophen unserer Zusammenstöße im to-

2 «Mein Russland-Komplex. Oder: Wir sind Gefangene». Dankesrede zur Verleihung des Leipziger Buchpreises für europäische Verständigung, Leipzig 2007 (Sonderdruck), S. 21.

talen Krieg nährte – deren tiefere Zusammenhänge und moralische Abgründe umso weniger ausgelotet und verstanden werden können, je mehr sie in die Nebel einer exklusiven und schicksalhaften «deutsch-russischen» Sonderbeziehung gehüllt werden.

Entgegen allen Erwartungen haben diese klebrigen Kollusionen und nebligen Mythisierungen in der Ära Wladimir Putins noch einmal eine späte, fast karikaturhafte Wiederkehr gefeiert, in einem Retro-Komplex, der sich jetzt, mit dem Krieg in der Ukraine, endgültig überlebt haben dürfte – und das hoffentlich irreversibel. Natürlich war auch das kein exklusiv deutsches Phänomen. Aber die Gemeinde der deutschen «Russland-Versteher», wie sie unsinnigerweise genannt wurde und sich so stolz wie grundfalsch selbst bezeichnete, war nach Motivlage und Interessen dann doch eine besonders breit gelagerte und ziemlich eigentümliche Melange.

Etwas sarkastisch könnte man unterscheiden: Wohlstandschauvinisten (West) und Vereinigungsrevanchisten (Ost), Entspannungsnostalgiker älteren Schlags (von Egon Bahr über Helmut Schmidt bis sogar zu Helmut Kohl), altbackene Russophile oder Prussophile (von Gauweiler bis Gauland), Sprecher der Energiemonopole und der Russlandfraktionen der deutschen Exportindustrie sowie sozial- oder christdemokratische Ministerpräsidenten der besonders interessierten Bundesländer (wie Niedersachsen, Bayern, Nordrhein-Westfalen, Sachsen und Mecklenburg-Vorpommern). Dazu gesellte sich ein Kranz gutgeschmierter Sportfunktionäre und Clubpräsidenten à la Schalke 04, die im Kreml zu Hofe gingen, in gar nicht so seltsamer Kombination mit radikalen Globalisierungsgegnern und CIA/NSA-Paranoikern jeder Couleur oder zuletzt mit selbsternannten Querdenkern und Corona-Leugnern. Man fand alte und neue Linke (von Linkspartei bis Antifa) ebenso wie alte und neue Rechte (von der NPD bis zu den Identitären) und natürlich die euroskeptisch-fremdenfeindliche «Alternative für Deutschland», im engen Schulterschluss mit ihren europäischen Peers wie Marine Le Pen oder Viktor Orbán, die allesamt in Putin ihren Präzeptor und Sponsor sahen und fanden. Et tu, felix Austria, nube! Unvergessen die Hochzeitsbilder der FPÖ-Außenministerin (wie hieß sie noch?)

mit höfischem Knicks beim politischen Antanzen Putins, des hochgestellten Ehrengasts.

Das Zentrum dieses Retro-Komplexes bildete eine Phalanx professioneller und prominenter Lobbyisten und Einflussagenten, unter denen der unerschütterliche Putin-Freund und Ex-Kanzler Gerhard Schröder als Rollenmodell für eine ganze Garnitur ausgemusterter deutscher und europäischer Politiker unterschiedlicher Couleur herausragte. Schröders plötzliches, fast vampirhaftes Schrumpfen zu einem gemiedenen Außenseiter kann man wie einen Lackmustest auf das jähe Verblassen dieser eben noch so attraktiv erscheinenden politisch-ökonomischen Vision einer «Annäherung durch Verflechtung» sehen, der auch honorigere Persönlichkeiten wie der jetzige Bundespräsident Frank-Walter Steinmeier oder Kohls ehemaliger Amtsleiter Horst Teltschik in einer seltsamen Anhänglichkeit an frühere, große Tage einer deutsch-russischen «Ostpolitik» bis weit über die Krim-Annektion und den Krieg im Donbass hinaus gehuldigt oder die sie sogar mittels Northstream Zwei in ein letztes, äußerstes Stadium der energiepolitischen und geopolitischen Abhängigkeit getrieben haben.

Jetzt also herrscht Katzenjammer über «vieles, was man nicht gesehen hat» – oder vielmehr aus robusten Eigeninteressen heraus nicht hatte sehen wollen; oder noch richtiger: zwar gesehen, aber sich zurechtrationalisiert und kommensurabel gemacht hat, dem unverwüstlichen Mantra folgend, dass es «Sicherheit nur mit Russland, nicht gegen Russland» geben könne. Was im Klartext bedeutete, dass die «Sicherheitsinteressen» Russlands, wie Putin sie auslegte, im Zweifelsfall stets über denen seiner nord-, ostmittel- und südosteuropäischen Nachbarn zu rangieren hätten.

Dabei gab und gibt es ja niemanden in der Welt, der Russland ernstlich bedroht hätte oder es gar, wie Putin und seine Mundstücke unablässig behaupteten, zerstückeln und in eine innere Auflösung treiben wollte. Es sei denn, man folgt Putins paranoider Behauptung, dass die wechselnden US-Administrationen seit 1990 (außer seinem Freund Trump) mittels demokratischer «Farbrevolutionen», Open-Society-Funds und militärischen Einkreisungsstrategien eine solche Agenda verfolgt hätten. Oder man zeigt zumindest «Verständnis» für die unbewiesene Behauptung, dass Putin selbst das offenbar glaube. Was bei Jörg Baberowski oder bei Herfried Münkler in die Diagnose mündete, Putin und sein Russenvolk im Ganzen litten an einem «imperialen Phantomschmerz», einem metaphysischen Gliederreißen, das sich von dem der Briten, der Türken oder auch der Deutschen beim erzwungenen Abschied von ihren zusammengeraubten Imperien und Großreichen wesentlich unterscheide. Baberowski hielt sich an die vage, aber feste Hoffnung, dass es Frieden geben werde, «wenn die Entflechtung des Imperiums auch in den Köpfen der Menschen vollzogen ist» – was wohl noch etwas dauern wird.[3] Münkler dagegen gab den Ukrainern bei Kriegsausbruch den expliziten Rat, ihren aussichtslosen Kampf aufzugeben, «denn einen Krieg gegen Russland könnt ihr nicht gewinnen»; schon weil es am Ende ja doch nur um eine zwischen den Weltmächten wieder neu auszutarierende Sicherheitsarchitektur gehen kann und muss, die den «Bedrohtheitsobsessionen» der russländischen Führung irgendwie Rechnung trägt.[4]

Statt anteilnehmend von einem «Phantomschmerz» zu reden, haben einige Beobachter (ich eingeschlossen) es schon in den frühen 1990er Jahren vorgezogen, mit Blick auf das damals schon beobachtbare Hochschießen faschistoider, antisemitischer, revanchistischer und apokalyptischer Stimmungen von einem schwelenden «russischen Versailles-Komplex» zu sprechen, in dem sich der fatale Stolz einer «im Felde unbesiegten» Weltmacht mit dem Hass auf die westlichen Sieger und den von ihnen verbreiteten bürgerlich-kapitalistisch-demokratischen Ungeist paart.[5] Diesen aggressiven,

3 Jörg Baberowski, Schwieriger Abschied vom Imperium, in: FAZ, 1.3.2022.

4 Herfried Münkler, Putin ist ein imperialer Opportunist. Interview mit Bascha Mika, in: Frankfurter Rundschau, 19.3.2022.

5 Sonja Margolina: Ein anderes «Versailles». Russen zwischen Niederlage und Rache, in: Kommune, 2/1990, S. 6–9. – Gerd Koenen, Die schwarze Front. Russische Neue Rechte zwischen Nationalbolschewismus und Neofaschismus. in: Gerd Koenen, Karla Hielscher: Die schwarze Front. Der neue Antisemitismus in der Sowjetunion, Reinbek 1991, S. 14–43.

aus der Beschämung des eigenen, jähen Zusammenbruchs gespeisten russischen «Versailles-Komplex» hat Putin in Russlands Revisionspolitik übernommen, spätestens seit er 2005 in einer programmatischen Rede den Zerfall der Sowjetunion, die er mit Russland gleichsetzte, als «die größte geopolitische Katastrophe» des 20. Jahrhunderts geißelte, die wieder rückgängig gemacht werden müsse. Mit dem Angriff auf die Ukraine ist diese Politik nun also aus ihrer «Weimarer» Phase bloßer Revisionsforderungen in die Phase einer offenen, großen Revanche übergetreten.

Putin, umgeben von einem ganzen Kreis fundamentalistisch-orthodox und eurasisch orientierter Ideologen, hat sich in den letzten zehn Jahren viel «mit Geschichte befasst» und als Autodidakt und Neubekehrter, wie man weiß, in dem im Berliner Exil lebenden, vom Faschismus und Nazismus nachhaltig beeindruckten Religionsphilosophen Iwan Iljin postum einen geistigen Mentor gefunden, der als glühender Antibolschewist schon am Vorabend des Weltkriegs und nach dem Sieg von 1945 dann ganz explizit in Stalin den providentiellen Wiedererbauer des ewigen und einzigartigen Russländischen Reiches gesehen hatte – und zwar gerade wegen dessen männlicher Gewaltbereitschaft gegen Verräter und Schwächlinge, was einen Führer auszeichne.[6]

Ein Laboratorium totalitärer Weltentwürfe

Folgt man solchen Spuren, dann tritt man – das eben war das Thema meines Buchs über den «Russland-Komplex» – in ein ungeheures,

6 Am ausführlichsten hat über die Rolle Iwan Iljins als eines postumen Ratgebers für Putin geschrieben: Timothy Snyder: Der Weg in die Unfreiheit. Russland – Europa – Amerika. München 2. Aufl. Beck Paperback 2022, S. 23–44. – Einen Überblick über Iljin und seine literarische Tätigkeit bietet (in verehrendem Ton) die Website <//iljinru.tsygankov.ru>. Wesentliche Texte Iljins sind: Nacional-Socialism. Novy duch, in: Vozroždenie, (Paris) 17.5.1933. – O gradušćej Rossii: Čto est gosudarstvo – korporacija ili učreždenie? (10.–17.1.1949). – Vgl. den Essay «Der Narzissmus der Unverstandenen – Phantasmen einer eurasischen Weltzivilisation» in diesem Buch, S. 236–258.

viel größeres historisches Laboratorium ein, in dem vor, während und nach der Weltkriegsperiode im Spannungsfeld zwischen Moskau und Berlin totalitäre Weltentwürfe jeder Art ausgebrütet und ausgetauscht wurden. Dabei gab es hier wie dort zwischen Nationalismus und Sozialismus, Klassenkampf und Rassenkampf, psychopolitischer Konditionierung und eugenischer Zuchtwahl keine allzu eindeutigen Abgrenzungen. Es war ein intimes Freund-Feind-Verhältnis, aber eines im Sinne Carl Schmitts, des in Putins Reich heute wie nirgends sonst in der Welt intensiv studierten politischen Theologen: nämlich eine Rivalität, bei der Kommunisten und Faschisten, Weltrevolutionsstrategen und Lebensraumpolitiker aneinander Maß nahmen und voneinander lernten. Und das bewegte sich keineswegs nur im luftigen Ideenhimmel der reinen Theorien oder Doktrinen, sondern es stand auf dem festen Boden einer von Berlin und Moskau in loser Abstimmung verfolgten Revisionspolitik, die darauf abzielte, die von den westlichen Siegermächten dominierte «Versailler Weltordnung» zu Fall zu bringen, und mit ihr auch alle Erscheinungen einer angeblichen kulturellen Überfremdung oder gar Durchseuchung, wie Hitler sie einmal in das plastisch-phobische Bild eines «Syphilisfriedens» gefasst hat.[7]

Tatsächlich waren es gerade die brodelnden, kosmopolitischen Szenerien der Weimarer Zeit, die der nationalsozialistischen Machtergreifung vorausgingen. Und in Russland, oder vielmehr: in der Vielvölkerwelt der prästalinistischen UdSSR, war es komplementär die «NEP»-Zeit der 1920er Jahre mit ihrem fieberhaften, aus dem vorrevolutionären Russland stammenden, kosmopolitischen Avantgardismus, begleitet von einer Blüte autochthoner Sprachen und Kulturen dieses «Lands der hundert Völker», die von Stalin nach seinem Aufstieg zum vožd' (Führer) der Sowjetunion durch die Kollektivierungs- und Kulturrevolution 1929/30 terroristisch beendet wurde. Eben darin, so Putin in seiner wirren Begründungsrede zwei Tage vor der Invasion, habe der von Lenin verschuldete Geburtsfehler der UdSSR gelegen, durch den «die Ukraine erst erfun-

7 Hier zitiert nach Joachim Fest: Hitler. Eine Biographie, Berlin 1989, S. 141.

den» worden sei, gegen den Einspruch Stalins, der von Anfang an für einen Moskauer Zentral- und Einheitsstaat plädiert habe.[8] Weshalb (so die Implikation) in den 1930er Jahren mit der ganzen Brut von Nationalisten, Avantgardisten und Kosmopoliten habe abgerechnet werden müssen, die als Werkzeuge der westlichen Imperialisten Sowjetrussland unterminieren und in einen Krieg mit Nazideutschland verwickeln wollten – für den es aber, wie Stalin schon im Frühjahr 1939 erklärte, «keinen ersichtlichen Grund» gebe.

Von hier aus rückt auch der Rapallo-Vertrag, der im April 1922, also vor genau einhundert Jahren, zwischen dem Weimarer Deutschland und der eben gegründeten UdSSR geschlossen wurde, in ein härteres, weniger freundliches Licht. Denn unter der harmlosen Oberfläche einer gegenseitigen diplomatischen Anerkennung und Schuldenstreichung hatte der Vertrag auch eine strategisch-revisionistische Komponente. Während die fiktive Möglichkeit einer «Rückversicherung bei Russland» – um diesen magischen Begriff der Bismarck-Ära zu gebrauchen – die Weimarer Republik in einer Situation steriler Selbstisolierung hielt, zielte die geheime Militärzusammenarbeit, von der selbst Teile der Regierung und des Parlaments nichts wussten, schon sehr viel weiter. Nicht nur die in Versailles verbotenen modernen Waffensysteme konnten hier entwickelt und erprobt werden, sondern hohe Offiziere von Reichswehr und Roter Armee waren bei ihren abendlichen Manövergesprächen ganz einer Meinung, dass Polen als Bollwerk der Versailler Mächte im östlichen Europa von der Landkarte gestrichen werden müsse, die auch sonst großflächig bereinigt werden müsse.[9]

Noch gravierender war vielleicht, dass der Separatvertrag vom

8 Putin, Rede an die Nation, 21.2.2022, in: «Osteuropa», H. 1–3/2022; sowie im Online-Blog «Russlands Krieg gegen die Ukraine», https://zeitschrift-osteuropa.de/blog/putin-rede-21.2.2022/.

9 Gerd Koenen, Zweifacher Revisionismus, in: Der Russland Komplex [Fn. 3], S. 277–300. – Aus der vielfältigen Literatur zum Vertrag von Rapallo und zur klandestinen militärischen Zusammenarbeit noch immer instruktiv: F. A. Krummacher/Helmut Lange: Krieg und Frieden. Geschichte der deutsch-sowjetischen Beziehungen. Von Brest-Litowsk zum Unternehmen Barbarossa, München–Esslingen 1970. –

April 1922 die Sprengung der Weltwirtschaftskonferenz von Genua bedeutete, die den Wiederaufbau des vom Bürgerkrieg verheerten Sowjetrussland, die leidige Frage der deutschen Reparationen und die gefährliche Verschuldung Frankreichs und Englands bei den USA in einem großen Ausgleich miteinander verknüpfen und ins Zentrum einer Wiederherstellung der vom Weltkrieg zerrissenen weltwirtschaftlichen Verflechtungen hätte stellen sollen. Insoweit gehört Rapallo zur Vorgeschichte der katastrophalen Weltwirtschaftskrise von 1929/30 – mit all den bekannten weltpolitischen Folgen.

Gewiss, die Kulturschiene Berlin-Moskau war in den «goldenen Zwanzigern» dicht befahren und zeitigte kunst- und kulturgeschichtlich bedeutsame, in die Weltkultur eingegangene Ergebnisse, vom Bauhaus bis zum Film. Und es gab im Weimarer Deutschland eine regelrechte literarische Obsession mit dem alten und dem neuen Russland. Das von den Bolschewiki in neuer Form wieder aufgerichtete Moskauer Imperium, das sich in gärender, noch unklarer Entwicklung befand, war für das amputierte, in seinen Weltmachtambitionen zurückgestutzte Deutsche Reich noch immer und jetzt sogar erst recht das Inbild eines großen, vielgestaltigen, ressourcenreichen und potentiell mächtigen Territorialkomplexes, der – in welcher Weise auch immer – für Deutschland und die Deutschen einen Ausweg oder jedenfalls einen designierten Betätigungsraum zu bieten schien.

Insofern waren die Hitler'schen Ostraumpläne nur eine direkte Umkehrung der vielfältigen «Ostorientierungen» dieser Zeit, wie sie gerade auch in deutschnationalen oder nationalrevolutionären Milieus grassierten; wobei mit dem «Osten» immer in erster Linie Russland gemeint war. Hitler drehte das einfach um. In «Mein Kampf» gab er als neue Losung aus: «Ostpolitik statt Ostorientierung». Mit einem von jüdischen Bolschewiken geführten Sowjetrussland könne man sich nicht verbünden, man müsse vielmehr seinen absehbaren Zerfall beschleunigen und sich im Zuge dessen

Manfred Zeidler: Reichswehr und Rote Armee 1920–1933. Wege und Stationen einer ungewöhnlichen Zusammenarbeit, München 1994.

neuen «Lebensraum im Osten» sichern – um von dieser Basis aus den überlegenen Sieger- und Ausbeutermächten des Westens wieder entgegentreten zu können.

Zu dem neu zu arrondierenden und kolonial zu durchdringenden Ostraum rechnete Hitler an erster Stelle sicherlich (in den Spuren der Ludendorff'schen Ostraumpläne) eine vom Moskauer Zentrum sich lösende Ukraine. Aber natürlich ging es immer auch um die alten deutsch-baltischen Kolonialgebiete und auf dem Weg dahin um die Zerschlagung des wiedererrichteten polnischen Staats, um die auf «altem deutschen Reichsboden» errichtete, heterogene Tschechoslowakei (nicht nur das Sudetenland) oder um das agrarisch nutzbare und ölreiche Rumänien. Eine solche Politik des «Lebensraums im Osten» konnte hypothetisch auch in einer losen Allianz oder Koordinierung mit dem revisionistischen Sowjetrussland verfolgt werden, das inzwischen zu einem Mekka der «jungen Völker» geworden war. So eben dachte ja ein großer Teil der Reichswehrführer, ebenso wie ein Gutteil der nationalistischen Intelligenz im fluktuierenden Feld der Gruppen und Organe der sogenannten «Konservativen Revolution», deren Grundgedanken der Dostojewski-Herausgeber Arthur Moeller van den Bruck entwickelt hatte. Und so dachte auch ein Gutteil der Nationalsozialisten, wie der linke NS-Flügel um die Strasser-Brüder und den jungen Goebbels, der, als er auf der Führertagung 1926 von Hitlers neuer Doktrin erfuhr, fassungslos in sein Tagebuch schrieb: «Welch ein Hitler? Ein Reaktionär? ... Wir müssen Russland beerben! 180 Millionen!!! ... Ich bin wie vor den Kopf geschlagen.»[10]

Was hätten wir nicht alles zu diskutieren

Könnten die Historikerinnen und Historiker Russlands und Deutschlands, aber eben auch die der Ukraine und Belarus', Polens und der baltischen Länder und all jener Staaten, die in der deut-

10 Die Tagebücher von Joseph Goebbels. Sämtliche Fragmente. Hg. von Elke Fröhlich. Bd. 1 (1924–1939), München u. a. 1987. Eintrag vom 15.2.1926, S. 161 f.

schen Optik der Weltkriegsperiode in ein balkanisches «Zwischeneuropa» und in den Jahrzehnten des Kalten Kriegs in ein pauschales «Osteuropa» verbannt waren, in freiem Austausch untereinander und natürlich mit allen interessierten Laien die tragischen oder produktiven Verknüpfungen unserer und ihrer jeweiligen Geschichten miteinander abgleichen – was hätten wir nicht alles zu diskutieren und «aufzuarbeiten»! Gerade dann würde sich allerdings der Komplex der wechselhaften deutsch-russischen Sonderbeziehungen und Kollusionen vollends als eine Schlüsselgeschichte des Zeitalters herausschälen, mit allen ihren traum- und ihren alptraumhaften Seiten.

Nur in einigen Aperçus lässt sich andeuten, was alles einer historischen Nachbetrachtung zu unterziehen wäre. Lassen wir Russia et Prussia und lassen wir die «deutschen» Zarinnen und Zaren beiseite, die das Entzücken der europäischen und deutschen Aufklärer, aber der Alptraum des zerteilten Polen waren, und ebenso alle «Waffenbrüderschaften» (Tauroggen) und Bismarckschen «Rückversicherungen», die noch heute altkonservative und prussophile Herzen erwärmen und zur axiomatischen Behauptung verleiten können, es habe mit der Welt immer gut gestanden, wenn Deutschland und Russland gemeinsam operiert hätten.

Interessanter und geschichtsträchtiger wäre schon zu verfolgen, wie die von Marx und Engels aus ihren 1848er-Erfahrungen geschöpfte, fast manisch überzeichnete Rolle des Zarentums sich in der deutschen Sozialdemokratie fortsetzte, mit der ironischen Wendung allerdings, dass angesichts ihrer lebenslangen Kriegsrufe gegen das russische Zarentum als «die große Hauptfestung, Reservestellung und Reservearmee … der europäischen Reaktion» (so Engels noch in den 1880er Jahren)[11] dem Auftauchen russischer Revolutionäre eine umso größere Bedeutung zugemessen wurde, erst recht wenn sie sich als strikte Marxisten und Bewunderer deutscher Organisation und Technik erwiesen. Und als das Zarenreich sich, zuerst in der gewaltigen Massenrevolte von 1905, statt als luftdichte

11 Friedrich Engels: Die auswärtige Politik des russischen Zarentums, in: Marx-Engels-Werke, Bd. 22, Berlin 1963, S. 13 f.

Verbindung von Despotie und Sklavengeist, ganz im Gegenteil als das Land der Revolution par excellence herausstellte, da waren auf eine untergründige Weise bereits die Weichen für jenes subtile Zusammenspiel zwischen Reichsleitung und einem patriotischen SPD-Flügel gestellt, aus dem nach der Kriegserklärung 1914 das offizielle Kriegsziel einer «Dekomposition» und «Revolutionierung» des Russländischen Vielvölkerreichs erwuchs.[12]

Unter all den Bestrebungen einer aktiven Förderung revolutionärer und defätistischer Bestrebungen im Innern Russlands war die bekannteste Episode natürlich die Durchschleusung Lenins aus dem Zürcher Exil im Frühjahr 1917 nach Petersburg und die Förderung seines Griffs nach der Staatsmacht in Russland. Sie führte im Oktober/November 1917 dann auch tatsächlich zur einseitigen Kapitulation der noch im Felde stehenden russländischen Armeen und eröffnete mit dem Vertrag von Brest-Litowsk unter dem Mantel eines Diktats tatsächlich Perspektiven einer weitergehenden Verflechtung und Kooperation. Das führte im letzten Kriegsjahr in den Regierungen und Generalstäben der westlichen Alliierten zu schweren Panikattacken,[13] bevor die deutsche Westfront im August 1918 unerwartet doch kollabierte.

Tatsächlich hat diese weltpolitische Kollaboration sich nie wirklich ausbuchstabieren lassen, so oft sie in Berlin und Moskau die Phantasien eines Umsturzes der bestehenden Weltordnung beflü-

12 Auf heutigem Kenntnisstand noch einmal zusammengefasst in Gerd Koenen: Die Farbe Rot. Ursprünge und Geschichte des Kommunismus, München 2017, in Unterkapiteln wie «Deutsch-bolschewistische Kollusionen» oder «Der ‹Agent› und der ‹Diktator›», S. 666–673, sowie 739–743, und passim. Insgesamt ging es darum, dieses Zusammenspiel aus dem Bereich des Exotischen und Kriminalistischen in die Sphäre paralleler «weltrevolutionärer» Kriegspolitiken, natürlich vollkommen unterschiedlicher Art, zu transponieren. Ausführlicher und materialreicher in: Der Russland-Komplex [Fn. 3].

13 Ausführlich zitiert sind die panischen Denkschriften französischer, englischer, amerikanischer und japanischer Politiker und Militärs, die sich ein von Deutschland beherrschtes oder gesteuertes Russland bis zum Pazifik vorstellten, in: Winfried Baumgart: Deutsche Ostpolitik. Von Brest-Litowsk bis zum Ende des Ersten Weltkriegs, Wien-München 1966, S. 45–51, passim.

gelte – außer, dann allerdings mit einer historisch kaum zu überzeichnenden Wirkung, zwischen August 1939 und Juni 1941, in der Phase des stillen Kriegsbündnisses zwischen dem Dritten Reich und der Sowjetunion, über dessen Erweiterung zu einem Viererpakt im November 1941, mit Japan und Italien als weiteren Partnern, immerhin diskutiert wurde. In Stalins Aufriss der Weltlage vor dem Krieg wurden Japan, Italien und Deutschland als aufstrebende «junge Mächte» den niedergehenden «alten Mächten» Frankreich und England gegenübergestellt, die eben deshalb alles daransetzten, den Expansionsdrang ihrer «jüngeren» Rivalen von sich ab- und auf die Sowjetunion umzulenken. Deshalb beschloss Stalin seinerseits, den Expansionsdrang Hitlers gegen die Westmächte zu lenken. Gegenüber dem Komintern-Sekretär Georgi Dimitroff rühmte er schon am siebten Tag des Krieges die guten Dienste, die Hitler mit der Eröffnung des Kriegs gegen Polen und Frankreich bei der Zerschlagung des Weltkapitalismus leiste, weshalb die Sowjetunion ihn einstweilen aktiv unterstützen sollte, während sie gleichzeitig den Krieg für die Wiedergewinnung und Befreiung historisch zu Russland gehöriger Gebiete in Weißrussland, der Ukraine und dem Baltikum nutzen könne.[14] In diesem Sinne war der Einmarsch der Roten Armee 1939/40 im Windschatten von Hitlers Krieg ein direktes historisches Präludium des aktuellen Ukraine-Feldzugs Putins.

In dieser Phase der aktiven Kollaboration, aber ebenso in der Phase ihrer tödlichen Konfrontation haben Stalin und Hitler intensiv voneinander gelernt. Hitler sprach gegenüber Mussolini und in seinen Monologen vor den bei Tisch versammelten Sekretären und Militärs wiederholt rühmend von Stalin als einem «genialen» und dabei «rein nationalen Führer», der mit dem «jüdischen Kulturbolschewismus» und früheren Weltrevolutionärstum mit eiserner Faust aufgeräumt und aus der «slawischen Kaninchenfamilie» einen ernstzunehmenden Machtstaat geformt habe. Mit seinem «großen Aufräumen in der Generalität» habe er sich einen revolutionären Offi-

14 Georgi Dimitroff, Tagebücher 1933–1943, Berlin 2000, S. 281.

ziersnachwuchs herangezogen, wie er ihm (Hitler) gerade fehle.[15] Dass in den sowjetischen Vorkriegskampagnen gegen «Judas Trotzki» mit ihrer Verknüpfung von Weltfinanz und innerer Subversion die Topoi der nationalsozialistischen Agitationen gegen das «Weltjudentum» in anderem Vokabular aufschienen, und dass am Ende des Großen Terrors und in den Jahren der Zusammenarbeit fast alle prominenten Juden aus dem stalinistischen Führungskader wie aus den Medien, der Kunst und Wissenschaft aussortiert oder liquidiert worden waren, war ihm natürlich nicht entgangen.[16]

Umgekehrt haben Hitlers «Blitzkriege» in Moskau 1940 großen Eindruck gemacht und auch unter führenden deutschen Kommunisten zu einer verqueren Begeisterung geführt oder sogar Hoffnungen auf die weiten Perspektiven einer künftigen Zusammenarbeit genährt.[17] Die Siege im Westen im Frühjahr 1940 dürften mit dazu

15 Von Stalin als dem Liquidator des internationalen Bolschewismus und nationalen Führer Russlands hatte Hitler bereits in einem Brief an Mussolini vom März 1940 geschrieben, der diese Auffasssung schon länger vertrat. Hier zit. nach Alexander Nekrich: Pariahs, Partners, Predators. New York 1997, S. 157. In seinen späteren Tischgesprächen nannte er Stalin einen der größten lebenden Menschen. Eine Zusammenstellung der zahlreichen einschlägigen Zitate aus Henry Picker: Hitlers Tischgespräche (1951), Frankfurt/Main, Berlin 1989, sowie aus einer Reihe anderer Aufzeichnungen in: Russland-Komplex [Fn. 3], S. 427 ff.

16 Zu den strukturellen Ähnlichkeiten und spezifischen Differenzen zwischen dem sowjetischem Antitrotzkismus, Antikosmopolitismus, Antizionismus der Vor- und Nachkriegszeit und den völkisch-nationalsozialistischen Formen eines «wissenschaftlichen Antisemitismus» (Hitler) siehe: Gerd Koenen: Mythen des 19., 20., 21. Jahrhunderts, in: Christian Heilbronn/Doron Rabinovici/Natan Sznaider (Hg.): Neuer Antisemitismus? Fortsetzung einer globalen Debatte, Frankfurt 2019, S. 92–127, v. a. die Abschnitte «Funktion und Spezifik des stalinistischen Antizionismus» und «Metamorphosen des sowjetischen Antizionismus», S. 96–104. – Über die Rolle und Funktion des russischen und sowjetischen Judentums als Teil der bolschewistischen Bewegung und des stalinistischen Macht- und Ideologiekaders, in dem sie zunächst eine herausgehobene Rolle gespielt hatten, bevor sie ab 1939/40 auf wachsendes Misstrauen Stalins und schließlich seinen paranoiden Hass trafen, existiert eine breite Literatur. Besonders eindrucksvoll wegen seiner kultursoziologischen Aspekte ist: Yuri Slezkine: Das jüdische Jahrhundert, Göttingen 2006, hier Kapitel 3 und 4, S. 121–359.

17 Der Dichter Erich Weinert, der in der Exil-KPD höhere Funktionen innehatte,

beigetragen haben, dass die sowjetische Armee noch stärker als früher nach deutschen Offensivstrategien aufgestellt wurde und Stalin sich entgegen allen dringenden Warnungen seiner Marschälle und seiner Auslandsagenten nicht vorstellen konnte, dass Hitler sich im Sommer 1941 auf dem Zenit seiner Erfolge im Westen und im Mittelmeer gegen ihn wenden könnte, statt das Britische Weltreich endlich in die Knie zu zwingen. Mit dem fatalen Resultat, dass die unvorbereitete sowjetische Armee in den ersten Wochen und Monaten in ein kriegsgeschichtlich fast beispielloses Debakel hineinschlitterte, nicht weil sie schwächer oder schlechter ausgerüstet gewesen wäre, sondern weil sie kalt erwischt wurde, zumal ein Großteil des professionellen Offizierskorps im Großen Terror erschossen worden war. Dieser katastrophale, anfängliche Zusammenbruch der Roten Armeen war auch für die immensen Menschenverluste mit verantwortlich, die der nationalsozialistische Vernichtungs- und Versklavungsfeldzug unter der Zivilbevölkerung im besetzten Polen, in Weißrussland, der Ukraine und schließlich auch in Russland forderte. Warum war (zum Beispiel) die einer gnadenlosen deutschen Hungerblockade ausgelieferte zweite Hauptstadt Leningrad, in der Hunderttausende starben, nicht noch rechtzeitig evakuiert wurden?[18]

Das alles sind unendlich viele quälende Fragen, die es zu erörtern gälte – und welche die deutschen Schuldhypotheken keineswegs verringern, eher vergrößern, insofern es ja eben der Versklavungs- und Vernichtungskrieg Hitlers im Osten war, der Stalin erst auf die

sprach aufgeräumt von einer «völlig veränderten Situation» und schwelgte in «neuen Perspektiven». Der Grenz- und Freundschaftsvertrag vom September, der über den Nichtangriffspakt vom August weit hinausging, sei «vielleicht nur der Anfang, und gewiss ist dann mit der Möglichkeit einer noch weitergehenden Zusammenarbeit mit Deutschland zu rechnen». Nicht anders auch der KPD-Vorsitzende Wilhelm Pieck. Wolfgang Leonhard: Die Revolution entlässt ihre Kinder, München 1982, S. 72 f. – Vgl. auch: Stalin und die deutschen Intellektuellen, in diesem Band.

18 Die Leningrader Blockade. Der Krieg, die Stadt und der Tod, Berlin 2011 [= «Osteuropa», H. 8–9/2011]. – Jörg Ganzenmüller: Das belagerte Leningrad. Die Stadt in den Strategien von Angreifern und Verteidigern, Paderborn 2005.

weltgeschichtliche Höhe geführt hatte, auf der er 1944/45 bei den Konferenzen in Teheran, Jalta und Potsdam stand, wo er alle von der Sowjetischen Armee eroberten Gebiete als seine Einfluss- und Sicherheitszone beanspruchen konnte. Ob die von Speer überlieferten letzten Worte des Führers an sein Herrenvolk, das sich als Versager erwiesen hatte, authentisch sind: «Dem stärkeren Ostvolk gehört jetzt die Zukunft», kann dahingestellt bleiben.[19] Dieses Denken in Kategorien der Weltgeschichte als Weltgericht teilte Hitler jedenfalls mit Stalin – der in seinem Siegestoast am 9. Mai seinerseits das «russische Volk» als das hervorragendste unter allen Völkern der Sowjetunion rühmte und es damit in die Rechte eines ersten Staatsvolks und Hauptsiegers des «Großen Vaterländischen Krieges» einsetzte.

Ein schauerlicher ideologischer Hybrid

Die alljährlichen, pompösen Siegesparaden und Ordensbrüste am 9. Mai zur Feier des «Großen Vaterländischen Kriegs», die Putin in einer fast noch militaristischeren Art und Weise zelebriert als die Generalsekretäre vor ihm, gehören in Wirklichkeit einer späteren, nachstalinistischen Periode sowjetisch-russischer Selbstmystifizierung an. Darin wurden die Opferzahlen – die in der Ära Stalins noch ganz bewusst heruntergerechnet worden waren, weil sie ja Fragen über das eigene Versagen hätten aufwerfen müssen – nun in hyperbolische Höhen getrieben, mit dem Ziel, im Kalten Krieg einen politisch-moralischen Anspruch von fast beispielloser Größe zu begründen. Über die menschenverachtenden Formen der eigenen Kriegsführung, die über 80 Prozent derer, die in den Kampf geschickt wurden, dem Tod oder der Verwundung auf dem Schlachtfeld oder in den Lazaretten auslieferte, und über die Misshandlung

19 Albert Speer: Erinnerungen, Frankfurt/Main, Berlin 1969, S. 446. Diese von Speer zehn Tage nach seinem letzten Gespräch mit Hitler am 18. März getätigte Äußerung wird in ihrem Wortlaut bezweifelt, nicht aber ihrem Tenor nach. Ian Kershaw, Hitler 1936–1945, S. 1013; Anm. 159.

und Missachtung der oft verstörten und verstümmelten Veteranen nach dem Krieg sollte dagegen auch weiterhin nicht geredet werden.[20] Wie auch das überdimensionale Leichentuch nicht gelüftet werden durfte, das sie alle postum bedeckt: die Gefallenen an den Fronten und die Kriegsgefangenen in den deutschen Lagern, die als Verräter galten und nach ihrer Befreiung oft in sowjetische Lager geschickt wurden; die Millionen Zwangsarbeiter, Männer und Frauen, die in den deutschen wie in den sowjetischen Lagern und Militärfabriken en masse an Hunger und Überarbeitung starben; und ebenso die deportierten Völker, die zwischen 1944 und 1947 auf den Transporten in die Ansiedlungsgebiete zu Zehntausenden umkamen oder dort einfach verhungerten; so wie die Insassen der Gefängnisse und der immer noch weiter aufgeblähten Zwangsarbeitslager, in denen der Terror mit Foltern und Erschießungen immer weiter ging.

Man braucht die Hypothese, die Wassili Grossman in seinem in den 1960er Jahren verfassten, in der Sowjetunion unveröffentlicht gebliebenen großen Roman «Leben und Schicksal» andeutet, nicht zu teilen: dass es gerade im Weltkrieg, in der Schlacht von Stalingrad, zu einem Übersprung des nationalsozialistischen Ungeistes auf die stalinistische Sowjetunion gekommen sei, die in den mörderischen Nachkriegskampagnen gegen «Kosmopoliten» und «Zionisten» selbst Züge eines russischen Nationalsozialismus angenommen habe. Es ist dennoch klar, was er damit sagen wollte.[21] Und auch die späteren Konstruktionen eines «Weltzionismus», der den militärisch-industriellen Komplex der USA dominiere und in Israel seinen faschistischen Charakter enthülle, kann mit dem genozidalen Antisemitismus der deutschen Nationalsozialisten natürlich nicht gleichgestellt werden. Aber Tatsache ist, dass in diesem spätsowjeti-

20 Auf 84 Prozent der 34,5 Millionen mobilisierten Männer und Frauen hat Richard Overy die Verluste durch Tod (allein 6,2 Millionen) sowie durch Verwundung, Gefangenschaft, Krankheit, Erfrierungen usw. geschätzt. Das war das Mehrfache der Kriegsverluste auf deutscher Seite. Richard Overy: Russlands Krieg. 1941–1945, Reinbek 2003.

21 Wassili Grossman: Leben und Schicksal, Berlin 2007.

schen, sich wissenschaftlich gerierenden Ideologiekanon alle Weltverschwörungstheorien der ersten Jahrhunderthälfte über das «Weltjudentum» und das «Freimaurertum», über die Gefahren eines «wurzellosen Kosmopolitismus» und die Weltherrschaft von Wall Street bedrängende Urständ feierten oder fast noch übertrumpft wurden.[22]

Wladimir Putin, der in diesem spät- und poststalinistischen Geist oder Ungeist aufgewachsen und sozialisiert worden ist, hat nicht nur jede tiefere Erforschung und kritische Selbsterforschung der in einem tragischen Zirkel sich bewegenden Geschichte seines Landes unter Strafe stellen und als «historischen Nihilismus» ächten lassen.[23] Sondern er hat diese geistige Nacht mit selbstgestrickten, historiosophischen Thesen noch länger und noch tiefer gemacht – so wenn er eindeutig stalinistisch konnotierte Rhetoriken einer «Säuberung» Russlands von allem «Abschaum» und allen «Verrätern», wie er sie in einer Videokonferenz am 16. März und Tage später in seinem 6-minütigen Auftritt vor jubelnden Massen im Lushniki-Stadion verwendet hat, mit völkischen Zwangsideen eindeutig faschistischer Provenienz verknüpft. Und diese scheußlichen politisch-ideologischen Hybriden hat er in den letzten Jahren mit einem nationalreligiösen Obskurantismus garniert, der im Kult um den «Heiligen Wladimir» kulminiert, der vor mehr als eintausend Jahren, und zwar just auf der Krim, die heilige russische Orthodoxie begründet haben soll. Fast scheut man sich auszubuchstabieren,

22 Gerd Koenen, Mythus des 21. Jahrhunderts? Vom russischen zum Sowjet-Antisemitismus – ein historischer Abriß, in: Gerd Koenen/Karla Hielscher, Die schwarze Front [Fn. 7], S. 119–223. – Koenen, Mythen [Fn. 19].

23 Zu den historiosophischen Konstruktionen und weltanschaulichen Referenzen des «Putinismus», wie er als ein eklektisches, manche sagen: postmodernes, Kompilat und Gesamtprodukt seit etwa dem Jahr 2010 in einer Fülle pseudo-wissenschaftlicher Ausarbeitungen und literarischer Texte, in vaterländischen Museen und Monumenten, in großen Filmproduktionen, Fernseh-Serien und Masseninszenierungen Gestalt angenommen hat: Ulrich Schmid, Technologien der Seele. Vom Verfertigen der Wahrheit in der russischen Gegenwartskultur, Berlin 2015.

welche peinlich übereindeutige Analogie er damit seinem eigenen, neuen Reichsgründungsprojekt übergestülpt hat.

«Russland gründlich verändert» hieß eine Reportagen-Sammlung des «rasenden Reporters» Egon Erwin Kisch aus den späten 1920er Jahren – als nach den Katastrophen des Weltkriegs und Bürgerkriegs die Umbrüche und Aufbrüche im «neuen Russland» noch einmal große Erwartungen produzierten und gerade auch in Deutschland die Bereitschaft groß war, diesen in unklarer Gärung befindlichen Osten als ein spirituelles Antidotum und einen politischen Gegenpol zur öde materialistischen Welt des Westens zu sehen und sich anzuverwandeln, den Zauber seiner Literatur, seiner Musik, seiner aus volkstümlichen Archaismen gespeisten avantgardistischen Formensprache oder seiner künstlerischen wie sozialen Theatralik, die die Bolschewiki in neuartige Höhen getrieben hatten, auf sich wirken zu lassen, selbst daraus zu schöpfen, vage deutsch-russische «Seelenverwandtschaften» oder (mit Thomas Mann) «Wahlverwandtschaften» zu vermuten.

Von all dem, und überhaupt allem, was man an diesem Russland liebenswürdig, anziehend, interessant finden konnte, ist spätestens mit Putins Beschluss zum Krieg und zum Abbruch aller Beziehungen kaum noch etwas geblieben. Sein entzaubertes Russland will nur noch gefürchtet, nicht mehr geliebt oder auch nur verstanden werden. Dem werden wir vorerst Rechnung tragen müssen, ob wir wollen oder nicht.

3. Der Abgrund, der in uns hineinschaut

Laudatio auf Timothy Snyder und sein Buch «Bloodlands»*

Meine Laudatio gilt einem Buch, auf das ich, wie ich gestehe, zunächst mit einer gewissen emotionalen, aber auch intellektuellen Abwehr reagiert habe – vor allem seines Titels wegen: «Bloodlands» (man hat Gott sei Dank nicht versucht, das Wort ins Deutsche zu übersetzen!). Diese anfänglichen Vorbehalte hatte ich trotz einer gewissen positiven Voreingenommenheit gegenüber dem Autor, der mir neben anderen, kürzeren Texten vor allem durch seine Rolle als Gesprächspartner des todkranken Tony Judt bekannt war, mit dem er eine letzte große Tour d'Horizon unternommen und uns überliefert hat: «Thinking the Twentieth Century» – auf Deutsch erschienen u. d. T.: «Nachdenken über das 20. Jahrhundert», oder pointierter vielleicht: «Das 20. Jahrhundert denken».

Judt schrieb in seinem Nachwort, datiert auf den 5. Juli 2010, einen Monat vor seinem Tod, der 20 Jahre jüngere, aus dem tiefen Ohio stammende Tim Snyder habe für ihn etwas verkörpert, auf das er seit 1989 gewartet habe: nämlich dass eine neue Generation amerikanischer Wissenschaftler sich wieder mit der Geschichte der östlichen Hälfte Europas beschäftige und damit den Stab eines Erbes aufnehme, das bis dahin fast ausschließlich von einer Generation älterer Emigranten vertreten worden war, die entweder vor Hitler, vor Stalin oder beiden geflüchtet waren; und, so ließe sich ergänzen, die auch die Arbeit jener ersten Nachkriegsgeneration fortsetzen würde, die (wie Judt selbst) über eine familiär tradierte

* Zur *Verleihung des Bremer Hannah-Arendt-Preises an Timothy Snyder am 6./7. Dezember 2013.*

oder (wie ich und etliche meiner Kollegen) auf dem Umweg über eine um das Jahr 1968 herum eröffnete linke Biographie auf diese Fragen und Themen gestoßen sind.

Das Motiv Snyders, Jahrgang 1969, der heute in Yale lehrt und in Wien forscht, sich ganz in diese mittelosteuropäische Welt, ihre Geschichte und Gegenwart, zu vertiefen, dürfte neben Anderem, vielleicht Persönlichem wohl wesentlich mit dem zu tun haben, was der Titel des gemeinsamen Buches sagte: «Das 20. Jahrhundert denken». Mit dieser Aufgabe sind wir in der Tat noch lange nicht fertig. Und ein Schlüssel zu dieser Geschichte liegt jedenfalls dort, wo diese «Bloodlands» – oder wie immer wir diese historische Landschaft bezeichnen wollen – sich erstreckt haben.

Warum dann meine anfänglichen Widerstände gegen dieses Buch? Ich schicke voraus, dass sie durch die Lektüre nicht nur entkräftet, sondern im Gegenteil produktiv aufgelöst worden sind – sonst würde ich hier und heute keine Laudatio auf dieses Buch und seinen Autor halten. Aber es ist gerade deshalb vielleicht ganz gut, wenn ich die Gründe meiner Vorbehalte nenne – zumal dieses Buch ja gerade auch hierzulande von etlichen Kollegen unseres Fachs mit triftigen und mit weniger triftigen Argumenten kritisiert und beargwöhnt worden ist; was natürlich bei einem Hannah-Arendt-Preisträger gewissermaßen seine Richtigkeit hat. Denn welches Buch der Philosophin wäre nicht umstritten gewesen und beargwöhnt worden?

Also: Der Titel «Bloodlands» schien zu suggerieren, dass in diesem historischen Gelände alles vergossene Blut und alle großen Verbrechen wie in einem einzigen, blutigen Knäuel zusammen- und ineinandergeflossen seien. Und das sind sie ja auch in mancher Hinsicht. Aber liegt die intellektuelle Aufgabe nicht gerade in der Distinktion? Historisch-genetische Verknüpfungen oder systemische Vergleiche von Nationalsozialismus und Stalinismus waren und sind unbedingt legitim und notwendig, wenn sie dazu dienen, die jeweiligen Spezifika, also die ganz eigenen historischen Charaktere, Bedingungen, Perspektiven der einen wie der anderen totalitären

Machtformation dieses Zeitalters schärfer herauszuarbeiten. Im Übrigen, so der Akzent meiner eigenen Betrachtungen zu diesem Thema, handelte es sich weniger um die Geschichte zweier abstrakter Ismen oder Ideologie- und Gesellschaftssysteme; sondern im Kern ging es auch nach der Gründung einer Union Sozialistischer Sowjetrepubliken und eines nationalsozialistischen Dritten Reichs immer noch um die Geschichte zweier, ihrer sozialgeschichtlichen Statur und geopolitischen Lage nach vollkommen unterschiedlichen und gerade deshalb eng und ambivalent aufeinander bezogener Länder und Staatswesen, Deutschlands und Russlands. Nationalsozialismus und Bolschewismus waren nicht nur in ihrem ideologisch-politischen und sozial-ökonomischen Aufriss nicht zu verwechseln; sie waren historisch auch nicht gegeneinander austauschbar, sondern blieben in fast jeder Hinsicht an ihre deutsche bzw. russische oder russländische Ausgangsbasis gebunden.

Gleichwohl zwingt Timothy Snyders Untersuchung auch verstärkt wieder zu dem Umgekehrten: zur Anerkennung von tatsächlichen Parallelitäten, gegenseitigen Entlehnungen sowie einer zwar sehr unterschiedlich gefärbten und formulierten, aber in manchen Aspekten eben doch auch ähnlichen Logik ihres Denkens oder Ratio ihres Handelns. Dass das keine schlichte Rückkehr zu einer Totalitarismus-Theorie älteren Stils bedeutet, auch nicht in der unendlich gedankenreichen und nuancierten Form, in der Hannah Arendt sie seinerzeit entwickelt hat – in einer Zeit eben, in der erst ein bruchstückhaftes tatsächliches Wissen verfügbar war –, dazu gleich noch ein Wort.

Mein tieferer Vorbehalt gegen die Anlage des Buches, das ich hier laudatiere, resultierte aus der Frage oder aus dem Bedenken, ob man sich dem Medusenblick einer reinen Gewaltgeschichte nicht endlich entziehen müsse, statt sich ihm immer von Neuem auszusetzen. Gerade das Prädikat der «Singularität» der Naziverbrechen hat nicht wenige Forscher und Publizisten in aller Welt angestachelt, es auch auf andere Massenverbrechen zu übertragen, fast wie ein Qualitätssiegel in einem Wettbewerb der Bestialitäten. Immer häufiger findet sich dann zum Beispiel in Geschichten des Stalinismus die Formel vom «roten Holocaust»; oder das von Stéphane Courtois herausgegebene «Schwarzbuch des Kommunismus» versuchte in einer fatalen Logik der Überbietung «dem Kommunismus» (im Singular) global 100 Millionen Tote zuzuweisen – auf die die Nazis und Faschisten aller Länder es angeblich niemals gebracht hätten.

Alle Ansprüche an eine differenzierte Gesellschaftsgeschichte oder eine strukturierte Globalgeschichte verschwinden dann leicht in allgemeinen und fast selbstreferentiellen Formeln wie zum Beispiel – um noch einmal Courtois zu zitieren – der einer «kriminogenen Ideologie», in diesem Falle des Marxismus-Leninismus, die «wie ein genetischer Code» in das Denken der Kommunisten aller Länder eingebaut gewesen sei und die Quelle aller ihrer Massenverbrechen gebildet habe. Das war wiederum eine mimetische Replik auf Daniel Jonah Goldhagens Formel vom «gleichsam mit der Muttermilch» in Sprache und Denken eingedrungenen Antisemitismus der Deutschen, der ihren Massenmord an den Juden erklären sollte. Dagegen sollte der exkulpierenden Formel Ernst Noltes zufolge der bolschewistische Terror erst den nationalsozialistischen, antisemitischen Radikalfaschismus als eine Form der reaktiven «Gegenvernichtung» hervorgetrieben haben. Alle diese «Debatten», die umso hitziger geführt werden, je einseitiger die Ausgangsthese ist, sind ihrer Natur nach uferlos. Und wer sich einen Rest historischen Denkens bewahrt hat, ist ihrer zutiefst überdrüssig.

Zugleich entfalten Gewaltgeschichten ihre eigenen Faszinationen. Lassen wir die Frage beiseite, ob, wenn jeder beliebige Fernsehabend und jedes adoleszente Videospiel in einem Massaker endet, dieser habituelle Konsum inszenierter Gewaltdarstellungen nur eine ungeheure Abstumpfung und Banalisierung produziert, oder ob er nicht doch dazu einlädt, die Grenze von Inszenierung und Realität zu überschreiten. Da, wo es wirklich ernst wird, heilig ernst sogar, gilt jedenfalls, dass die gesellschaftliche Erinnerung an wirklich geschehene, große historische Mordtaten oder auch die unmittelbare Dokumentation von Bluttaten im Hier und Heute keineswegs per se immunisierend oder abschreckend wirkt, sondern im Gegenteil eine düstere, sogar übermächtige Anziehungskraft entfalten kann – und zugleich wie ein Vakuum posthume Sinnstiftungen anzieht. In diesem Sinne hatte ich mir in meinem Buch «Utopie der Säuberung» von 1998 gleich eingangs den bekannten Satz Nietzsches als Warnung vor Augen gestellt, der (ganz feststellend) heißt: «Wenn du lange in einen Abgrund hineinschaust, blickt der Abgrund auch in dich hinein.»

Es gehört zu den großen Vorzügen von Snyders Buch, dass er in keiner Weise mit dem Grauen spielt; dass er sich deshalb auch nur so weit auf die Position einer (in Wirklichkeit gar nicht möglichen) «Identifizierung mit den Opfern» begibt, als er ihnen eine Stimme verleiht, dort wo überhaupt noch eine Stimme zu hören ist; dass er es letztlich aber für «moralisch dringlicher» hält, zunächst «die Handlungen der Täter zu verstehen», weil es ohne sie die Taten nicht gegeben hätte; und dass er diese Täter, einer Maxime Arendts folgend, nicht schlichtweg als Unmenschen von sich tut, sondern als Menschen versteht – was ungleich schwieriger ist. Und immer hat er auch die posthumen Nachwirkungen dieser großen Mordaktionen im Auge, so wenn es an einer Stelle heißt: «Man erinnert sich an die Toten, aber die Toten erinnern sich nicht … Später entscheidet immer jemand anderes, wofür sie starben.» Gerade deshalb, so in einer starken Formulierung seines Buches, «besteht das Risiko, dass mehr Mord zu mehr Bedeutung führt».

Dem Risiko, dass mehr Mord mehr Bedeutung produziert, hat Snyder sich gestellt, indem er dieses Dilemma gleichsam bei den Hörnern gepackt hat. Das soll heißen: Er hat aus dem ganzen, ungeheuren Gewaltgeschehen dieser Weltkriegsepoche mit größtmöglicher begrifflicher Sorgfalt diejenigen Ereignisse herausisoliert, die gerade keine Akte des Krieges oder Ergebnisse eines Bürgerkriegs waren, sondern gezielte, organisierte und gewollte Menschenvernichtungsaktionen – die sich genau in dieser und keiner anderen Region der Welt in einer solchen Weise konzentriert und dabei vielfach überlagert haben. Das meint sein Begriff der «Bloodlands». Diese gezielten, gewollten und organisierten Menschenvernichtungsaktionen stellten in der Zusammenschau ein nach Art und Umfang bis dahin präzedenzloses und vielfach miteinander und ineinander verflochtenes historisches Geschehen dar, das, so Snyders Argument oder These, auch als ein solches betrachtet werden muss und einer gesonderten Interpretation bedarf.

In Kategorien der jüngeren deutschen Geschichtsdebatten gesprochen, wäre das eine Singularitätsthese eigener Ordnung – die sich aber gerade nicht auf ein einzelnes, für sich stehendes Gewaltgeschehen gründet, das sich etwa zusammenfassend mit der Metapher «Auschwitz» umschreiben ließe. Snyder bestreitet gerade, dass sich der «Holocaust», geschweige die deutsche Kolonial-, Vernichtungs- und Kriegspolitik im Osten insgesamt, mit dieser Metapher historisch angemessen umschreiben lässt. Vielleicht würde er die «Singularität» dieser Vernichtungspolitik (die natürlich ein problematischer Begriff ist) überhaupt bestreiten. Jedenfalls handelte es sich in seiner Version um eine Kette eskalierender Massenmorde, die nur aus einem Prozess sowohl interner wie gegenseitiger Radikalisierungen und dynamischer Interaktionen zweier totalitärer Machtkomplexe verstehbar sind – wobei Snyder, wenn ich es richtig sehe, auch den Begriff des Totalitarismus eher meidet, vor allem wegen seiner theoretischen Vorbelastung. Europas Epoche des Massenmords, schreibt er an einer Stelle, sei «übertheoretisiert» und dabei gleichzeitig in ihren Grundzügen und ihren bestimmenden Faktoren noch immer ungenau beschrieben und eher missverstanden.

Das Element der «Übertheoretisierung» dürfte auch Hannah Arendt gelten – obschon ja gerade sie bereits mit erstaunlicher Intuition erkannt hatte, dass die sowjetische Hungerkatastrophe 1932/33 am Beginn der Kollektivierung ein entscheidender Türöffner war; wie sie es freilich verstand: als ein erster Schritt in eine neue Zeit der radikalen Atomisierung der Gesellschaft und der Auslieferung an eine allmächtige, eben totalitäre Staats- und Parteimacht. Snyders Darstellung beginnt ebenfalls mit dieser Hungerkatastrophe, die sich aber, wie er (der beneidenswerterweise auch des Ukrainischen mächtig ist) auf Basis aller heute verfügbaren Informationen überzeugend nachweist, in einem noch ungleich härteren Licht darstellt, als Arendt hätte wissen können: nämlich als erster Akt einer Politik der sozialen wie ethnischen Säuberung und Vernichtung durch das bewusste Wegnehmen aller Lebensmittel.

Für die nationalsozialistischen Ostraumpläne, die auf einer ziemlich genauen Kenntnis, fast müsste man sagen: einer wissenschaftlichen Vorausdurchdringung der Sowjetunion Stalins beruhten, wurde diese Politik einer planmäßigen Aushungerung und Vernichtung durch Arbeit sogar zum ersten Mittel der Wahl, um die Massen designierter Untermenschen auszudünnen und Platz für die «Siedlungsperlen» (wie Himmler sagte) der neuen Herrenmenschen zu schaffen. Auch wenn diese Ostraum-Pläne, die den Tod von 30 Millionen überflüssigen Essern vorsahen, nicht aufgingen: in der Statistik jener 14 Millionen Menschen, die zwischen 1933 und 1945, Snyder zufolge, jenseits aller Kriegshandlungen von den beiden totalitären Hauptmächten auf mehr oder weniger systematische Weise ermordet worden sind, rangierte der Tod durch Aushungerung an erster Stelle – vor allen Erschießungen und vor den Vergasungen.

Eines der frühesten und konzentriertesten Einzelverbrechen dieser Art war im ersten Jahr des Barbarossafeldzugs das jeder Vorstellung sich entziehende Massensterben von Hunderttausenden auf nackter Erde verhungernden, verdurstenden, in ihrem Kot krepierenden gefangenen Rotarmisten. Auch dabei handelte es sich, so Snyder, näher betrachtet um das «Resultat einer Interaktion beider Systeme». Solche Interaktionen hatte es eben nicht nur in der Zeit des Hitler-Stalin-Pakts von 1939–41 gegeben, wo sie sich vor allem in der parallelen Ermordung und Deportation der polnischen Eliten (Offizieren, Beamten, Professoren) auf beiden Seiten der neuen Grenze, der Ribbentrop-Molotow-Linie, materialisierten. Sondern indem die in Gefangenschaft geratenen Soldaten der sowjetischen Armee von der «Heimat», d. h. von Stalin, als Feiglinge, wenn nicht als Verräter stigmatisiert und aufgegeben wurden, waren sie zur Vernichtung freigegeben. (Ob die Nazis solcher Signale bedurften, steht auf einem anderen Blatt.)

Die Massentötung der sowjetischen Kriegsgefangenen ist nicht das einzige Beispiel für das, was Snyder, scheinbar paradox, als «Komplizenschaft im Krieg» bezeichnet: So arbeitete Stalin in vieler Hinsicht Hitlers Eroberungs- und Versklavungskrieg vor, bereitete ihm das Terrain (besonders in den 1939/40 annektierten Gebieten) und trieb ihm Verbündete und Kollaborateure zu – während Hitlers Rassen-, Versklavungs- und Vernichtungskrieg Stalin fast zwangsläufig in die Rolle des Bannerträgers eines «Großen Vaterländischen Krieges», und damit eines Retters und Siegers, erhob. Und am Ende war es dann Stalin, der – ich zitiere wieder – «Hitlers Krieg gewann».

Eine der Kritiken an diesem Buch war, dass Snyder in der Konstruktion der «Bloodlands» das Gesamtpanorama des Weltkriegs, eben als eines Weltkriegs, zu weitgehend ausgeblendet habe. Man könnte sich zum Beispiel fragen, ob nicht die japanische Okkupation in der Mandschurei (ab 1932), in China (ab 1937) und in ganz Ostasien (ab 1941/42) mit ihren systematischen Menschenvernichtungen eigenen Stils nicht ein ganz direktes, für ein europäisches Publikum allerdings ferner liegendes Parallelgeschehen zu all dem gewesen ist, was Snyder für die «Bloodlands» im östlichen Europa beschreibt. Tatsächlich gehört die Einbeziehung des «japanischen Faktors» aber zu den interessantesten Perspektiverweiterungen seiner Darstellung: so beispielsweise die notorische Obsession Stalins mit einer drohenden Subversion durch eine polnisch-japanische Geheimverbindung (die als solche nicht einmal völlig aus der Luft gegriffen war), und insgesamt seine ebenso kaltblütige wie letztlich erfolgreiche Politik gegenüber dem absolut kriegs- und expansionsbesessenen Japan, dem er mit einer Mischung aus Beschwichtigung und Entschlossenheit gegenübertrat – aber das er jederzeit auf der Rechnung hatte.

Snyder verliert die Gesamtkonstellation, und gerade den Konnex zwischen dem europäisch-atlantischen und ostasiatisch-pazifischen Weltkriegstheater, zu keinem Zeitpunkt aus den Augen. Und diese Konstellation enthielt ja tatsächlich beunruhigende Alternativen und Optionen, gerade was Japan betraf, die den Lauf der Weltgeschichte entscheidend hätten verändern können: wenn Stalin zum Beispiel den japanischen Einladungen 1940/41 zu einem «Viererpakt» oder 1942/43 zu einem Separatfrieden mit Hitler-Deutschland nachgegeben hätte, um sich gemeinsam gegen die britisch-amerikanische Welthegemonie zu wenden; oder wenn umgekehrt Japan sich am Krieg Hitlers gegen die Sowjetunion beteiligt hätte, statt mit Pearl Harbour im Dezember 1941 einen eigenen pazifischen Offensivkrieg gegen die USA zu eröffnen. Nur die sibirischen Truppen der Sowjetischen Armee haben das halb schon evakuierte Moskau im Winter 1941 gerettet … Das alles ist mehr als virtuelle Geschichte. Manche dieser schicksalhaften Entscheidungen könnten am sprichwörtlichen seidenen Faden gehangen haben. Auch in dieser Hinsicht verdeckt das ex post konstruierte Narrativ vom «Antifaschistischen Krieg» die Tatsache, dass die Bündnisse, Konstellationen und Entscheidungen dieses Weltkriegs ideologisch, politisch und militärisch weniger eindeutig determiniert waren, als sie im Nachhinein erschienen.

Die Grundoperation Snyders ist freilich eine bewusste Eingrenzung seiner Untersuchung nach dem Raum (im Kern Polen, das Baltikum, Weißrussland und die Ukraine), nach der Zeit (1933 bis 1945) sowie nach dem Charakter der Geschehnisse (gewollten Massenmorden jenseits der eigentlichen Kriegshandlungen). Das erscheint zunächst wieder in vielerlei Hinsichten fragwürdig. Geht es denn nicht eher um eine Zeitperiode von 1930 bis 1953? Warum steht die Aushungerung der Ukraine, aber nicht die gleichzeitige, proportional noch gravierendere Hungerkatastrophe in Kasachstan im Blickpunkt? Warum geht es um Polen, das Baltikum, Weißrussland und die Ukraine, aber nicht um Rumänien oder Ungarn?

Als anfangs skeptischer, dann zunehmend überzeugter Leser und nun Laudator seines Buches kann ich nur sagen, dass gerade die vielkritisierte Eingrenzung der Untersuchungsperspektive eine Fokussierung ermöglicht hat, die wie ein Scheinwerferkegel oder wie ein gerichteter Röntgenstrahl Eigenschaften des historischen Materials, der Verbindungen, Verflechtungen, Verstrickungen der historischen Akteure und der Logiken ihrer direkten oder indirekten Interaktionen sichtbar macht, die wir sonst weniger klar vor Augen hätten. Gerade die Eingrenzung und Fokussierung schafft eine solche Dichte dieser vielseitigen Bezüge und Verflechtungen, dass das Gesamtgeschehen sich – jedenfalls im historisch-analytischen Rückblick – nicht mehr in national bornierte Einzelgeschichten auflösen lässt. Insoweit erzwingt die thematische Konzentration eher eine Öffnung und Erweiterung, nicht eine Schließung der Perspektive.

Snyders Forschungsschwerpunkt am Wiener Institut vom Menschen heißt ja: «Vereintes Europa – geteilte Geschichte». Daher ist dieses Buch auch und vor allem eine gezielte Intervention in Diskussionen und Forschungen, die bis heute, ein Vierteljahrhundert nach dem Fall der Berliner Mauer und dem Kollaps des sowjetischen Lagers, in ganz erstaunlichem Maße noch oder wieder, bewusst oder unbewusst, von autozentrierten Geschichtsbildern und von den nationalen Geschichtspolitiken der jeweiligen betroffenen oder beteiligten Länder geprägt werden. «Nur eine Geschichte der Massenmorde kann die Zahlen und die Erinnerungen verknüpfen», schreibt Snyder an einer Stelle. «Ohne Geschichte wird Erinnerung privat, und das heißt heute national, und die Zahlen werden … ein Werkzeug im internationalen Wettbewerb um den Märtyrerstatus.»

Was dieses Letztere angeht: Im Wettbewerb um den Märtyrerstatus können wir als Deutsche scheinbar schlecht mitkonkurrieren – sieht man einmal vom harten Rest der Vertriebenenverbände und von einem kleinen, aber virulenten rechtsnationalen oder direkt neonazistischen «lunatic fringe» ab. Allerdings sind auch wir aufgeklärten, postheroischen Deutschen, die zur Anerkennung der von Deutschen oder im deutschen Namen begangenen Massenverbrechen vorbehaltlos bereit sind, gegen eine autozentrierte, national bornierte, selektiv verengte oder verzerrte Wahrnehmung der eigenen Geschichte keineswegs gefeit – und zwar gerade dort, wo man sich gegenüber den einstigen Objekten dieser Aggressionen und Vernichtungsaktionen, den in ihre endlosen Leidensgeschichten und heroischen Martyrien verstrickten östlichen Nachbarn, also den autochthonen Bewohnern dieser «Bloodlands», in Sachen «Vergangenheitsbewältigung» und Bereitschaft zur Selbstkritik recht überlegen und ziemlich vorbildhaft dünkt.

Das Buch von Timothy Snyder enthält da einiges an Irritationen und Zumutungen, die auch uns scheinbar so selbstkritischen, postnationalen und postheroischen Deutschen durchaus zusetzen können. Sind wir zum Beispiel bereit, solche in Zahlen gefassten Tatsachen in unser Geschichtsbild zu integrieren wie beispielsweise die, dass bei der Bombardierung Warschaus im September 1939 ebenso viele Polen gestorben sind wie Deutsche bei der Bombardierung Dresdens im Februar 1945? Oder: dass der Warschauer Aufstand 1944 mehr polnische Opfer gefordert hat als die Atombomben auf Hiroshima und Nagasaki? Wenn Polen, womöglich ja polnische Nationalisten, auf solchen Zahlenvergleichen beharrten, würden wir das in überlegener Weise unter ihrem Streben nach der Opferkrone verbuchen (und abhaken). Aber was ist mit uns selbst?

Sehen wir einmal ab von den trüben Gründerjahren der westdeutschen Bundesrepublik mit ihren gespaltenen Biographien, ihren doppelten Buchführungen und ihren Raubkunstverliesen, die nicht nur in Münchner Privatwohnungen, sondern in den Archivkellern unserer Museen liegen. Sehen wir auch ab von den Irrungen und Wirrungen meiner Generation, die in einem langen «roten Jahrzehnt» aus ihrer überlegenen Haltung einer «Felix Culpa» (auch das übrigens ein luzider Eintrag von Hannah Arendt ins Stammbuch der jungen intellektuellen Avantgarden der Bundesrepublik) ein hypertrophes Maß an moralischer Selbstermächtigung und Selbsterhöhung bezogen hat, während sie das Skandalon der nationalsozialistischen Vernichtungspolitik lieber in die praktisch-ideologische Universalformel eines «Faschismus» verpackt hat, der aus dem «Kapitalismus» kommt und den man am besten durch entschiedenen Antikapitalismus zu bekämpfen hatte. Sehen wir schließlich ab von den wie ein Schluckauf wiederkehrenden Skandalen, die sich seit den 1980er Jahren, als sich das Skandalon des nun «Holocaust» genannten Judenmords auf keine Weise mehr relativieren ließ, fast alljährlich an intellektuellen Fehlleistungen oder Provokationen entzündet haben – von der «Fassbinder-Affäre» über den «Historiker-Streit» bis zu Martin Walsers «vor Kühnheit zitternden» Friedenspreisrede gegen die «Auschwitzkeule»; um nur einige der abrufbaren Kürzel zu nennen. Diese sich wiederholenden Debatten ließen sich nach einem spitzen Aperçu Peter Sloterdijks als «Rituale der Labilität» beschreiben, in denen die bundesdeutsche Gesellschaft gerade als eine «Erregungsgemeinschaft» auf gar nicht so paradoxe Weise «das stärkste Wir-Gefühl erreicht» hat.

Viel ernster könnte man allerdings nehmen, dass selbst ein so wichtiges aufklärerisches Unternehmen wie die Ausstellung des Hamburger Instituts für Sozialforschung über die «Verbrechen der Wehrmacht» im Jahr 1995 den nationalsozialistischen Vernichtungskrieg erst im Jahr 1941 beginnen ließ und den Überfall auf Polen und die mörderische Besatzungspolitik dort konsequent ausblendete. Und wie konnte es dazu kommen, dass die Ausstellungsmacher sich so leicht durch Bilder täuschen ließen, die ihrer Meinung nach typische Verbrechen der Wehrmacht dokumentierten, während sie tatsächlich (was nicht so schwierig zu erkennen war) Opfer von Massenexekutionen der abziehenden NKWD-Truppen zeigten?

Eine Antwort auf diese Frage scheint mir darin zu liegen, dass in der deutschen Wahrnehmung der «Russlandfeldzug» eben die zentrale und generationenübergreifende Chiffre für diesen Eroberungs- und Vernichtungskrieg im Osten war und ist. Dabei zeigt Snyder, dass die «Bloodlands» außer in Polen vor allem im Baltikum, in Weißrussland und in der Ukraine, am wenigsten in Russland selbst lagen. Gerade über die von der deutschen Wehrmacht überrannten, von den SS-Einsatzgruppen «gesäuberten» Westgebiete der Sowjetunion war bis 1941 schon ein Jahrzehnt lang der Hobel eines stalinistischen Terrorismus und sozialen Exterminismus gegangen. Der stalinistischen Politik eines «Großen Vaterländischen Kriegs» entsprach es dagegen, die Russen zum ersten Staatsvolk der UdSSR zu erheben. Dieses stalinistische Narrativ war mit einer besonderen Hervorhebung der Leiden der Nichtrussen, und insbesondere auch des Massenmords an den Juden, nicht vereinbar; im Gegenteil, es beruhte essentiell auf ihrer Verleugnung oder Einebnung und jedenfalls einem aktiven, aggressiven Beschweigen.

Dabei hatte eben gerade hier, in den Bloodlands, die weithin mit dem alten jüdischen Ansiedlungsgebiet zusammenfielen, also in den östlichen Gebieten und Städten Vorkriegspolens und den westlichen Gebieten der Sowjetunion, der systematische, große Judenmord begonnen, und zwar in Form von Massenerschießungen, die nicht nur das früheste, sondern quantitativ bedeutendste Kapitel im Mord an den osteuropäischen Juden gewesen sind. Den deutschen Soldaten konnte das im ersten Jahr des «Russlandfeldzugs» gar nicht verborgen bleiben, und vielfach auch nicht ihren Familien daheim. Ist das möglicherweise einer der Gründe dafür, warum «Auschwitz» in solch formelhafter Weise zur Chiffre des Holocaust und der nationalsozialistischen Massenverbrechen überhaupt geworden ist – für das es sich, wie Snyder zeigt, nicht wirklich eignet.

In Auschwitz, das seit 1940 ein Haft- und Arbeitslager für Polen, Russen und andere war und dem relativ spät erst auch ein Vernichtungslager angeschlossen wurde, konnten selbst jüdische Häftlinge überleben. In den eigentlichen Todesfabriken, in Sobibor, Belzec, Treblinka konnte niemand überleben; hier gab es gar kein Lager und so gut wie keine Überlebenden, also auch keine Zeugnisse und keine Bilder. Wir aber – und das verbindet uns mit der dominanten westlichen Öffentlichkeit – sind an diese Bilder und Berichte, an dieses gerade noch Vorstellbare gebunden und haben das Grauen in rituelle Formeln und Erzählungen (vorzugsweise vom wundersamen Überleben) verpackt, die das Geschehene noch irgendwie kommensurabel machen.

Das alles sind nur einige, winzige Fragmente eines ungeheuren Bildes, dessen Konturen, genaue Zahlen, Abläufe und Details sich in Vielem unseren etablierten oder längst standardisierten Vorstellungen nicht fügen. Entnehmen Sie also meinem Lektürebericht nur so viel: dass dieses Buch auch für mich, der ich auf diesem Feld kein völliger Laie bin, vieles zurechtgerückt und neue Blickschneisen, Querverbindungen, Gedankenlinien eröffnet hat. Es ist schließlich ein Material, das man, wie Snyder demonstriert, immer wieder wird durcharbeiten müssen: mit größtmöglicher Genauigkeit, was die Daten, die Fakten, die Umstände betrifft; mit einigem kombinatorischen Scharfsinn, was die Motive der politisch Entscheidenden und exekutiv Handelnden betrifft; vor allem aber mit einer unbedingten Unvoreingenommenheit gegenüber den Opfern jeder Kategorie, die alle einmal einen Namen, ein Gesicht, eine Stimme und eine individuelle Biographie gehabt haben.

Ja, der Abgrund schaut (nach dem bekannten Nietzsche-Wort) in dich hinein, wenn du zu lange in ihn hineinschaust. Anders ist ein Nachdenken über das 20. Jahrhundert wohl nicht zu haben. Timothy Snyder hat diesem Nachdenken einen energischen neuen Impuls gegeben, getragen von einem hartnäckigen, nach vielen Seiten offenen Engagement. Etwas Besseres kann man über jemanden, der mit dem Hannah-Arendt-Preis ausgezeichnet wird, vermutlich nicht sagen.

4. «Deutschlands bester Freund»

Stalin und die deutschen Intellektuellen*

«Als Stalin starb, füllte sich die Hauptstadt mit Schwärze und einem gestaltlosen Wogen, Flüstern und Schluchzen. Die schreckliche Dunkelheit jener frühesten Frühe des 6. März 1953 legte sich von Moskau aus über alle Länder. Den Unterdrückten von fünf Erdteilen muss der Herzschlag gestockt haben, als sie hörten, er sei tot. Doch er ruhte im Regenbogenglanz von Millionen Tränen, im Ruf der Sirenen, im gewitterhaften Aufzucken der Streiks zu seinem Gedenken in Paris, Turin, Hamburg. Die Völker sagten ihrem teuersten Toten hinüber: Schlafe ruhig! Denn alles, alles ist vollbracht! Er starb für euch, für uns. Mit ihm, dem großen Lehrer, dem Genius des Friedens, der die Liebe zum Schönen und Guten und den Hass gegen die Feinde in uns erweckt hatte, starb auch der beste Freund des deutschen Volkes.»

Dieses Potpourri aus den literarisch-martialischen Trauerbekundungen von Stephan Hermlin, Bertolt Brecht, Anna Seghers, Erich Weinert und Kurt Barthel («Kuba») zum Tode Stalins vermag noch heute leichte Schwindelgefühle zu erzeugen. Um wie viel mehr gälte das, könnte man der Kakophonie von Rezitationen, Musiken und Chören, Marschschritten und Kommandorufen lauschen, die

* *Dieser Text ist der Zusammenschnitt eines u. d. T. «Die Dichter, die Kader und die Führer» in Horch & Guck (Herbst 2015) veröffentlichten Beitrags, in anderer Fassung reproduziert im Katalog zur Ausstellung in der Gedenkstätte Berlin-Hohenschönhausen «Der Rote Gott. Stalin und die Deutschen» (hrsg. von Andreas Engwert und Hubertus Knabe), Berlin 2018. Beide Fassungen sind aus dem Material meines früheren (vergriffenen) Buches «Die Großen Gesänge» (1991) über die literarischen Führerkulte in den kommunistischen Parteien und Staaten geschöpft.*

sich damals zu einem einzigen, den Äther füllenden Großen Gesang in allen Weltsprachen vereinten.

Aber die deutschen Stimmen in diesem gewaltigen Chor hoben sich von Anfang an heraus. Den Klimax einer verehrenden Hingabe hatten sie schon zum 70. Geburtstag des Führers im Dezember 1949 erreicht. Der proletarische Paradedichter der SED, Kurt Barthel, fasste in einer von Jean Kurt Forrest expressiv vertonten, in einem Staatsakt mit Chor und Orchester uraufgeführten «Kantate auf Stalin» das Versprechen des Sozialismus nach der Erfahrung des Weltkriegs in die beklemmend regressive Metapher:

> «Heim kehrt die Menschheit zum Feuer, zum Herde. / Winter und Wölfe! Die Menschheit kehrt heim! / Heim in die Freiheit der weltweiten Hürde …, / heim in die Hege des Friedens der Welt.»[1]

Heinrich Mann, der kurz vor seiner Rückkehr nach Ost-Berlin als designierter Präsident der Akademie der Künste stand, schickte aus Amerika einen ähnlich quietistischen Text «Die Züge des Berufenen», in dem es hieß:

> «Zeitweilig erregt ein zuletzt doch sterblicher Einzelner eine Massenfurcht …, den Hass einer Welt, wie er manchmal aufsteigt gegen den einen Lebenden. Kein Zweiter gebietet über dieses Maß an Leidenschaften. Indessen, bevor sie ihn treffen, sind sie schon verändert, den Hass erfährt er hauptsächlich vermischt mit einem Erstaunen …, dass sie Größe gefühlt haben … Sein Gesicht trägt wie eh und je die Züge des Berufenen, der eingesetzt war für eine Idee, die Macht der Idee und seine eigene. Seit neuestem zeigt dasselbe Gesicht, was es sonst nicht sichtbar entblößte …: Menschenliebe. Sie ist die andere Seite der Größe.»[2]

Stephan Hermlin, zwei Jahre zuvor erst aus dem westlichen Exil nach Ost-Berlin übergewechselt, lieferte mit einem 7-seitigen Poem «Stalin» in der Form eines homerischen Gesangs eine Schöpfungs-

1 Kurt Barthel (Kuba), Kantate auf Stalin. In: Kuba, Gedichte, Berlin (DDR) 1952, S. 110–129.

2 Heinrich Mann, Die Züge des Berufenen, in: Günther Caspar, Die Welt im Licht. J. W. Stalin im Werk deutscher Schriftsteller, Berlin (DDR) 1954, S. 87f.

geschichte, die mit Stalins Geburt beginnt und in einer kosmischen Apotheose endet:

> «Aus dem unendlichen Raunen von Inseln und Ländern / Hebt das Entzücken sich mit seiner Botschaft dahin, / Wo die Verheißungen leben und die Epochen verändern, / Namenlos sich die Zeit endlich selbst nennt: Stalin.»[3]

Mitte der 1980er Jahre gefragt, ob er sich seines Poems von 1949 schäme, antwortete Hermlin schroff: «Nicht im mindesten! Es sind utopische Gedichte, Gedichte, in denen eine Gestalt und ein Namen, wenn Sie so wollen zu Unrecht, als Symbol für eine große Sache stehen.»[4] Das entsprach noch ganz dem «Epilog», den er im Frühjahr 1956, als die Verbrechen des Angebeteten wie Gebeine aus einem Massengrab zu Tage traten, seinem Stalin-Poem hinzugefügt hatte:

> «Da war kein Wort, das mir nicht Liebe lieh … / Nie reimt sich Liebe auf Beflissenheit, / Und liebend gibt sich Liebe keine Blöße. / Was sie gemeint, wächst herrlich mit der Zeit.»[5]

Um wie viel zerrissener klang, was der eigentliche deutsche Pionier und Klassiker des literarischen Stalin-Kults und Kulturminister der DDR, Johannes R. Becher, zur selben Zeit notierte: «Wie von einem Fremden geschrieben, liegen Gedichte vor mir, deren Verfasser ich selber bin.» Die einen seien so schlecht, dass er nicht glauben könne, «dass ich je solche geschrieben habe». Aber die anderen seien «über alles Erwarten gut. Was also bedeutet das?» Und also verfasste er gleich wieder eine Serie von Sonetten in klassischen Versmaßen, in denen er sich mal in der ersten, mal in der dritten Person selbst ansprach:

> «Er konnte es sich damals nicht erklären: / Er war erfüllt von einem Traurigsein. / Er trug an einer Last, an einer schweren, / Und diese Last trug er mit sich allein.»[6]

3 Stephan Hermlin, Stalin, in: *Aufbau. Kulturpolitische Monatsschrift*, Jg. 5 (1949), H. 12, Berlin (DDR).

4 Stephan Hermlin, Traum der Gemeinsamkeit. Ein Lesebuch, Berlin 1985, S. 158.

5 Ders., Epilog 1956 zu dem Stalin-Gedicht (1949), in: *Der Sonntag*, 1. April 1956.

6 Johannes R. Becher, Das poetische Prinzip, Berlin 1957, und Sonett «Das Un-

Die Traurigkeit von «damals» bezog sich überdeutlich auf seine Jahre im Moskauer Exil, als er viele seiner exilierten Schriftsteller-Kollegen im Großen Terror hatte verschwinden sehen oder selbst mit ans Messer geliefert hatte. Dabei hatte er seine vergleichsweise geschützte Position im Führungszirkel der KPD nicht zuletzt seiner Avantgarderolle als Pionier des literarischen Stalinkults zu verdanken, als der er im Jahr 1931 vielleicht das erste, komplette Gedicht verfasst hatte, das auf den aufsteigenden Führer der Sowjetunion überhaupt geschrieben worden ist:

«Ein Name wurde bisher / Nicht genannt. / Da alle Taten / Ihn nennen – / Er braucht keine Dichter, / Um ihn zu schaffen. / Die Taten, die ihn nennen, / Schaffen ihn / Und sie schaffen den Dichter.»[7]

Gerade bei Becher, dem ehemaligen Kriegsfreiwilligen von 1914, lassen sich jene handfesteren Motive nachvollziehen, die sich bei den deutschen Kommunisten wie bei rechtsnationalistischen Intellektuellen oder preußisch-militärischen Bewunderern des «neuen Russland» geltend gemacht haben: die Vorstellung einer neuen, welthistorischen Kräftekombination gegen die westlichen, bürgerlich-kapitalistischen und kosmopolitisch-dekadenten Siegerstaaten der Weltkriege.

Diese nach Versailles 1919 und der Weltwirtschaftskrise vor 1933 virulenten Motive schwemmten in der Zeit des Hitler-Stalin-Paktes 1939 noch einmal massiv nach oben. In Moskau sprach der junge Wolfgang Leonhard (dessen Mutter Susanne in einem sowjetischen Lager saß) im Winter 1939/40 mit dem Parteidichter Erich Weinert darüber, wie man die nach dem Pakt eingetretene Situation zu beurteilen habe. Weinert sprach aufgeräumt von einer «völlig veränderten Situation». Der deutsch-sowjetische Vertrag sei «vielleicht nur der Anfang, und gewiss ist dann mit der Möglichkeit einer noch weitergehenden Zusammenarbeit mit Deutschland zu

erklärliche», hier zit. nach Jürgen Rühle, Literatur und Revolution. Die Schriftsteller und der Kommunismus, München-Zürich 1963, S. 224, 230.

7 Ders., Ein Name wurde bisher nicht genannt. In: Der Große Plan. Epos des sozialistischen Aufbaus, Berlin 1931.

rechnen.»[8] Nur im Lichte solcher Erwartungen lässt sich das Gedicht verstehen, das Weinert irgendwann in diesen Monaten verfasst hat:

«Spät leg ich meine Feder aus der Hand, / Als schon die Dämmrung aus den Wolken bricht. / Ich schau zum Kreml. Ruhig schläft das Land. / Sein Herz blieb wach. Im Kreml ist noch Licht.»[9]

Viel direkter hatte Becher in einem Gedicht mit dem Vermerk: «August 1939. Lobpreis des Vertragsschlusses zwischen dem Großdeutschen Reich und der Union Sozialistischer Sowjetrepubliken» diese Empfindung schon ausgedrückt – die eine rückwirkende Sinnstiftung auch der im nächsten Umkreis erlebten terroristischen «Säuberungen» miteinschloss:

«An Stalin // Du schützt mit deiner starken Hand / den Garten der Sowjetunion / und jedes Unkraut reißt du aus, / Du Mutter Russlands größter Sohn, / nimm diesen Strauß. // Nimm diesen Strauß mit Akelei / zum Zeichen für das Friedensband, / das fest sich spannt / zur Reichskanzlei.»[10]

Das eigentlich Verstörende am Phänomen des literarischen Stalinkults – der sich aus der Kulturgeschichte des 20. Jahrhunderts nicht hinaus isolieren lässt – ist nicht das Falsche, Sklavische, sondern das durchaus Authentische, Tiefempfundene. Natürlich darf gelacht werden. Aber dieses kopfschüttelnde Lachen sollte den Zugang zum Phänomen der tiefen Attraktionen nicht verstellen, die gerade von dem totalitären Macht- und Gestaltungsanspruch des Kommunismus ausgegangen sind. Und zugleich macht sich darin, inmitten der Kataklysmen dieses Zeitalters, der universelle und uralte Wunsch nach einer neuen Großen Ordnung, einer festen Großen Bindung, einem endgültigen Großen Frieden geltend. Neben allen legitimen Auflehnungen, selbstlosen Résistancen und futuris-

8 Wolfgang Leonhard, Die Revolution entlässt ihre Kinder, München 1982, S. 72f.

9 Erich Weinert, Im Kreml brennt noch Licht (Moskau 1940), in: Ders., Kapitel II der Weltgeschichte. Gedichte über das Land des Sozialismus, Berlin 1953, S. 63.

10 Johannes R. Becher, An Stalin. Hier zit. nach Jens-Fietje Dwars, Abgrund des Widerspruchs. Das Leben des Johannes R. Becher, Berlin 1998, S. 471.

tischen Gestaltungsphantasien ist dies vielleicht das Zentralmotiv gewesen, das die kommunistischen Bewegungen und Staatsgründungen des 20. Jahrhunderts getragen hat.

IV. Furien des Verschwindens – Russland im Zirkel der Geschichte

«Die Leute sind vor der Wahrheit in Deckung gegangen wie vor einer Revolvermündung.»

(Lydia Tschukowskaja, Der Federstrich, veröffentlicht von ihrer Tochter 2001, fünf Jahre nach dem Tod der Autorin)

1. Die andere Seite des Schweigens

Lager, Hunger und Terror im Blick des Westens*

«Obwohl es so lange existierte wie die Sowjetunion selbst …, war die Geschichte des sowjetischen Lagersystems bis vor kurzem kaum bekannt. Sie ist es in gewissem Maße noch immer.» Das schrieb Anne Applebaum noch 2003 in der Einleitung ihres Buchs «Gulag: A History».[1] Überblickt man die lange Liste von Büchern und Lebenszeugnissen, die das Schattenreich der sowjetischen Lager seit seiner Entstehung immer von Neuem eindrücklich beschrieben und es spätestens mit Alexander Solschenizyns epischer Dokumentation «Der Archipel Gulag» (1973)[2] ins Licht einer breiten Weltöffentlichkeit gerückt haben, erscheint Applebaums Behauptung weit übertrieben, geradezu abwegig. Und doch ist sie nicht ganz falsch. Es ist eben die eine Frage, was man außerhalb der Sowjetunion wissen konnte, und eine andere, was man wirklich wissen wollte und was sich dem allgemeinen Bewusstsein eingeprägt hat, immer auch angesichts der Krisen und Katastrophen der eigenen Lebenswelt.

Es waren allerdings nicht erst «Stalins Verbrechen», sondern es war bereits der in seiner Totalität vollkommen neuartige Macht- und Gestaltungsanspruch der Bolschewiki, der von 1917 an ihre internen Gegner wie auswärtige Beobachter mit einer eigentümlichen Mischung aus Furcht und Faszination erfüllte. Der physische und

* *Zuerst veröffentlicht in Jörg Baberowski / Robert Kindler (Hg.), Macht ohne Grenzen. Herrschaft und Terror im Stalinismus, Frankfurt/M. 2014, S. 157–172.*

1 Anne Applebaum: Der Gulag, Berlin 2003, S. 12.

2 Alexander Solschenizyn, Der Archipel Gulag. Versuch einer künstlerischen Bewältigung, Bern-München 1974.

soziale Terror, den die zur Macht gekommene Partei unter der Ägide Lenins und Trotzkis offensiv und sogar demonstrativ einsetzte, führte ab 1918/19 zu einer ersten Flut von Schreckensmeldungen. Im Pulverdampf des andauernden Welt- und Bürgerkriegs konnten sie jedoch nicht verifiziert werden und wurden daher in den westlichen und mitteleuropäischen Öffentlichkeiten teils dämonisch überhöht, teils als «Tatarenmeldungen» abgetan.

Es zeigte sich aber früh auch schon etwas anderes: Nämlich, dass dieser Terror nicht nur abstieß, sondern auch anzog. Selbst wo man die exzessive Gewalt und rücksichtslose Diktatur der Bolschewiki «an sich» verurteilte, bewunderte man die absolute und finale Entschlossenheit, die sich darin ausdrückte. Für viele Zeitgenossen war der vorangegangene Weltkrieg eben Ausdruck einer wahren «Menschheitsdämmerung» (so der Titel einer Anthologie deutscher Expressionisten 1919[3]), die nach fundamental neuen Lösungen verlangte.[4]

Diejenigen, die sich in den frühen 1920er Jahren in das «neue Russland» aufmachten, waren jedenfalls nur zum Teil eingefleischte Sozialisten oder frisch gebackene Parteigänger der entstehenden Moskauer Internationale. Es kamen einzeln oder in Gruppen und Delegationen Schriftsteller und Künstler, Wissenschaftler und Journalisten, Philanthropen und Pazifisten, Wirtschaftskapitäne und Militärs, in besonders dichter Folge aus dem besiegten und in Versailles «geknebelten» Deutschland. Und meistens fanden sie, was sie suchten.

3 Menschheitsdämmerung. Symphonie deutscher Dichtung, hrsg. von Kurt Pinthus, Berlin 1920.

4 Den höchst ambivalenten, keineswegs auf einen bloßen antibolschewistischen Schrecken und Affekt reduzierbaren, zwischen Furcht und Faszination schwankenden deutschen Reaktionen auf die russische Revolution, quer durch alle politischen und weltanschaulichen Lager, war meine Studie: Der Russland-Komplex. Die Deutschen und der Osten, München 2005, gewidmet. Sie konnte sich wiederum auf den Sammelband mit rd. 30 facettenreichen Beiträgen stützen, den ich zusammen mit Lew Kopelew im Jahr 1998 unter dem Titel: Deutschland und die russische Revolution, 1917–1924 (=West-östliche Spiegelungen, Reihe A, Band 5), München 1998, herausgegeben habe.

Der Reiseschriftsteller und linke Wirtschaftsjournalist Alfons Goldschmidt etwa sah 1920 in den Bolschewiki «Disziplinierfraktionen», gleichsam Fagozyten, die die feudale und kapitalistische «Sozialfäule» wegfraßen, damit die träge russische Arbeit «sozusagen germanisiert» und die riesigen Ressourcen Eurasiens erschlossen werden könnten.[5] Gar nicht so viel anders der frühere Mitarbeiter Ludendorffs im Generalstab, Oberst Max Bauer, der 1923/24 im Rahmen der geheimen Rüstungszusammenarbeit von Reichswehr und Roter Armee das «Land der roten Zaren» besuchte und das bolschewistische Russland neidvoll als einen durchmilitarisierten, jenseits aller internationalistischen Rhetorik von nationalem Geist erfüllten Großstaat mit planwirtschaftlich geführtem Industrieaufbau und politischer Massenmobilisierung schilderte – lauter Eigenschaften, die er im liberal und demokratisch verseuchten Weimarer Deutschland vermisste.[6]

Der expressionistische Dichter Arthur Holitscher wiederum suchte und fand in Sowjetrussland eine «neue Religion», verkörpert durch eine Partei, die um des Heils der Menschen willen «ein System des eisernen Zwanges» errichtet hatte. Nur um dieser menschheitlichen Mission willen sei ein so sanfter und kultivierter Mann wie der Gründer der Geheimpolizei, Feliks Dsershinski, bereit, gleich einem Franz von Assisi «das Niedrigste für alle anderen zu besorgen»: die Entsorgung des «Unrats» der alten Gesellschaft «mit einer raschen Kugel» auf den Müllhaufen der Geschichte.

Das sind nur wenige, kleine Ausschnitte aus einem breiten Strom von Literatur. Darin scheinen Interpretationsmuster auf, die auch später immer wieder dazu dienten, gerade dem Gewaltsamen des

5 Alfons Goldschmidt, Moskau 1920. Tagebuchblätter, Berlin 1920; sowie Ders., Die Wirtschaftsorganisation Sowjet-Russlands, Berlin 1920, S. 219. – Vgl. dazu insgesamt meine Übersichtsdarstellung: «Indien im Nebel». Die ersten Reisenden ins «neue Russland». Neun Modelle projektiver Wahrnehmung. In: Koenen/Kopelew, Deutschland und die russische Revolution, S. 557–615; sowie das gleichnamige Kapitel in: Der Russland-Komplex, S. 301–322.

6 Oberst Max Bauer, Das Land der roten Zaren. Eindrücke und Erlebnisse, Hamburg 1925.

Prozesses und den dabei erbrachten Menschenopfern eine höhere Weihe zu verleihen. Nicht nur der angeblich hohe Zweck heiligte die Mittel; sondern umgekehrt: die blutigen Mittel waren ihrerseits Ausweis einer höchsten Motivation, wie sie zum Beispiel Thomas Mann in seiner Würdigung des toten Lenin 1924 salbungsvoll unterstellte: «Lenin war … ein Mensch-Regent neuen, demokratisch-gigantischen Stils, eine kraftgeladene Verbindung von Machtwille und Askese, ein großer Papst der Idee, voll vernichtenden Gotteseifers. Man wird seiner gedenken wie jenes Gregor …, (der) selbst gesagt hat: ‹Verflucht sei der Mensch, der sein Schwert zurückhält vom Blute.›»[7]

Natürlich gab es auch ganz andere, scharf negative Bewertungen und Beschreibungen des bolschewistischen Experiments, sei es als «Socialismus asiaticus» auf sozialdemokratischer Seite oder als «jüdischer Bolschewismus» in den antisemitischen Milieus.[8] Auffällig aber war von Anfang an, dass die verzweifelten Stimmen der geflüchteten Menschewiki, Sozialrevolutionäre und Liberalen, die die ganzen 1920er Jahre hindurch die präzisesten Informationen über die Lage ihrer verfolgten Anhänger in den sowjetischen Gefängnis-

7 Die Stellungnahme Thomas Manns «Über Lenin» findet sich der DDR-Werkausgabe von Thomas Mann, Aufsätze – Reden – Essays, Bd. 3, 1919–1925, hrsg. von Harry Matter, Berlin-Weimar 1986, S. 436 f. Verfasst hatte Th. M. diese Stellungnahme auf Bitten des Berliner Vertreters der Moskauer «Iswestija», Wladimir Solski, für eine Broschüre «Die Gegenwart über Lenin. Stimmen führender Persönlichkeiten», die 1924 im KP-nahen Neuen Deutschen Verlag erschien. – Über die Parallelen der Lenin-Würdigungen Thomas Manns mit Aussagen seiner Naphta-Figur im «Zauberberg», an dem er damals gerade arbeitete, vgl. meine Darstellung: Betrachtungen eines Unpolitischen. Thomas Mann über Russland und den Bolschewismus, in: Koenen / Kopelew, Deutschland und die russische Revolution, S. 313–379.

8 Vgl. etwa die Bandbreite der Stellungnahmen in der Umfrage, die Heinrich von Gleichen als Sekretär des «Bundes deutscher Gelehrter und Künstler» im Januar 1919 bei einem repräsentativen Kreis deutscher Gelehrter angestellt und unter dem Titel «Der Bolschewismus und die deutschen Intellektuellen», Leipzig 1920, veröffentlicht hatte. Vgl. dazu insgesamt das Kapitel «Augenzeugen, Emigranten, Interpreten», in: Der Russland Komplex, S. 218–231; insbes. S. 229 ff. – Eine Übersicht und Bewertung der antisemitischen Interpretationen der russischen Revolution liefert das Kapitel «Geheimnisse der Weisen von Zion», in: Ebenda, S. 253–276.

sen und Eismeerlagern (den Solowki-Inseln) lieferten, kaum durchdrangen. Nicht viel anders erging es den exilierten Schriftstellern (wie dem späteren Nobelpreisträger Iwan Bunin), den eminenten Künstlern oder Wissenschaftlern, die aus Sowjetrussland geflüchtet oder vertrieben worden waren und die fast alle – sofern sie sich nicht völlig von ihrer Herkunft lösten – das erstickende Gefühl hatten, im Westen wie in einem luftleeren Raum leben zu müssen.

Das war nicht nur in Deutschland der Fall, das seit dem Sondervertrag von Rapallo 1922 mit Sowjetrussland politisch und militärisch, wirtschaftlich und kulturell vielfältig verbunden war. Erstaunlicherweise galt das auch für die Siegermächte des Westens, deren Politik und Öffentlichkeit sehr viel antibolschewistischer gestimmt war, sich jedoch mit der scheinbar realpolitisch gemilderten Parteidiktatur nach Lenins Tod zunehmend abfand und trotz aller periodischen Spannungen nach neuen Geschäftsanbahnungen mit der UdSSR Ausschau hielt.

So vollzog sich der Schwenk zu einer politischen Entspannung oder auch bewundernden Hinwendung nicht zufällig in dem Moment, in dem die 1930 ausbrechende «Große Depression» der kapitalistischen Weltwirtschaft mit dem «Großen Umschwung» in der Sowjetunion, d. h. mit dem Übergang zu einer Politik der gewaltsamen Kollektivierung und Industrialisierung zusammenfiel – obwohl es zwischen beiden Phänomenen keinen direkten Zusammenhang gab. Alle skeptischen oder anklagenden Berichte über die menschenverachtenden Methoden und katastrophalen Auswirkungen dieser stalinistischen Revolution von oben stießen jetzt auf eine mindestens ebenso starke Stimmung, die angesichts des erwarteten Untergangs der «alten Welt» des anarchischen und individualistischen Kapitalismus des Westens von einer komplementären Begeisterung für die «neue Welt» eines disziplinierten planwirtschaftlichen Kollektivismus sowjetischen Stils erfasst wurde.

Die neuen Bewunderer der Sowjetunion Stalins kamen jetzt vor allem aus der angelsächsischen Welt, in der – als intellektuelle Stimmung wie als soziales Phänomen – sich fast über Nacht das entwickelte, was man später (nach dem polemischen Buch von Eugene Lyons) «The Red Decade»[9] genannt hat: ein linkes und liberales Sympathisantentum der sog. Fellow Travellers, die sich tatsächlich erstaunlich hartleibig gegen alle harten Fakten oder moralischen Einwände zeigten. Wieder waren es keineswegs nur, und nicht einmal in erster Linie, die frisch bekehrten Parteigänger im Umfeld der Kommunistischen Parteien und der Internationale, sondern Politiker, Wirtschaftsleute, Journalisten oder Schriftsteller, die als sozialdemokratische Reformer, bürgerliche Liberale oder religiöse Menschenfreunde dem Bolschewismus leninistischer Prägung meist kritisch gegenüber gestanden hatten, nun aber ausgerechnet der Politik und Propaganda Stalins und seiner Gefolgsleute sehr weit zu folgen bereit waren.

Später wurden alle diese euphemistischen oder skandalösen Positionsnahmen in den großen, schützenden Mantel des Antifaschismus gehüllt. Aber der Aufstieg der Nationalsozialisten spielte in Wirklichkeit gar keine Rolle, als 1932/33 westliche Korrespondenten in Moskau, angeführt vom prominenten «New York Times»-Korrespondenten Walter Duranty, die sich verdichtenden Informationen über eine menschengemachte Hungerkatastrophe mit Millionen Toten in der Ukraine, dem Nordkaukasus und Kasachstan zuerst leugneten, dann herabspielten; nur um schließlich bereitwillig die Erklärungen der sowjetischen Führung zu kolportieren, wonach die Hungersnot dem Widerstand der verhungernden Bauern selbst geschuldet gewesen sei und die Regierung um ihrer großen Kollektivierungs- und Industrialisierungspläne willen die Getreideeintreibungen nicht habe reduzieren können.[10] Somit war aus der

9 Eugene Lyons, The Red Decade, New York 1941; wiederaufgelegt mit dem Untertitel: The Classic Work on Communism in America During the Thirties, N. Y. 1970.

10 Die wesentlichen Fakten hatte Eugene Lyons, selbst in den 1930er Jahren eine Zeitlang als Korrespondent in Moskau tätig, bereits im Kapitel «The Press Corps Conceals a Famine» seines Buches: Assignment in Utopia, New York 1937, S. 572–579 veröffentlicht. – Eine sehr detaillierte Untersuchung findet sich in einem dreiteiligen Aufsatz von Marco Carynnik, The New York Times and the Great Famine, in: The Ukrainian Weekly, 1983, Vol. 37–39. – Eine weitere Zusammenfassung findet

(fahrlässigen oder sogar absichtsvollen) Inkaufnahme des Hungertods von Millionen Menschen ein heroischer Akt des Durchhaltens geworden.

Auch für den ehemaligen Labour-Minister Sidney Webb und seine Frau Beatrice war keineswegs der Aufstieg des Nationalsozialismus, sondern die Krise des eigenen Landes der Bezugspunkt, als sie in einer scharfen Revision früherer Ansichten 1930/31 entdeckten, dass sie angesichts der globalen Alternative US-Kapitalismus vs. russischer Kommunismus eindeutig auf der Seite des letzteren stünden. Ihr Freund, der Dramatiker und Fabier-Sozialist George Bernard Shaw, war «erregt von seinem Aufenthalt in Russland» zurückgekommen, wo er auch von Stalin empfangen worden war, «mitgerissen von der Neuheit und der Gewalt der errungenen Veränderungen: hier findet sich Tragödie, Komödie, Melodram, alles großartig auf gewaltiger Bühne inszeniert. Es *muss* richtig sein.» Die bolschewistische Partei sei «eine Bekenntnis-Oligarchie aus zwei Millionen Gläubigen, die ein Volk von 120 Millionen Gleichgültigen, Halbherzigen oder aktiv Feindseligen beherrscht».[11] Gerade diese (vermeintlich wohlmeinende) Diktatur über die stumpfen Massen gefiel Shaw, der bis zu seinem Tod 1949 ein Bewunderer Stalins blieb. Dasselbe gilt für die Webbs, die allerdings eine etwas frommere Beschreibung vorzogen. Im Nachwort ihres voluminösen zweibändigen Werks «Soviet Communism: A New Civilization» von 1935 verkündeten sie: «Gottesdienst ist hier ersetzt worden durch den Dienst am Menschen.»[12]

sich in Robert Conquest, The Harvest of Sorrow. Soviet Collectivization and the Terror-Famine, New York 1986, im Kapitel «The Record of the West», S. 308–321.

11 Tagebucheintrag vom 8. August 1931 über den Besuch des aus der Sowjetunion zurückgekehrten George Bernhard Shaw, in: Beatrice Webb, Pilgerfahrt nach Moskau. Die Reise einer Fabierin in die Sowjetunion, hrsg. von Ellen Beumelburg, Passau 1998, S. 55 f. – Zur Evolution der Positionen der britischen Fabier-Sozialisten vgl. den einleitenden Essay von Friedrich Weckerlein, «Die Webbs». Intellektuelle zwischen Westminster und Rotem Platz, S. 11–42.

12 Sidney & Beatrice Webb, Soviet Communism. A New Civilization, London 1935; erweiterte Ausgabe London-New York-Toronto 1944, S. 913.

Diese Wahrnehmung war wesentlich mitgeprägt durch die Art und Weise, wie unter der Ägide des zum Hohenpriester des Stalinismus mutierten Weltschriftstellers Maxim Gorki die 1930–32 zum Bau des Ostsee-Weißmeer-Kanals eingesetzte Zwangsarbeit einer Armee von Hunderttausend ehemaligen Kulaken, Priestern oder Beamten, wegen «Schädlingsarbeit» verurteilten Ingenieuren und gewöhnlichen Kriminellen als großartige Form einer humanen Resozialisierung unter dem Regime der Geheimpolizei GPU gepriesen wurde. Im literarischen Gemeinschaftswerk «Belomor», an dem 34 sowjetische Schriftsteller mitgewirkt hatten und das 1935 auch in englischer Sprache in einem renommierten US-Verlag erschien, war dieses assyrische Unternehmen – das den eigentlichen Anfang des Gulag Systems markierte – in eine «Folge exquisit beobachteter, manchmal komischer, manchmal tragischer Erzählungen von lebendigen individuellen Erfahrungen» überführt, die auch für westliche Leser zu den «aufregendsten, jemals im Druck erschienenen Geschichten» zählen dürften; so die Verfasserin des amerikanischen Vorworts.[13]

Natürlich rückten in der zweiten Hälfte der 1930er Jahre der Einfall japanischer Armeen nach Zentralchina, die kolonialen Expeditionen des faschistischen Italien in Libyen und Äthiopien sowie die klar erkennbaren Kriegsvorbereitungen Hitler-Deutschlands, das sich in die Rolle eines Vorkämpfers gegen den Bolschewismus warf, immer stärker in den Mittelpunkt der internationalen Aufmerksamkeit – und spielten im Gegenzug der Sowjetunion als neuem Mitglied des Völkerbunds die reziproke Rolle eines Bollwerks der internationalen Ordnung zu. Die Wendung der Kommunistischen Internationale zu einer Politik der antifaschistischen «Volksfront» 1935 sowie die sowjetische Unterstützung der legitimen spanischen Republik gegen den von Italien und Deutschland unterstützten Putsch des Generals Franco erhöhten ihren Nimbus noch weiter.

13 Belomor. An Account of the Construction of the New Canal between the White Sea and the Baltic Sea, New York 1935. Introduction to the English Edition von Amabel Williams-Ellis, S. V–VII.

Der spanische Bürgerkrieg, in den Brigaden von Freiwilligen aller Länder (so mutig wie vergeblich) eingriffen, gab diesem weltweiten Ringen zwischen Faschismus und Demokratie einen Zug ins Romantische und zugleich ins Verzweifelte, zumal angesichts der Passivität der westlichen Regierungen.

Nur, wie passte der neue, scheinbar demokratische Antifaschismus des stalinistischen Regimes zu den parallelen Hetz- und Vernichtungskampagnen gegen die «Trotzkisten» und die gesamte Garde der Altbolschewiken, aber auch gegen einen Großteil der Flüchtlinge aus eben diesen Ländern des Faschismus, allen voran Deutschland? Wie konnte der gemeine Menschenverstand sich überhaupt einen Reim auf die wahnwitzigen Anklagen der Moskauer Schauprozesse und des Großen Terrors machen, worin es von Attentätern, Saboteuren, Schädlingen und Volksfeinden nur so wimmelte, kaum dass die neue Verfassung der UdSSR das Ende der Klassengegensätze proklamiert hatte? Als Leo Trotzki von seinem Exil in Mexico aus, wo er bereits zum Objekt mehrerer Mordanschläge geworden war, mit Hilfe einiger prominenter US-Intellektueller, allen voran John Dewey, 1938 versuchte, ein antistalinistisches Gegentribunal in New York zu organisieren, standen er und seine Verteidiger in der Öffentlichkeit der westlichen Länder auf verlorenem Posten.[14]

Der Hitler-Stalin-Pakt von 1939 und die Teilung Europas zwischen den beiden Großdiktatoren änderte an dieser Grundstimmung weniger, als man denken sollte. Hitler betrieb fieberhaft und mit maßlosem Zerstörungs- und Vernichtungswillen die Gründung eines neuen germanischen Weltreichs; Stalin schien «nur» damit beschäftigt, seinen eigenen Machtapparat zu säubern und das historische Erbe des alten Russischen Reiches mit eiserner Faust neu zu arron-

14 Vgl. etwa die detaillierte Schilderung der isolierten Position Trotzkis, seiner Parteigänger, Anwälte und Verteidiger in der US-amerikanischen und internationalen Öffentlichkeit in: Bertrand M. Patenaude, Trotzki. Der verratene Revolutionär, Berlin 2010.

dieren. Als sich im Juni 1941 die Armeen Hitlers gegen den zeitweisen Verbündeten richteten und ihn beinahe in den Zusammenbruch trieben, nur um im Großen Vaterländischen Krieg der Völker Sowjetrusslands ihren entscheidenden Gegner zu finden, schienen alle unmenschlichen Opfer und Härten der Vorkriegsjahre sogar nachträglich irgendwie gerechtfertigt. Als Churchill in Teheran Stalin (interessehalber) nach den Opfern der Kollektivierung fragte und dieser ihm zehn Finger zeigte, für zehn Millionen, war der Chef des britischen Empire, der im Umgang mit «Eingeborenen» seine eigenen Erfahrungen hatte, mehr beeindruckt als schockiert.[15]

Es bedurfte des Ausbruchs des «Kalten Kriegs», damit der schon 1940 in winziger Auflage gedruckte Roman Arthur Koestlers «Sonnenfinsternis», der die Geständnisse der Altbolschewiki in den Moskauer Schauprozessen psychologisch zu entziffern versuchte, eine breite Öffentlichkeit erreichte.[16] Oder bis der faktengesättigte Lebensbericht des abgesprungenen Sowjetfunktionärs Victor Kravchenko «I Chose Freedom» – worin von der Hungerkatastrophe in der Ukraine, der millionenfachen Zwangsarbeit im Gulag, dem Rasen des Großen Terrors wie der erstickenden Unfreiheit im Alltagsleben berichtet wurde – zu einem Weltbestseller wurde.[17]

15 Churchill berichtete über sein erstes Gespräch mit Stalin im Oktober 1942 in Moskau: «‹The Collective Farm policy was a terrible struggle … Ten million,› he said, holding up his hands. ‹It was fearful. Four years it lasted. It was absolutely necessary for Russia, if we were to avoid periodic famines, to plough the land with tractors … It was all very bad and difficult – but necessary› …» Zitiert nach Winston Churchill, The Second World War, Vol. 4, London 1948, S. 498.

16 Vgl. das editorische Nachwort von Arthur Koestler in der deutschen Ausgabe seines Romans «Sonnenfinsternis», Frankfurt-Berlin-Wien 1980, S. 225–255; insbesondere S. 239, wo Koestler darauf hinweist, dass sein Buch 1940 in England unter dem Titel «Darkness at Noon» nur in einer Auflage von 4000 Exemplaren erschien und nur in Linkskreisen diskutiert wurde, sonst aber wenig Beachtung fand. Erst die französische Ausgabe «Le Zéro et l'Infini» von 1946 wurde zu einem Bestseller und zum Gegenstand von aggressiven Kampagnen der KP gegen den Autor.

17 Victor Kravchenko, I Chose Freedom, New York 1946. Deutsch unter dem Titel: Ich wählte die Freiheit. Das private und politische Leben eines Sowjetbeamten, Zürich-München o. J.

Aber selbst als im «Prozess des Jahrhunderts», den Kravchenko 1949 gegen die Verleumdungen einer französischen KP-Zeitschrift anstrengte, über zwanzig aus deutschen DP-Lagern herbeigeschaffte, ehemalige sowjetische Zwangsarbeiter und Kriegsgefangene die Schilderungen über den Hunger, die Zwangsarbeit, den Terror der dreißiger Jahre eindrücklich bestätigten, blieben die zynischen Gegenattacken der Verteidiger nicht ohne Wirkung, wonach es sich bei den Zeugen um deutsche Kollaborateure oder CIA-Agenten handele.[18]

Simone de Beauvoir hat in ihrem 1954 veröffentlichten Schlüsselroman «Die Mandarins von Paris» die Debatten in der Pariser Intelligentsia um die Bücher von Koestler und Kravchenko nachgezeichnet und lässt ihren Held Dubreuilh (alias Sartre) gegenüber Perron (Camus) erklären: «Du meinst, wenn ich schweige, mache ich mich an den Lagern mitschuldig ... Wenn ich aber rede, geselle ich mich zu den Feinden der UdSSR ... Allein wichtig ist die Entscheidung, ob man durch die Denunziation der Lager für die Menschheit oder gegen die Menschheit arbeitet.»[19] Er, Sartre, arbeitete «für die Menschheit» und zog es daher vor zu schweigen.

Die moralischen Dilemmata derer, die sich nicht zum Schweigen verurteilen lassen, aber auch nicht als Kronzeugen der Hexenjagden des Senators McCarthy in den USA oder der postkolonialen Politik der Westmächte in Vietnam, Korea, Algerien oder anderswo herhalten wollten, sind freilich nicht zu leugnen. Sogar der ganz auf eine offensive Selbstbehauptung der westlichen Zivilisation «gegenüber der orientalischen Despotie» des Ostens eingestellte Franz Borkenau klagte 1950 im Nachwort zum Sammelband «Der Gott der keiner war», in dem prominente Exkommunisten über ihre Erfahrungen berichteten: «Obwohl es schwerlich irgend einen denkbaren Greuel gibt, den der Kommunismus nicht begangen hat, hat die gelbe Lügenpresse es doch fertig gebracht, jahrzehntelang den

18 Vgl. den ausführlichen Prozessbericht von Nina Berberova, L'Affaire Kravtchenko, Arles 1990.

19 Simone de Beauvoir, Die Mandarins von Paris, Reinbek 1955, S. 322f.

Anti-Kommunismus durch ihre Schauermärchen so zu diskreditieren, dass die schreckliche Wahrheit über das russische Regime keinen Glauben fand.»[20]

Das Problem der Funktionalisierung der Wahrheit über den Massenterror und über das Leben und Sterben im Gulag dauerte eine ganze Epoche des Kalten Kriegs hindurch an, weit über die offizielle und selektive Enthüllung der Verbrechen Stalins auf dem XX. Parteitag der KPdSU im Frühjahr 1956 hinaus. Westliche Wissenschaftler haben in diesen Jahrzehnten viele fundierte Arbeiten und Analysen über Geschichte und Gegenwart der Sowjetunion und des «sozialistischen Lagers» geschrieben, ob als Totalitarismustheoretiker, die das politische System und die Ideologie ins Zentrum stellten, oder auch als eher sozialwissenschaftlich orientierte «Revisionisten». Aber was von diesem umfangreichen Wissen und diesen Diskussionen in eine breitere Öffentlichkeit durchdrang, blieb immer gebrochen durch das Prisma der aktuellen Weltkonflikte und der Differenzen über die eigene, westliche Politik, die mal auf Konfrontation und mal auf Entspannung setzte.

Und schließlich war da das Problem, dass auch die Diskussionen unter den sowjetischen Dissidenten und Ex-Häftlingen selbst hoch dissonant und mit den westlichen Diskursen weder nach links noch nach rechts so recht kompatibel waren. So entwickelte sich Alexander Solschenizyn, der in seinem Anklage- und Enthüllungsbuch von beispielloser Wucht, dem in allen Weltsprachen verbreiteten «Archipel Gulag», das bolschewistische Zwangssystem in seiner ganzen historischen Tragweite sichtbar gemacht hatte, nach seiner erzwungenen Exilierung 1974 binnen kurzem zu einem fundamentalistischen Kritiker der westlichen Lebensformen und Ideen. Gerade diese, den Russen fremden, materialistischen Ideen seien es gewesen, die – ob in Gestalt des klassenkämpferischen Marxismus

20 The God that failed, dt. Ein Gott der keiner war, Zürich 1950. Nachwort zur dt. Ausgabe von Franz Borkenau, S. 289 ff.

oder eines enthemmten Marktliberalismus – für das Unglück seines Landes eigentlich verantwortlich seien.[21]

Alle, die wie Anne Applebaum beklagen, dass «Stalins Verbrechen bei vielen Menschen nicht dieselbe instinktive Reaktion hervor(rufen) wie die Hitlers»[22] und die deshalb wie Stéphane Courtois, der Initiator des Pariser «Schwarzbuch des Kommunismus» von 1997, dem globalen Kommunismus insgesamt noch eine Art posthumen «Nürnberger Prozess» machen möchten,[23] verkennen allerdings das zutiefst Ahistorische eines solchen Wunsches. Wenn die Weltgeschichte (frei nach Nietzsche) das Weltgericht ist, dann hat sie ihr Urteil über das stalinistische Zwangs- und Terrorregime gesprochen. Die erstaunlichen Faszinationen und projektiven Identifikationen von einst, mit denen linke und liberale Fellow Travellers oder auch durchaus bürgerliche, oft sogar konservative westliche Beobachter vor Jahrzehnten die terroristische Etablierung der Sowjetunion zu einem Machtstaat und einer Gesellschaftsformation eigenen Typs verfolgt haben, kurzum: alle die erstaunlichen Phänomene eines «Verrats der Intellektuellen» von damals, sind spätestens seit 1989 selbst Geschichte geworden. Darum jedenfalls handelt es sich heute nicht mehr, oder wenn, dann in ganz anderer Färbung.

Worum es heute bei der Aufarbeitung der stalinistischen, maoistischen oder anderen, von Kommunisten begangenen Massenverbrechen des letzten Jahrhunderts gehen kann und gehen muss, ist eine sorgfältige Etablierung der historischen Tatsachen und, so weit möglich, eine verstehende Analyse der treibenden Faktoren und der sozialkulturellen Ermöglichungsbedingungen. Was das betrifft, hat

21 In Donald M. Thomas, Solschenizyn. Die Biographie, Berlin 1998, heißt es zusammenfassend: «Solschenizyn vertrat schon seit langem die Ansicht, der sowjetische Kommunismus sei nichts anderes als ein Laboratorium des Westens, in dem die extremsten Theorien der Aufklärung getestet werden könnten.» (S. 625)

22 Applebaum, Gulag, S. 14.

23 Stéphane Courtois, Die Verbrechen des Kommunismus. In: Das Schwarzbuch des Kommunismus. Unterdrückung, Verbrechen und Terror, München-Zürich 1998, S. 16 ff.

die internationale Community der Geschichtsforscher nach wie vor große Aufgaben und Verpflichtungen. Alles Übrige muss aber dem langwierigen Kampf um die Erinnerung und einer moralischen Selbstaufklärung der Menschen in den Ländern überlassen werden, um deren ureigene Geschichte es ja in allererster Linie geht.

Es geht letztlich um einen Ausgleich dieser Gesellschaften mit sich selbst und mit den Katastrophen ihrer Vergangenheit, und vor allem denen, die sie nicht äußeren Mächten und Faktoren zuschreiben können. Es geht, noch grundlegender, um ein kohärentes Bild der eigenen Geschichte, um die Fähigkeit, sich selbst ins Gesicht zu schauen. Warum haben Russen anderen Russen, Chinesen anderen Chinesen, Kambodschaner anderen Kambodschanern dies angetan? Der kommunistische Terror war im Wesentlichen eben ein «interner» Terror, der im eigenen Land, nicht jenseits der Grenzen geübt wurde, durch Exekutoren, die sich von ihren Opfern vielfach kaum unterschieden oder mit ihnen eng verwandt waren, und im Namen von Zielen, die zur Tat in kaum einem nachvollziehbaren Verhältnis standen. Deshalb ist er intellektuell und moralisch so viel schwerer zu «bewältigen», als es die nationalsozialistischen und, allgemeiner gesprochen, die faschistischen Massenverbrechen gewesen sind, die deutlich (rassisch oder sonstwie biologisch) abgesonderten Opfergruppen galten und in denen sich Akte des zivilen Massenmords in der Regel unmittelbar mit Kriegsverbrechen an fremden Völkern verbunden haben. Deshalb, aber auch nur deshalb, konnte über die Verbrechen des nationalsozialistischen Deutschland ein Nürnberger Tribunal gehalten werden, dessen Urteile selbst als «Siegerjustiz», um die es sich durchaus handelte, vor der Geschichte Bestand und neue völkerrechtliche Maßstäbe gesetzt haben.

Erst heute, viel näher an der Gegenwart, noch im Horizont der erlebten Geschichte jetzt lebender Menschen, entstehen neue, prekäre Formen, etwa in der Form des Haager Kriegsverbrecher-Tribunals oder des internationalen UN-Tribunals, einmal begangene Massenverbrechen (wie in Bosnien oder in Ruanda) wenigstens nachträglich zu sanktionieren. Das Tribunal gegen die Führer der

Roten Khmer in Phnom Penh ist das erste und einzige seiner Art, das sich die Aufarbeitung und Verurteilung vergangener exterministischer Mordkampagnen und Menschenrechtsverletzungen eines – allerdings ebenfalls von außen besiegten, nicht von innen heraus gestürzten – kommunistischen Regimes zum Ziel gesetzt hat; gegen viele Widerstände aus der internationalen Politik wie der kambodschanischen Gesellschaft selbst.

Das Thema erschöpft sich aber auch nicht in der Frage der «totalitären» Massenverbrechen und der westlichen Reaktionen oder Nichtreaktionen. Sondern der 1917 erstmals formierte «Westen» kann selbst keineswegs nur als ein bloßer unbeteiligter Dritter, als standhafter Verteidiger der Menschenrechte und der durch sie gesetzten politisch-moralischen Standards gelten. Noch ganz abgesehen von eigenen Kriegs- und Zivilverbrechen (beispielsweise der US-Truppen im Vietnamkrieg oder in der Komplizenschaft mit oligarchischen Terrorregimes wie beispielsweise in El Salvador), wäre zu konstatieren, dass westliche Regierungen sogar die exterministischen Massenverbrechen kommunistischer Regimes dulden konnten, wenn es in den weltpolitischen Kontext gepasst hat. Schon die in diesem Aufsatz behandelte, hartnäckige Ignoranz der westlichen Öffentlichkeiten in den 1930er Jahren angesichts der stalinistischen Lager, Schauprozesse und Terrorkampagnen war ja nur in diesem Rahmen zu verstehen. Aber selbst das Regime der Roten Khmer wurde, um bei diesem Beispiel zu bleiben, in den 1970er Jahren sowohl von der Volksrepublik China wie von den USA, und sogar von der von ihnen instrumentierten Mehrheit der UN-Mitglieder gestützt, ungeachtet alles dessen, was über den monströsen Soziozid in diesem vom vorangegangenen Krieg bereits verwüsteten Land bekannt war oder durchsickerte.

Und selbst die angeblich so eindeutige, «instinktive Reaktion» der demokratischen Gesellschaften des Westens gegenüber den Massenverbrechen der Nationalsozialisten, auf die Anne Applebaum oder Stéphane Courtois sich so selbstgewiss anklagend beziehen und die gleichsam als historisch-moralischer Goldstandard dienen soll, ist in der Hauptsache ein nachträgliches Phänomen gewesen. «Warum Greueltaten nicht geglaubt werden» lautete der Titel eines kurzen Essays, den Arthur Koestler im Januar 1944 im «New York Times Magazine» schrieb. Er handelte von der «Manie» einiger weniger, die ihren Mitmenschen unbedingt die «in Flugschriften, Weißbüchern, Zeitungen, Magazinen und sonstwo» veröffentlichten Nachrichten weitergeben wollten, wonach «die jüdische Bevölkerung von Europa durch heißen Dampf, elektrische Massenhinrichtungen und Eingrabungen bei lebendigem Leibe getötet wird». Es sei «die größte Massentötung der uns überlieferten Geschichte», und sie gehe täglich, stündlich weiter. Aber neun von zehn amerikanischen oder britischen Bürgern, einschließlich der Politiker und Militärs, hielten das für bloße Gerüchte oder Gräuelpropaganda, die sie sich als aufgeklärte Menschen zu glauben weigerten. «Es ist klar, dass dies alles bei mir und meinesgleichen zum Wahn wird. Es ist klar, dass wir an einer krankhaften Besessenheit leiden müssen, während die anderen gesund und normal sind.»[24]

Was Koestler anspricht, betrifft aber nicht nur politische Konstellationen, die doch im Gegenteil, so sollte man denken, damals die unnachgiebigste und lauteste Anprangerung der nationalsozialistischen Massenverbrechen hätten diktieren müssen; sondern es geht um so etwas wie historisch-anthropologische Grenzen der Empathie und des Vorstellungsvermögens. Kaum anders als Koestler im England des Jahres 1944 geht es vermutlich den Angehörigen von Opfern, den Flüchtlingen und Emigranten aus Gebieten, in denen hier und heute Kriege und Bürgerkriege toben und Massaker, Säuberungen, Folter und Vergewaltigung an der Tagesordnung sind. Wir wissen über alles aus den Zeitungen und Nachrichten Bescheid, aber wir sind kaum in der Lage, diese dunklen Lebensabgründe von Menschen, die mitten unter uns oder gleich neben uns leben, in unser Alltagsbewusstsein zu integrieren.

«Die andere Seite des Schweigens», die erstickende Stille also, die die großen Mordtaten des vergangenen Jahrhunderts eingehüllt

24 Arthur Koestler, Warum Greueltaten nicht geglaubt werden. In: Ders., Der Yogi und der Kommissar. Auseinandersetzungen, Frankfurt 1974, S. 88 f.

und in gewissem Grad (mit-)ermöglicht hat, ist insofern keine Frage einer bloßen historischen Aufarbeitung und eines trauernden Eingedenkens. Es ist eine höchst akute Gegenwartsfrage, eine Frage an uns selbst und an die «Weltgemeinschaft», von der so leichthin gesprochen wird.

2. Geheimnis und Gewalt

Die tiefe Wirkung und das lange Erbe des Stalinismus*

«Am fünften Dezember des Jahres neunzehnhundertsiebenundvierzig lief das Dampfschiff ‹KIM› (‹Kommunistische Jugendinternationale›) mit menschlicher Fracht – dreitausend Häftlinge – in die Bucht von Nagajewo ein. Unterwegs hatten die Häftlinge revoltiert, und die Leitung beschloss, alle Schiffsräume unter Wasser zu setzen. All das geschah bei vierzig Grad Frost.» So hat es Warlam Schalamow in einer seiner düster-lakonischen «Erzählungen aus Kolyma» überliefert.

Schalamow, der fast zwanzig Jahre als Häftling und Verbannter an diesem Schreckensort des sowjetischen Lagersystems verbracht hatte, beobachtete in seinen Erzählungen vor allem das Verhalten der Menschen unter Extrembedingungen. Da ist der Chef des Häftlingskrankenhauses von Magadan, Kubanzew, «frisch von der Armee, von der Front» gekommen, der trotz seiner Kriegserfahrungen vom Anblick der auf Lastwagen verfrachteten Haufen erfrorener oder mit schwersten Erfrierungen eingelieferter Menschen wie gelähmt ist. Das Kommando übernimmt an seiner Stelle der Chirurg Braude, ein Häftling. «Braude sah Kubanzews Konfusion und spürte seine tiefe Dankbarkeit. Immerhin hatte der Mann Familie, eine Frau, einen Sohn, der zur Schule ging.» Braudes eigenes Leben war mit seiner Verhaftung im Jahr 1937 in Trümmer gelegt. «Sollte er sich an Kubanzew rächen für sein Unglück?» Also begannen er und zwei weitere Ärzte, die brandigen Gliedmaßen wie am Fließ-

* *Zuerst veröffentlicht u. d. T. «Geheimnis und Gewalt. Ein mörderisches Phantasialand», in: Literaturen, H. 12/2008.*

band abzutrennen. Kubanzew aber, «ein disziplinierter und willensstarker Mann …, zwang sich zu vergessen». Er erinnerte sich später an viele belanglose Details seiner Arbeit als Lazarettarzt, «nur nicht an den Dampfer ‹KIM› mit den dreitausend Häftlingen und ihre Erfrierungen».

Schon die ersten Chronisten der Ära des stalinistischen Terrors wie eben Warlam Schalamow, Alexander Solschenizyn oder Jewgenija Ginsburg hatten, als sie ihre eigenen Lagererinnerungen und die Berichte anderer Überlebender in den sechziger und siebziger Jahren sammelten und niederschrieben, nicht allein mit der staatlichen Zensur und Geheimhaltung zu kämpfen, sondern ebenso mit Reflexen einer schützenden Amnesie, die sich bei vielen Opfern und Augenzeugen über ihre traumatischen Erfahrungen legten. Und von einigen kurzen Perioden abgesehen, in denen das Gedenken an die Millionen Erschossener und sonstwie Umgekommener in die Öffentlichkeit drängte, wie nach 1956 und vor allem in den Umbruchjahren um 1989, hat sich der Mantel eines halb amtlichen, halb selbstverordneten Vergessens immer von Neuem über die Schrecken dieses vergangenen Zeitalters gelegt. Bis heute.

Aber diese, womöglich von einer Mehrheit der heutigen russischen Bürger geteilte Taubheit gegenüber der eigenen Vergangenheit ist selbst ein Ausdruck der Probleme, die diese Geschichte dem historischen Verstehen auch tatsächlich stellt. Trotz der partiellen Öffnung der Archive seit den neunziger Jahren und einer intensiven, methodischen und faktengesättigten Forschung auf beiden Seiten des einstigen Eisernen Vorhangs bleiben die Phänomene des stalinistischen Terrors (wie die der Gewaltexzesse anderer kommunistischer Regimes auch) in ihren tieferen Motivationen, ihrem praktischen Vollzug und ihren sozialen und psychischen Folgen über weite Strecken noch immer ein dunkler Kontinent in der Geschichte des 20. Jahrhunderts. Es wäre nicht übertrieben, im Aufstieg und Fall der kommunistischen Bewegungen und Staatsgründungen zwischen 1917 und 1989 das eigentliche, ungelöste Enigma dieses Zeitalters zu sehen.

Einige neue Bücher dringen nun auf neuen Wegen tiefer ins Innere dieses Kontinents vor, in die formative Kernzone, die Periode des Großen Terrors der späten dreißiger Jahre. Um die Größenordnung zu markieren: Man schätzt, dass aus jeder zweiten Familie im heutigen Russland nahe Angehörige als «Kulaken», «Volksfeinde» oder «sozial fremde Elemente» in der Stalinära ermordet, deportiert, zu Zwangsarbeit verurteilt oder als Kinder in Waisenhäuser eingewiesen worden sind. Es geht also um einen ganzen Kosmos beschädigter Biographien und verschütteter traumatischer Erfahrungen. Und man fragt sich, warum erst ein junger Londoner Wissenschaftler wie Orlando Figes kommen musste, um ein Buch wie sein monumentales jüngstes Werk «Die Flüsterer – Leben in Stalins Russland» zu schreiben.

Durch systematische, nach den wissenschaftlichen Regeln der «oral history» geführte Interviews mit circa 180 Personen, deren Geschichten durch erhaltene familiäre Nachlässe sowie durch parallele Interviews mit ihren Kindern, Enkeln und Verwandten verifiziert und weiter ausgefüllt werden konnten, hat Figes in den Jahren 2003/04 mit Hilfe von Aktiven der russischen Menschenrechtsorganisation «Memorial» einen Fundus neuer Quellen zusammengetragen und mit Bildern und persönlichen Dokumenten in einem elektronischen Archiv zusammengeführt.[1]

Im Kern verfolgt das Buch die Schicksale der Generation der «Oktoberkinder», die nach der Revolution in bäuerliche, bürgerliche, adelige, intellektuelle oder proletarische Familien hineingeboren wurden und deren aktive Lebenszeit mit der der Sowjetunion zusammenfällt. Aber da es immer auch um die parallelen Schicksale ihrer Eltern und Großeltern, Geschwister, Ehepartner, Kinder und Enkel geht, entsteht ein mehrere Generationen umfassendes und viele Lebensfäden miteinander verflechtendes Gesamtpanorama, wie es das bisher in dieser repräsentativen Breite und Dichte nicht gab. Es liefert eine «innere Geschichte» dieses ganzen Zeitalters beispielloser sozialer und kultureller Umbrüche und Neuformatierungen.

1 http://www.orlandofiges.com/whisperers.php.

Das eigentlich Bestürzende dieses Buches ist aber nicht die schiere Masse an menschlichem Elend und zerstörtem Leben, sondern eher das komplexe Tableau psychischer Ausfluchten und Kompensationshandlungen, das sich in diesen Einzelgeschichten entfaltet. Während ethnische, rassische oder religiöse Verfolgungen unter den Verfolgten und ihren Nachkommen in der Regel ein klar umrissenes, zuweilen sogar hypertrophes Opferbewusstsein produzieren, erwies sich der bolschewistische Terror gegen die als Klassen- und Volksfeinde Beschuldigten für diese selbst wie für ihre Angehörigen als eine ungleich tiefer eingreifende, weil internalisierte psychische Belastung und ein kaum mehr abzuschüttelndes, lebenslanges Stigma.

Was Figes zeichnet, ist insofern auch keine reine «Geschichte der Opfer des Stalinismus», sondern eine Formationsgeschichte der Sowjetgesellschaft selbst und ihrer Mentalitäten. So distanzierten sich die Kinder der zu Millionen deportierten und in den «Massenaktionen» der Schreckensjahre 1937/38 zu Hunderttausenden ermordeten Kulaken (Großbauern) häufig von ihren Eltern, wenn auch unter tiefen Qualen oder voll pueriler Wut, um das Stigma ihrer «falschen Herkunft» abzuschütteln und Zugang zu den ihnen verwehrten Bildungseinrichtungen und Karrierewegen des Staates zu gewinnen. Kein größeres Glück, als endlich in den Komsomol aufgenommen zu werden und auf Demonstrationen in Sprechchören die Erschießung aller «Volksfeinde» zu verlangen, zu denen womöglich ihre eigenen, verschwundenen Väter oder Mütter gehörten. Umgekehrt beschworen Eltern, die ihre Verhaftung erwarteten, ihre Kinder schon prophylaktisch, sich von ihnen loszusagen. Ehefrauen oder Söhne inhaftierter Parteikader oder Militärs wendeten sich öffentlich, aber auch in privaten Aufzeichnungen gegen ihre Männer oder Väter, die die Familie «ins Unglück gerissen» hätten, und sie fragten sich, wie es kam, dass sie diesen «Feind in ihrer Mitte» nicht selbst erkannt hatten; was sie nicht davor bewahrte, vielfach ebenfalls den Weg in die Lager oder in die Erschießungskeller anzutreten. Der stalinistische Terror traf selten oder fast nie nur einzelne Menschen, sondern fast immer Familien. Und das Stigma der «falschen Herkunft» oder der Verurteilung als «Volksfeind» wurden zu einer Art erblicher Eigenschaft, die bis ins zweite oder dritte Glied weitergegeben wurde, wenn es nicht irgendwann gelang, sie durch politische Überanpassung und berufliche Strebsamkeit abzuschütteln. Oft war der Eintritt in die Partei unter (strafbarer) Verleugnung der eigenen «Klassenherkunft» der beste Weg.

Dabei war die Bereitschaft, im Hexensabbath der Säuberungen und Schauprozesse noch die irrwitzigsten Beschuldigungen zu glauben oder sich selbst an Denunziationen zu beteiligen, unglaublich hoch, und das keineswegs nur unter fanatischen Parteiaktivisten. Auch der Sohn einer Familie deportierter Bauern sagte im Rückblick: «Psychologisch gesehen, ließ sich das Leben viel leichter dadurch ertragen, dass wir an Stalins Gerechtigkeit glaubten.» So wurde in einer Situation der totalen Ausgeliefertheit ausgerechnet Stalin zur letzten Instanz aller Hoffnungen und Rettungswünsche, sogar für die Kinder und Angehörigen der Verfolgten. Für offene oder selbst versteckte Opposition gab es nicht nur keine Organe oder Tribünen, sondern vielfach nicht einmal mehr eine Sprache.

Nimmt man das repräsentative Sample ganz unterschiedlicher Lebensläufe, die Figes zusammengestellt hat, als empirischen Maßstab, dann wäre anzunehmen, dass sich der sowjetische Partei-, Staats- und Gewaltapparat über die Jahrzehnte hinweg zu einem ähnlich hohen Prozentsatz aus den Abkömmlingen der von Repressionen betroffenen Familien rekrutiert hat wie aus solchen, die vom Terror verschont geblieben waren. Das war allerdings seit den Anfängen der Revolution eines der Geheimnisse der Schmiedung des «neuen Sowjetmenschen». Wer konnte denn überhaupt eine «richtige Herkunft» vorweisen, oder gar eine makellose revolutionäre Vergangenheit? In der Akte jedes Parteikaders und Funktionsträgers wie auch jedes Bürgers ruhten die Hinweise auf irgendeine «falsche Herkunft» oder frühere «ideologische Abweichung» wie eine «Erbsünde» oder ein untilgbares Schuldkonto. Weshalb der Große Terror ja (proportional) die Parteikader und Funktionsträger des Regimes auch noch härter und noch irregulärer traf als die gewöhnlichen Sowjetbürger, und das bis in den engsten Machtzirkel hinein. Kein

Mitglied des Politbüros, das nicht Angehörige, darunter nicht selten die eigenen Frauen und Kinder, Eltern oder Geschwister, «aufgeben» und womöglich sogar selbst denunzieren musste.

In seinem stereoskopischen Rundblick «Traum und Terror – Moskau 1937» hat Karl Schlögel einen anderen Weg gewählt, um dem Geheimnis der Formationsgeschichte der Sowjetgesellschaft im Fegefeuer des Terrors wie der Industrialisierung, Mobilisierung und Urbanisierung des Landes näherzukommen. Wie hing das eine mit dem anderen zusammen? Was waren die tieferen Quellen der Energien, die in die Hasskampagnen des Regimes ebenso wie in die gigantischen Pläne und Prospekte einer sowjetisch-proletarischen Moderne einflossen? Denn um Massenterror handelte es sich in einem doppelten, sowohl aktiven wie passiven Sinne, und jedenfalls kann er mit seinem zeitweise kaum noch kontrollierbaren Exzess nicht allein aus der malignen, scheinbar allmächtigen Person eines Josef Stalin oder aus den abstrakten ideologischen Imperativen des Marxismus-Leninismus erklärt werden.

Überhaupt zeichnet Schlögel ein anderes, vielfarbigeres und dynamischeres Bild dieser Schreckenszeit, als das monochrome Bild «totaler Macht» es sonst zulässt. Für die in die alten und neuen Städte und Industriezentren des Imperiums hineinströmenden Menschen, gleich ob sie Kinder deportierter Kulaken oder Hungerflüchtlinge aus den Kolchosen waren, boten diese Zentren trotz extremer, geradezu barbarischer Arbeits- und Lebensbedingungen dennoch die einzige Zukunftsperspektive. Und diese Zukunft wurde in einer betäubenden Folge von Aufmärschen und Festakten, von Einweihungen neuester Großbauwerke oder Präsentationen phantastischer Umgestaltungspläne, von mitreißenden Musiken und monumentalen Gemälden üppig entfaltet, sodass sich die Grenzen der Realität und der Gegenwart halluzinatorisch ausdehnten. Die großen Publikumsfilme, meistens Komödien, oder die vom Bolschoi-Theater bis hinunter in jede Schule und jeden Arbeiterklub zelebrierten Puschkin-Feiern (zum Beispiel) trafen auf einen schier unersättlichen Bildungs- und Unterhaltungshunger. So wird dieses

«Moskau 1937» in Schlögels Rekonstruktion zu einem irisierenden Fantasialand, das sich in vielen, ganz unterschiedlichen Blicken und Blickachsen erst unserem nachforschenden Blick eröffnet. Da war das Moskau der Künstler und das der Tschekisten, das der Arbeiter und das der Kinder, das der Flieger und das der Sportler, das der Besucher und das der Emigranten. Der blanke Hunger koexistierte mit der verschwenderischen Pracht der neuen Wohnpaläste und U-Bahnstationen, das lautlose Verschwinden der einen mit den schwindelerregenden Karrieren der anderen, der stille, stumme Schrecken hier mit einer hysterischen, lauten Fröhlichkeit dort. Und vielleicht speiste ja das eine das andere? In gewisser Weise lieferte Puschkin, der ungefragt gefeierte Jubilar ausgerechnet des Schreckensjahres 1937, mit seinem Poem vom «Gastmahl in Zeiten der Pest» das geflügelte Wort zur Lage.

Tatsächlich, so Schlögels Deutung, habe das Regime, entgegen dem Eindruck einer strengen Kontrolle und Planung, infolge der totalen Kollektivierung und Hyper-Industrialisierung bzw. Militarisierung am Rande des blanken Chaos und eines latenten Zusammenbruchs laviert, ohne die angestrebte soziale Homogenisierung und mentale Gleichschaltung wirklich erreicht zu haben. In paradoxer Weise seien es dann gerade die demokratischen Versprechungen der neuen Stalin'schen Verfassung gewesen, insbesondere die für Dezember 1937 angesetzten, als frei und geheim angekündigten Wahlen zu allen Sowjetämtern, die das Regime erst zum systematischen Massenterror getrieben hätten. Denn die Partei sei sich jäh ihrer relativen Schwäche bewusst geworden und habe sich in ihren Fieberträumen plötzlich einer potentiellen, feindlichen Mehrheit von «Ehemaligen» (von Ex-Parteimitgliedern, enteigneten Bürgern und Bauern, geschassten Fachleuten und alten Beamten) gegenübergesehen, einer millionenfachen Fünften Kolonne – während die äußere, faschistische Bedrohung mit dem Bürgerkrieg in Spanien, der Aufrüstung Hitler-Deutschlands und den fernöstlichen Grenzkämpfen mit Japan handgreifliche Gestalt anzunehmen schien.

Vor allem dieser letzte Punkt stellt im Lichte der unmittelbar anschließenden Periode des Hitler-Stalin-Paktes freilich viele, noch unaufgelöste Fragen. Eine Sammlung von Dokumenten der Kommunistischen Internationale («Der Verräter, Stalin, bist Du!» Vom Ende der linken Solidarität 1939–1941), zusammengestellt und kommentiert von Bernhard H. Bayerlein, liefert dazu neues, höchst instruktives Material. Daraus geht klar hervor, dass es sich um keinen bloßen defensiven «Nichtangriffspakt» handelte, sondern um einen strategischen Kriegspakt mit weitreichenden sozialen und politischen Implikationen für Europa und die Welt. Nicht nur, dass die Politik und Propaganda des Antifaschismus über Nacht verschwand und der «britische Imperialismus» als der alte-neue Hauptfeind der internationalen Arbeiterbewegung und Anstifter des Weltkrieges neuerlich angeprangert wurde. Die «durch gemeinsam vergossenes Blut besiegelte Freundschaft» (so Stalin) zwischen dem nationalsozialistischen Deutschen Reich und der stalinistischen Sowjetunion bei der kriegerischen Aufteilung des gesamten europäischen Kontinents umfasste weitreichende kriegswirtschaftliche Vereinbarungen sowie großräumige geopolitische Absprachen. In diesem, durchaus auf mittlere Dauer angelegten kontinentalen Kondominium strebten nicht nur die Kommunistischen Parteien im besetzten Holland, Belgien und Frankreich ihre Legalisierung unter deutscher Besatzung an; auch die KPD machte sich für das Dritte Reich selbst, wie Ulbricht im Februar 1940 andeutete, entsprechende Hoffnungen.

Im Lichte der Jahre 1939/40 erscheinen freilich auch viele Politiken der vorangegangenen Jahre im Zeichen der «Volksfront» von 1935–1938 in einem anderen Licht. Wie verhielten sich der offizielle Antifaschismus und die irrwitzigen Kampagnen gegen «Judas Trotzki» eigentlich zueinander? Welche Signale sendete es etwa, wenn in der stalinistischen Weltsicht keineswegs Hitlers «Mein Kampf» (das kaum gelesen oder erwähnt wurde), sondern Trotzkis «Verratene Revolution» als die zentrale Programmschrift des Weltimperialismus zur Unterminierung der Sowjetmacht galt? Oder wenn ausgerechnet (man muss annehmen, bewusst) jüdische Emigranten aus Deutschland in den Moskauer Schauprozessen 1936/37 als von Himmler instruierte und bezahlte Agenten präsentiert wurden, die es auf das Leben Stalins abgesehen hätten; während andere Angeklagte und Altbolschewiken sich in ihren erzwungenen Geständnissen gleichzeitig als britische, polnische oder französische Agenten und Spione bezichtigen mussten?

Und weiter: War es Zufall oder was bedeutete es, dass weder in der Phase des offiziellen «Antifaschismus» noch später, in der Zeit des Hitler-Stalin-Paktes die Verfolgung der Juden in Deutschland oder ihre Ghettoisierung im besetzten Polen angeprangert oder auch nur öffentlich erwähnt wurde? Und wie war die taktische Anweisung der Komintern von 1936 an die noch im Reich lebenden Kommunisten zu verstehen, in die nationalsozialistischen Gewerkschaften und Massenorganisationen einzutreten, um dort für den «wahren Sozialismus» gegen den (falschen) Nationalsozialismus zu werben – eine Anweisung, die von den Adressaten allerdings großteils ignoriert wurde?

Fragen dieser Art lassen sich in fast endloser Reihung stellen. Sie laufen nicht auf eine schlichte Konvergenz beider Systeme hinaus, deuten allerdings auf gewisse Parallelentwicklungen – und widerlegen jedenfalls alle nachträglichen legitimatorischen Legenden und wohlmeinenden Interpretationen, wonach der Große Terror der dreißiger Jahre irgendwie doch das Resultat einer (sei es paranoid überzogenen) Notwehr gegen die von Hitler-Deutschland ausgehende «faschistische Bedrohung» gewesen sei. Tatsächlich reichte der Massenterror dieser Jahre tief in die Zeit der Revolution und des Bürgerkriegs zurück, und er endete auch keineswegs mit dem Weltkrieg 1939, den Stalin an der Seite Hitlers miteröffnete, noch endete er mit dem «Sieg über den Faschismus» 1945.

Erst zehn Jahre später wurde der «Archipel Gulag» nach einer Serie blutig niedergeschlagener Streiks und Aufstände allmählich aufgelöst. Oder er transformierte sich wie in Magadan, Workuta oder Norilsk in neue, auf den Knochen Hunderttausender Sklavenarbeiter erbaute Industriezenten, in denen die entlassenen, vielfach zum Bleiben gezwungenen Häftlinge nun mit ihren ehemaligen

Wärtern zusammenlebten. Und wie Orlando Figes in einer seiner Schlussszenen schildert, diente auch den überlebenden Häftlingen vielfach nun ein verquerer Stolz auf ihren Beitrag zum Vaterländischen Krieg und zum sozialistischen Aufbau als Sinnstiftung des Sinnlosen und legte sich als Sedativ über alle Erinnerungen an die Abertausenden von Toten und das eigene, nicht gelebte Leben. Nicht wenige dieser traumatisierten «Oktoberkinder» wurden, als die Sowjetunion sich 1991 über Nacht auflöste und eine Zeit der Wirren begann, von einem frischen horror vacui ergriffen und sehnten sich bald wieder nach einer starken Hand – manchmal sogar nach einem «neuen Stalin».

Warlam Schalamow, Erzählungen aus Kolyma, Bd. 1: Durch den Schnee, Bd. 2: Linkes Ufer, hrsg. von Franziska Thun-Hohenstein, übersetzt von Gabriele Leupold, Berlin 2007, 2008.

Orlando Figes: Die Flüsterer. Leben in Stalins Russland, Berlin 2008.

Karl Schlögel: Terror und Traum. Moskau 1937, München 2008.

Bernhard H. Bayerlein: «Der Verräter, Stalin, bist Du!» Vom Ende der linken Solidarität 1939–1941, Mit einem Zeitzeugenbericht von Wolfgang Leonhard und einem Vorwort von Herman Weber, Berlin 2009.

3. Aus dem Dunkel des russischen Familienromans

Zu Masha Gessens Buch «Die Zukunft ist Geschichte»*

Als ich Masha Gessens tiefernstes Buch mit dem Titel «Die Zukunft ist Geschichte» zu Ende gelesen hatte, kam mir, rein assoziativ, ein Gedicht Ossip Mandelstams in den Sinn, übersetzt von Paul Celan, geschrieben 1921 am Ende des verheerenden Bürgerkriegs, lange bevor Mandelstam 1937 in den Tiefen des Stalin'schen Gulags verschwand: «Sternensalz, im Fass zergehend. / Wasser, kalt, muss schwärzer werden. / Reiner nun der Tod und salziger das Elend, / wahrer, furchtbarer die Erde.»

Wenn das in seiner poetischen Haltung und Metaphorik «sehr russisch» klingt, dann allerdings nicht im Sinne des sentimentalen Klischees, dass Leiden veredelt, sondern eher umgekehrt: dass die «Schwärze», die Kälte, das Elend den Blick klarer, unbestechlicher machen. Gerade unter dem oft unerträglichen und unmenschlichen Druck, der von den eigenen Machthabern ausging, ist ein Gutteil dessen entstanden, was die russische Literatur und Kunst in den vergangenen Jahrhunderten so menschlich reich gemacht hat. Wo anders hätte ein Dichter in Erwartung seiner Verhaftung seiner Frau sagen können, wie Mandelstam 1934: «Gräme dich nicht. Nur bei uns schätzt man die Literatur so, dass man für einen Vers erschossen werden kann.»

Zwar scheint Russland nicht dabei, in diese Vergangenheiten zurückzufallen, zumindest nicht in ihre blutigen Extreme. Aber es steht, wie Masha Gessen eindringlich beschreibt, verstärkt wieder in

* *Zuerst veröffentlicht u. d. T. «Illusionslose Härte», in: Kulturaustausch. Zeitschrift für internationale Perspektiven, H. I/2019.*

ihrem Bann und laboriert an ihren mentalen und sozialen Folgen. Wieder ist man versucht, die illusionslose und umso schmerzlichere Härte, mit der die Autorin vom Land ihrer Herkunft und frühen Kindheit ein zweites Mal Abschied nimmt, für «sehr russisch» zu halten. Und das gilt auch und gerade, weil sie als eine jüdische, lesbische Frau mit drei Kindern, die 2013 wegen der akuten Gefahr, dass man ihr die Kinder wegnehmen werde, in die USA zurückflüchten musste, den neuen Hütern eines wahren Russentums geradezu als der Inbegriff eines fremden, volksvergiftenden Wesens erscheint.

Ihr Buch ist, wie sie selbst es nennt, ein «faktographischer Roman», der die dramatischen Umbrüche beschreibt, die Russland in den letzten drei Jahrzehnten durchlaufen hat, erzählt aus der Perspektive von vier jungen Leuten, die alle um das Jahr 1984 herum geboren und im nachsowjetischen Russland aufgewachsen sind. Dabei erzeugt die Verwendung von Kosenamen für die vier jugendlichen Protagonisten (Mascha und Shanna, Ljoscha und Serjosha), während ihre Eltern mit Vornamen genannt werden (Tatjana, Galina, Boris usw.) und die Großeltern mit ihren familiären Vor- und Vatersnamen (wie Alexander Nikolajewitsch) das Flair eines typischen, vielstimmigen und gelegentlich verwirrenden Familienromans in russischer Tradition. So gehören zu den weiteren Hauptpersonnagen der einst von Gorbatschow zum Chefarchitekten der «Perestrojka» ernannte und später verstoßene Alexander Nikolajewitsch Jakowlew, der Großvater von Serjosha; sowie Boris Nemzow, der Vater von Shanna, der einer der führenden Reformer der Jelzin-Zeit und hartnäckigsten Oppositionellen der Putin-Ära war, bevor er Ende 2015 von einem tschetschenischen Killerkommando unter den Mauern des Kreml ermordet wurde. Auf diesen emblematischen Tod läuft das Buch am Ende zu.

Die reflexive Zwischenebene wird durch eine weitere Figurengruppe gebildet. Da ist die Psychologin Marina Arutjanjan, die an der Wiederbegründung einer psychoanalytischen Tradition in Russland mitgewirkt hat; und da ist der Soziologe Lew Gudkow, der als Schüler und Erbe des Pioniers Juri Lewada die Instrumente und Institutionen einer modernen, wissenschaftlich informierten Demoskopie mitgeschaffen hat. Im Zentrum der Forschungen ihres ursprünglich staatlich unterstützten, dann enteigneten und inzwischen als «ausländische Agentur» gebrandmarkten Instituts standen und stehen die psychischen Folgen und mentalen Residuen einer totalitären und posttotalitären Gesellschaftsgeschichte, die von Lewada in der hypothetischen Gestalt eines «Homo Sovieticus» und seiner Metamorphosen zusammengefasst wurden.

Sie alle stehen auf allgemeinerer Ebene für die hartnäckigen, manchmal fast heroischen Versuche in spät- und nachsowjetischer Zeit, den ungeheuren Wissens- und Weltverlust auszugleichen, der allein schon in der systematischen Erstickung und Abriegelung der durchaus lebendigen sozialwissenschaftlichen, historischen und philosophischen Traditionen unter dem Diktat des offiziellen Marxismus-Leninismus lag. Jakowlew hielt es in der Zeit der «Glasnost'» sogar für dringend geboten, in Form großangelegter Editionen alles das an russisch-sowjetischen Gedankensystemen wieder zugänglich zu machen, was für Jahrzehnte in «Giftschränken» verschwunden und allenfalls in Exilverlagen im Westen noch verfügbar war.

Die Gegenfigur zu ihnen allen liefert der Philosoph Alexander Dugin. Ursprünglich stammte auch er aus der Dissidentenszene und war einer von denen, die sich ohne Rücksicht auf Karriereziele den Zugang zu verbotenen Autoren verschafften, so zu Heideggers «Sein und Zeit», das er mittels eines illegal angefertigten Mikrofilms auf seine Tischplatte projizierte. Aber in den 1990er Jahren war Dugin mit seinem Dostojewski-Bart bereits zum Vordenker einer nationalbolschewistischen, dann eurasischen Neuen Rechten geworden, der in den entsprechenden Szenen in Westeuropa und den USA Proselyten und Verbündete suchte. Im Verlaufe der 2000er Jahre ist er dann zum staatlich gepäppelten Vordenker einer völkisch-großrussischen Expansionspolitik aufgestiegen, als deren erste Voraussetzung er die «Vernichtung» aller angeblichen «fünften Kolonnen» eines westlich-kosmopolitischen Universalismus verlangt, und nach der Eröffnung des hybriden, von innen und von außen geführten Kriegs gegen die Ukraine 2014 seinen Followern zurief: «Tötet, tötet, tötet!»

So musste Nemzow, der auf Riesenplakaten an Moskauer Häusern bereits als «Landesverräter» gebrandmarkt war, einen fast vorhersehbaren Tod auf der Brücke zum Kreml sterben (die Video-Kameras waren ausgeschaltet), weil er in einem Dossier die massive Korruption der engsten Kreml-Familie (der Freunde und Verwandten Putins) aus den für die Olympiade in Sotschi eingesetzten Staatsfonds enthüllt und in einem nächsten Dossier Beweise für die Beteiligung der regulären russischen Armee am Krieg in der Ostukraine angekündigt hatte.

Kaum weniger beklemmend ist das Schicksal eines der jüngsten Helden des Buchs, Ljoscha, der irgendwann in den späten 1990er Jahren als Schüler seine homosexuellen Neigungen entdeckt, sie mit einigen Ängsten auch vorsichtig gelebt und schließlich zum Gegenstand seiner wissenschaftlichen Arbeit gemacht hatte. Anfangs ging alles gut, seine Familie und die Freunde hielten zu ihm, er konnte unter Titeln wie «Sexuelle Minderheiten und russische Öffentlichkeit» an der liberalen Universität in Perm unterrichten und an internationalen Konferenzen teilnehmen. Aber dann, im Umfeld der wachsenden inneren Unruhe zu Beginn der 2010er Jahre, als es in Moskau und vielen Städten zu großen Demonstrationen gegen den abgekarteten Ämtertausch von Putin zu Medwedew und wieder zurück zu Putin kam, begann sich plötzlich auch ein Netz um Ljoscha zuzuziehen. Auf Internetseiten wurde zur «Jagd auf Päderasten» aufgerufen, und Videos zeigten die brutale Misshandlung und Demütigung homosexueller Männer, die Ljoscha in seiner Stadt kannte. Und unter denen, die sich unvermummt, ohne Strafe zu fürchten, an diesen Jagden beteiligten, erkannte er ehemalige Teilnehmer seiner Seminare. Er musste fort.

Dabei hatte sich doch in den Umfragen des Lewada-Instituts in den ersten Putin-Jahren, als die soziale Situation sich für viele entspannte, scheinbar auch eine allmählich wachsende lebensweltliche Toleranz angedeutet. Zwar gab es immer noch einen schockierend großen Teil der Befragten, die «abweichende Gruppen» jeglicher Sorte «liquidieren» wollten; aber diese Werte waren allmählich zurückgegangen – mit dem Schönheitsfehler, dass die Popularität Stalins kontinuierlich zunahm, bis er bei Fragen nach der «bedeutendsten Persönlichkeit aller Zeiten» auf dem ersten Platz rangierte.

Aber dann kamen eben die Demonstrationen, die das Bild einer «Farbenrevolution» auch in Russland an die Wand malten, und dann der Krieg gegen die Ukraine, der mit der Annexion der Krim ja nur eröffnet wurde, wie jeder sehen konnte. Und nicht nur in den Artikeln und Auftritten Dugins, sondern auch in den Reden Putins selbst wurden die «Länder des euroatlantischen Raums» nun beschuldigt, Russland und der ganzen Welt ein Lebensmodell aufzwingen zu wollen, worin «jegliche Form traditioneller Identität, ob national, kulturell, religiös oder sogar geschlechtlich», abgelehnt werde. Russland sei berufen, diesen Tendenzen des sittlichen, staatlichen und demographischen Verfalls als Bollwerk auf der weltpolitischen Bühne entgegenzutreten.

Dass der 2013 mit voller Wucht eröffnete Kampf gegen «pädophile Propaganda» (die mit offen gelebter Homosexualität gleichgesetzt wurde) in Gessens Erzählung eine solch prominente Stellung einnimmt, hat natürlich mit ihren eigenen Erfahrungen zu tun; aber nicht nur: Tatsächlich firmiert dieses Thema seither in der staatlichen Binnenpropaganda, und selbst in der Außenpropaganda gegen «Gayropa», zunehmend als eine Art Marker für alles, was Russland «aufgezwungen» werden solle – um es in den demographischen Untergang und geopolitischen Zerfall zu treiben.

Gessen ist weit davon entfernt, das Wiedereinschwenken ihres Heimatlandes in einen nur allzu bekannten Zirkel autokratischer Unterwerfung, paranoider Selbsteinschließung und ideologischer Selbstbeauftragung allein auf das dunkle Genie eines Wladimir Putin zurückzuführen. Im Gegenteil: Die phänomenale Explosion seiner «Unterstützung», kaum dass der kleine, blasse, völlig unbekannte KGB-Offizier 1999 an der Seite des bärenhaften Jelzin aus den Kulissen getreten war, von einem Bekanntheitsgrad von 2–3% auf eine Zustimmung von über 60%, die die Demoskopen des Lewada-Instituts im Jahr 2000 ungläubig registrierten, verdankte sich womöglich gerade seiner Durchschnittlichkeit und Undurchdringlichkeit als ein «Mann ohne Gesicht», als den Gessen ihn in einer früheren Biographie beleuchtet hat. Aber jedes zeitweilige Absinken seiner Popularitätswerte hat Putin mit einer kalkulierten inneren Hasskampagne und äußeren Aggression fast mühelos wieder auf die alte, sowjetisch anmutende Höhe einer fiktiven Einmütigkeit treiben können – bis heute.

Putin ist also nicht die Antwort, sondern die Frage – die eine historische und mentale Leerstelle deckt. Um sie kreist Gessens eher leidenschaftlich anteilnehmendes als anklagendes Buch.

4. Der Fall der Sowjetunion

Im Felde unbesiegt, im Innern erschüttert: Ein anderer Blick

a) Die russische Sphinx

«Wenn die menschliche Stimme, wenn von Menschenhand hergestellte Instrumente, wenn eine menschliche Seele auch nur einmal ... eine solche Harmonie, eine solche Schönheit, eine solche Wahrheit und Kraft ... schaffen kann – wenn das existiert, wie flüchtig und nichtig ist dann die ganze Macht eines Reiches? Diese Macht, die, wie es in einem schönen polnischen Weihnachtslied heißt, ‹von Furcht ergriffen wird›.»

So erinnerte der polnisch-jüdische Schriftsteller und futuristische Poet Alexander Wat in seinen mündlich aufgezeichneten Erinnerungen «Mein Jahrhundert» den Moment, als er in den Ostertagen des Jahres 1940 als Häftling in der Lubjanka, der Moskauer KGB-Zentrale, bei einem Hofgang auf dem Dach aus irgendeinem fernen Radio die Klänge von Bachs Matthäuspassion hörte.

Mit diesem schwebenden Zitat hat Karl Schlögel sein monumentales Werk «Das sowjetische Jahrhundert» beendet, das noch einmal (schon im Widerschein des 2014 entfesselten Kriegs gegen die Ukraine) eine «Archäologie einer untergegangenen Welt», dieses fast wie ein Maya-Reich abrupt verschwundenen, eben noch so mächtig und so stabil wirkenden Großreichs bietet. Sein Buch mündet in den Entwurf eines «musée imaginaire», das irgendwann im labyrinthischen, ober- und unterirdischen, nie genau beschriebenen Massiv der Lubjanka, der Zentrale des seit mehr als hundert Jahren von dort aus operierenden Geheimdienstes, eingerichtet werden müsste, als einem weltgeschichtlichen «lieu de mémoire» und russischen Schicksalsort.[1]

Dieser Geheimdienst unter seinen wechselnden Namen Tscheka, GPU, NKWD und KGB schien das unzerbrechliche, stählerne Rückgrat dieser scheinbar unbesiegbaren Supermacht namens UdSSR. In Wahrheit war er aber ihr korrumpierter, infektiöser Kern, der wesentlich dazu beigetragen hat, dass sie moralisch und politisch kollabiert ist und Teile ihres anachronistisch gewordenen Imperiums in die Unabhängigkeit entlassen musste. Der vom KGB instrumentierte Putschversuch im August 1991 war von bemerkenswerter Kraft- und Ideenlosigkeit und wurde zur Stunde der Abdankung des letzten KPdSU-Generalsekretärs Gorbatschow und damit der herrschenden Partei. Der Geheimdienst selbst freilich blieb am alten Ort und hat sich wie ein Chamäleon über Nacht in einen «Föderalen Sicherheitsdienst» (FSB) verwandelt.

Alexander Wats Erinnerung an jenen lichten Glücksmoment 1940 auf dem Dach der Lubjanka war Teil eines Gesprächs über «Mein Jahrhundert», das er Mitte der 1960er Jahre mit dem exilierten polnischen Dichter, Essayisten und späteren Nobelpreisträger Czesław Miłosz geführt hat. Und diese Reminiszenz führte ihn genau auf dieselbe Spur wie Anna Politkowskaja vierzig Jahre später, vor ihrer Ermordung, als sie in ihrem Tagebuch notierte: «Wovor haben sie solche Angst?»*

Wats Antwort war: Wegen der Wahrheit, der Kraft, der Schönheit, die in Werken der Kunst als «göttlicher Funken» aufscheinen und die selbst in Zeiten einer totalitären, auf den Körper wie den Geist der Menschen zugreifenden Diktatur die Verluste von Sinn und Sinnlichkeit und sogar das Versiegen der Säfte des Lebens und

1 Karl Schlögel, Das sowjetische Jahrhundert. Archäologie einer untergegangenen Welt, München 2017, S. 834–845; dort auch das Zitat von Alexander Wat, Mój wiek (Mein Jahrhundert), dt. u. d. T. Jenseits von Wahrheit und Lüge. Erinnerungen, Frankfurt/M. 2000, S. 449.

* Siehe den nachfolgenden Text «Die Widerständigen – Vom Schreiben, Leben und Sterben in Putins Russland»

des Sexus, wie die Häftlinge es qualvoll spüren, kompensieren und überbrücken können – bis der Diktator tot und der Bann endlich gebrochen ist, der Lebensmotor der Millionen Depravierten wieder anspringt, ihre Lebensgeister neu erwachen und die elementaren Regeln von Moral und Mitmenschlichkeit wieder zu ihrem Recht kommen. Es ist dieser «menschliche Faktor», in all seinen höheren oder in seinen profaneren Formen, der auch große Reiche und despotische Regimes gleich welcher Couleur oder Konfession untergräbt und endlich zum Einsturz bringen kann.

Und dafür ist Weniges ein besseres Beispiel als der sang- und klanglose politische und moralische Zusammenbruch der Sowjetunion und des um sie gescharten «Lagers» nach 1989, selbst wenn die Resultate dieses historischen Erdrutsches aus der Distanz von mehr als dreißig Jahren nur teilweise ermutigend wirken; und auch wenn im Widerschein des jetzigen Kriegs nicht nur die direkten Opfer dieser Aggression, sondern wir alle, die von diesem Angriff auf die europäische Nachkriegsordnung und den erreichten Stand zivilgesellschaftlicher Beziehungen mitgetroffen und mitgemeint sind, einem politisch-moralischen Härtetest ausgesetzt werden, der ein Abgleiten in einen noch größeren Konflikt oder selbst in einen Weltkrieg nicht ausschließt. Umso mehr kann der energische Widerstand, auf den dieser Vernichtungskrieg gerade trifft, im glücklichen Fall auch den Weg einer großen, befreienden weltpolitischen Veränderung eröffnen.

In den Worten Außenminister Lawrows ist freilich alles, was dem nackten Beherrschungs- und Versklavungswillen des von ihm vertretenen Regimes entgegensteht, und die Empörung, die dieser Überfall in großen Teilen Europas und der Welt hervorgerufen hat, nichts als eine «Orgie der Russophobie»; und die unabhängige Ukraine ist nichts als ein von fremden Mächten geschaffenes «Antirussland». Das absurde «Nazi» Label, das Putin seinem demokratisch gewählten Gegenspieler Selenskyj angeheftet hat, soll vor allem eines signalisieren: dass es keinerlei Kompromisse geben kann, nur Kapitulation oder Vernichtung.

Und ausgerechnet dafür wird das große russische Kulturerbe in Anspruch genommen, das in der undankbaren Ukraine nun mit Füßen getreten werde, während es doch – wie eine quer durch die deutsche Gesellschaft reichende Phalanx angeblicher Russland-Versteher ein ums andere mal hervorhebt – «gerade uns Deutschen» vieles gegeben und eine mit Blut und Tränen besiegelte, besondere historische Verbindung gestiftet hat, die wir keinesfalls abreißen lassen dürfen.

Unabhängig von der Frage, aus welchen höheren oder profaneren Quellen diese Beschwörungen sich jeweils speisen, sollte doch klar sein (und nicht erst jetzt), dass affektive Verbindungen oder ästhetische Vorlieben nur schwerlich als Argument zur Rechtfertigung einer Politik der territorialen Expansion und kriminellen Aggression nach außen und einer repressiven Politik nach innen dienen können. So wie man sich auch hüten sollte, die idyllischen Bilder russischer Isbas und die reizenden Datschenszenerien der «podmoskowskje wetscheri» (der Moskauer Vorgartenabende), oder auch die wunderbar betrunkenen, von schmelzenden Liedern, obszönen Witzen und tiefen Offenbarungen erfüllten Küchengespräche, wie man sie vor allem in der russischen Provinz bis in jüngere Zeit noch immer führen konnte, zu Ikonen einer schönen Rückständigkeit und Zeugnissen der berühmten russischer Seelenweite zu erheben, ungefähr so, wie Touristen es mit den verrosteten Amischlitten und der unwiderstehlichen Musikalität und Fröhlichkeit der eingeschlossenen Inselbewohner Kubas tun.

Wohl wahr: zur Faszinationsgeschichte Russlands hat von jeher auch gehört, wie russische Autoren und Künstler im Modus hypnotischer Selbstfaszination oder im Gegenmodus ebenso hypnotischer Verzweiflung um sich und ihr Land gekreist sind – ein Land, das man (nach einem stets zitierten Dichterwort) «mit dem Verstand nicht erfassen kann». Und diese russischen Selbstfaszinationen und Selbstverrätselungen haben im sich selbst entfremdeten Westen, und besonders in Deutschland, immer wieder schwärmerische Resonanzen gefunden und als Antidotum gegen unsere flache, seelenlose Massenkultur gedient. Aber dann sollte man doch auch nüchtern festhalten, dass, angefangen mit dem Autor des besagten Dichterworts, Fjodor Tjutschew, der das als Rentier und Diplomat in Baden-Baden schrieb, ein großer, sogar übergroßer Teil von allem, was das Russländische Reich an der Wende zum 20. Jahrhundert zu einem ausstrahlenden Zentrum der Literatur und aller modernen Künste gemacht hat, von der Musik über das Ballett und Theater bis zur Malerei und zur Architektur, im selbstgewählten oder aber erzwungenen Exil im Westen entstanden ist. In einem Westen, in dem auch viele derer, die die Reichtümer des Landes abgeschöpft und auf ausländische Konten umgeleitet oder in Prachtimmobilien angelegt haben, es sich noch stets haben gut gehen lassen und wohin sie ihre Söhne und Töchter zur Ausbildung geschickt haben – so wie es ein Großteil der Eliten des heutigen Russland in post-zaristisch anmutender Manier ebenfalls getan hat, bevor die Sanktionen sie so schnöde ihrer Londoner oder New Yorker City-Domizile, ihrer mediterranen Villen und hochseegängigen Superjachten beraubt haben.

Dagegen dürfte für die meisten Künstler, Schriftsteller, Wissenschaftler, die im Zarenreich selbst gelebt und gearbeitet haben, und erst recht für fast alle, die in der Sowjetunion geblieben sind oder bleiben mussten, als Regel gelten, dass sie sich in der einen oder anderen Weise von ihrer eigenen Staatsmacht bedrängt, zensiert oder misshandelt gesehen haben; sofern sie in den Jahren des Bürgerkriegs oder des Großen Terrors nicht zu den Millionen gehört haben, die ins soziale Aus gestoßen, psychisch zerrüttet oder physisch vernichtet worden sind.

Natürlich lässt sich das auch umkehren: Die Verse Mandelstams oder Achmatowas, die Leningrader Symphonie Schostakowitschs und überhaupt ein großer Teil der «sowjetischen», russischen wie nicht-russischen Literatur und Kunst sind in einem Zustand extremer psychischer oder geistiger Überspannungen oder physischer Leidenserfahrungen verfasst worden – was, in zynisch kunst- und kulturgeschichtlicher Perspektive, zu ihrer besonderen Intensität und Qualität zweifellos beigetragen hat. Aber soll das eine Empfehlung, ein Rezept, ein Gütesiegel sein?! Und weiter: Müssten die

Liebhaber und Versteher der «großen russischen Kultur» (hier in Anführungsstrichen) sich nicht auch einmal klarmachen, wie viele der bedeutendsten Texte, Bilder und Kompositionen, Nachlässe und Lebenszeugnisse im westlichen Exil entstanden oder in amerikanischen und europäischen Verlagen, Museen, Sammlungen, Archiven und Bibliotheken als weltkulturelles Erbe überlebt haben? Jahrzehnte lang sind sie eher im Westen gedruckt, gespielt, ausgestellt und gepflegt worden als im eigenen Land. Was für ein Aberwitz, dass erst nach der Lockerung und faktischen Aufhebung der Zensur Ende der 1980er Jahre ein russisches und gesamt-sowjetisches Publikum von Leningrad bis Tblissi, von Riga bis Kiew die Schöpfungen und die Namen vieler der überlebenden oder toten Schöpfer ihrer eigenen vor- oder nachrevolutionären Avantgarde oder der zu Sowjetzeiten aussortierten literarischen Werke endlich staunend hat zur Kenntnis nehmen können!

Aber Ähnliches gilt auch für einen Gutteil der russischen und sowjetischen Human- oder Naturwissenschaftler, darunter einige großartige Avantgardisten ihres Fachs, die über Jahrzehnte in ein inneres oder äußeres Exil getrieben oder in ein Korsett ideologischer Sprachregelungen oder doktrinärer Forschungsdesigns eingezwängt worden waren, in denen sie ihre Ideen und Potentiale kaum entfalten und atmen lassen konnten und durften. Noch abgesehen von denen, die (unklar warum) in die Erschießungskeller geschleppt oder in die Lager verschickt worden sind, wo sie entweder auch zugrunde gingen – oder aber (o glückliches Geschick) als intellektuelle Staatssklaven an wissenschaftlichen und technischen, besonders rüstungstechnischen Entwicklungen gearbeitet haben, von der Atomphysik bis zum Flugzeugbau. Und viele derer, die unbehelligt geblieben sind, haben parallel zu ihrer offiziellen Beschäftigung in den Akademien oder Instituten auf einer konspirativen zweiten Ebene ihres Wirkens apokryphe Arbeiten oder Skizzen verfertigt, die Jahrzehnte später erst wiederentdeckt und publiziert worden sind – aber vielleicht ja auch nicht. Wer weiß schon, was ein für alle Mal verloren ist oder was in noch immer sekretierten Archiven schlummert? Die Verluste an ungelebten Leben, nicht zu Ende geführten Gedanken, unzugänglich gebliebenen Texten und unbekannt gebliebenen Theorien sind kaum je wieder wettzumachen.

Auch deshalb gehören Russlands vergangene große Kunst und Kultur und sein geistiges Erbe tatsächlich der Welt. Und in Gefahr, sich davon abzuschneiden, steht viel eher das heutige Russland der oligarchischen Geld- und Machtkohorten und der in seelenloser Pracht agierenden Kirchenfürsten, der eurasischen Geopolitiker und Staatsführer, die von all diesen Leidenswegen und Verlusten nichts mehr hören wollen.

Ob es wirklich so ist, wie Masha Gessen (so in ihrem Buch «Die Zukunft ist Vergangenheit» von 2018) vermutet: dass das Sowjetregime den Menschen über zwei, drei Generationen hinweg nicht nur die persönliche und kollektive Erinnerung geraubt hat, sondern auch die sprachlichen Ausdrucksmittel und das sozialwissenschaftliche, psychoanalytische, philosophische Instrumentarium, um die eigene Gesellschaft und Geschichte, also sich selbst zu verstehen, kann hier nicht diskutiert werden. So wenig wie die bestürzende und fundamentale Feststellung Alexander Etkinds, die zugleich auch den kategorischen Unterschied zur deutschen Verbrechensgeschichte markiert: «Beim Holocaust ging es um die Auslöschung der Anderen. Der sowjetische Terror war selbstzerstörerisch. Das hat die Entfaltung dreier wichtiger Kräfte erschwert, die die Welt nach einer Katastrophe neu strukturieren: das kognitive Bestreben, aus der Katastrophe zu lernen, das emotionale Bedürfnis, um die Opfer zu trauern, und der aktive Wunsch, Gerechtigkeit herzustellen und Rache an den Tätern zu nehmen.»

Auch die Frage, ob die Jahrzehnte totalitärer Macht tatsächlich einen «homo sovieticus» hervorgebracht haben, der sich auch in zweiter oder dritter Generation fortgezeugt habe, wie die demoskopischen Tiefenstudien des Moskauer Lewada-Instituts in den 2000er Jahren es nahelegten, die ein unverändertes gewohnheitsmäßiges «Bedürfnis nach Anpassung» oder die Bereitschaft, vollkommen gegensätzliche Aussagen für wahr zu halten oder Überzeugungen zu hegen, die nicht miteinander vereinbar sind, festgestellt haben – auch das muss bis zum Beweis des Gegenteils offenbleiben.

Und dasselbe gilt auch für die abgründige Vermutung oder These, die Gessen einer ihrer Protagonistinnen, der Moskauer Psychoanalytikerin Marina Arutjunjan, folgend, geäußert hat: nämlich dass diese post-sowjetische russische Gesellschaft auf alles Lebendige, ja, auf ihre eigenen, aus ihrer Mitte aufsteigenden vitalen Lebensenergien immer von Neuem mit Aggression, also eigentlich Autoaggression reagiere, wie ein Organismus es bei gewissen Autoimmunerkrankungen tut, und tatsächlich dabei sei, Freuds hypothetisch angenommenem «Todestrieb» folgend, sich selbst (nicht zum ersten Mal) lebendig zu begraben.*

Scheinbar sprechen die Bilder, in denen im ausgehenden Hitzesommer 2022 die jungen Moskauer/innen auf dem Roten Platz zu schmissigen Militärbands oder dröhnenden Rockgruppen auf einem der vielen putinistischen Feiertage hektisch gefeiert und getanzt haben, während die Städte der Ukraine weiter zerbombt wurden und die Särge der zu Tausenden sinnlos geopferten Soldaten in ihre entlegenen Heimatregionen zurückkehrten (aber noch kaum nach Moskau oder Petersburg), eine andere Sprache. Man könnte darin freilich auch das Bedürfnis nach einer schützenden Amnesie sehen, oder auch den Ausdruck einer manischen Abwehr, die den Krieg da draußen bereitwillig abspaltete, als gäbe es ihn gar nicht, obwohl er schon ganz nahe gerückt war. Ähnliches hat man über die Ausbrüche vitaler Lebensgier im Terrorjahr 1937 berichtet, als alle Subjekte des Großen Bruders (wie bereitwillig oder gezwungen auch immer) dem Gebot folgten, über die zahllosen Verschwundenen, und wären es die eigenen Eltern oder Freunde, nicht nur nicht

* Vgl. dazu auch den vorstehenden Text «Aus den Tiefen des russischen Familienromans» über Masha Gessens Buch «Die Zukunft ist Vergangenheit» (dt. 2019). Dort finden sich auch die erwähnten Erhebungen des Lewada-Instituts über die Fortdauer des «homo sovieticus» (S. 207–211) sowie die Betrachtungen Etkinds und Arutjunjans über die psychischen Nachwirkungen der eigenen Gewaltgeschichte (S. 181 und S. 571).

Links: Die «Metaphysische Sphinx» von Michail Schemjakin am Woskressenski-Ufer in Petersburg, gegenüber dem Kresty-Gefängnis, eine Figur, die den Opfern der politischen Repressionen gewidmet ist. – Rechts: Die Statue Stalins von der Hand des eminenten sowjetischen Staatsbildhauers Sergej Merkulow, heute im Garten der gestürzten Denkmäler hinter der Tretjakow-Galerie in Moskau – bis zur Kenntlichkeit entstellt.

zu sprechen, sondern nicht einmal an sie zu denken, ja, sie ein für alle Mal aus der Erinnerung zu löschen (wie George Orwell es in «1984», gut informiert oder hellsichtig wie er war, in eine dystopische Zukunft verlegt hat). Eben deshalb ließ sich im Puschkin-Jahr 1937 auch an dessen dramatisches Poem «Das Festmahl in Zeiten der Pest» denken, das der Dichter, von der Cholera-Epidemie 1831 auf seinem Gut eingeschlossen, geschrieben hatte und das eine psychologische Studie über das gegensätzliche und vielfach paradoxe Verhalten von Menschen im Angesicht einer drohenden Katastrophe war.

Aber die «Pest» unserer Zeiten (der Terror, der Krieg) war damals und ist heute keine von außen kommende, sondern eine hausgemachte Katastrophe, die wie Chronos in der antiken Sage ihre eigenen Kinder frisst. Die vom Stalin-Regime ins Abseits gedrängte

Dichterkönigin Anna Achmatowa hat das 1949 nach der Verhaftung ihres Sohnes Lew Gumiljow, der im Lager die ersten fixen Ideen seiner heute zu staatlichen Ehren gelangten Theorie einer «Ethnogenese» entwickelt hat*, in den ungeheuren, bitteren Satz gefasst: Russland gleiche einer Sau, die ihre Jungen frisst.

Dagegen hat der 1971 einer Zwangspsychiatrisierung unterworfene und ins amerikanische Exil geflüchtete Untergrundkünstler Michail Schemjakin das im 19. Jahrhundert geprägte, romantisch verrätselte Bild der «russischen Sphinx» noch einmal aktualisiert, als er 1995 an einer der berühmten Uferpromenaden in Sankt Petersburg, seiner Heimatstadt, eine «Metaphysische Sphinx» errichtete, in deren zerfressenem Gesicht eine leere Augenhöhle klafft. Möglich, dass er die Statue des 1989 von seinem Sockel geholten Stalin vor Augen hatte, den die Ikonoklasten dieses Jahres in das granitene Monster verwandelt hatten, das er war – vor einer Wand aufgeschichteter, lemurenhafter Menschenschädel und -gesichter hinter Gittern. Aber vielleicht hat Schemjakins, den Opfern der Repressionen gewidmete Statue auch nur kenntlich gemacht, was die antike Sage über jenes Halbwesen berichtet hat: nämlich dass sie alle auf der Straße zum Orakel von Delphi Vorbeikommenden, die ihr Rätsel nicht lösen konnten, verschlungen oder in den Abgrund gestürzt habe.

b) Im Felde unbesiegt

Als Stalin im Juli 1945 in Potsdam vom neuen amerikanischen Präsidenten Truman mit feierlicher Stimme in die Existenz und Einsatzbereitschaft der amerikanischen Atombombe eingeweiht wurde, sagte er nur trocken: Danke. Nachfragen hatte er keine. Er wusste ja längst Bescheid, länger womöglich als der neue US-Präsident, der (verblüffend, aber wahr) als Vize des eben verstorbenen Roosevelt

* Vgl. «Der Weg in die Katastrophe – Russland in der ‹Epoche 14+›» in diesem Buch.

vor seinem Amtsantritt im April nichts über den Stand des Nuklearprogramms gewusst hatte!

Als Demonstration absoluter militärischer Übermacht glich die Bombe, wie Stalin intern sagte, einem Bluff, der «für Leute mit schwachen Nerven» gedacht war. Wer wie er stählerne Nerven besaß, konnte leicht erkennen, dass sie als Instrument einer geopolitischen Hegemonie oder Landnahme nur begrenzt tauglich war. Eher diente sie dazu, den Rückzug der amerikanischen Truppen aus Europa und Asien zu decken, der wirtschaftlich wie innenpolitisch unabweisbar geworden war.

Im Übrigen spielte die moralische Empörung über den (zu Recht) als Sakrileg empfundenen, weil militärisch völlig sinnlosen Akt der Menschenvernichtung in Hiroshima und Nagasaki der Sowjetunion Stalins als dem neuen weltpolitischen Gegenspieler Washingtons eine politische Trumpfkarte zu, nämlich den Nimbus einer «Friedensmacht», der sie erstaunlich lange umgeben und weit getragen hat. Und das ungeachtet des abschreckenden Bildes, das sie als ein totalitäres Staats- und Gemeinwesen eigener Ordnung bot, und ungeachtet auch der Tatsache, dass sie nach einer kurzen Atempause ab 1947 in einer staunenerregenden eigenen Rüstungskampagne sowohl zu Lande wie zu Wasser wie in der Luft ihren neu eroberten Status einer zweiten Weltmacht zielstrebig zu befestigen und auszubauen begann.

Eine weltpolitisch noch stärkere Wirkung ging aber noch immer vom Epos des sowjetischen Siegs über den deutschen Lebensraum- und Vernichtungskrieg selbst aus, ein Sieg, der mit seinen unermesslichen Opfern, seinem elementaren Heroismus und seiner tellurischen Kraft eine Ehrfurcht weckte, die noch lange Zeit zu den stärksten Trümpfen der sowjetischen Weltpolitik zählte und die Rolle der USA oder auch Großbritanniens bei der «Befreiung vom Faschismus» jederzeit überstrahlte. Das war auch die emotionale Basis, von der aus sich die Sowjetunion das Schlagwortarsenal eines globalen «Antifaschismus», dessen Objekte beliebig erweiterbar waren, zu eigen machen konnte. Selbst das heutige Russland Putins versucht bei seinem Projekt der Eroberung und «Entnazifizierung» der Ukraine noch an diesem historischen Bonus zu parasitieren.

So war auch die Tatsache, dass es der UdSSR schon 1949 gelang, durch die Entwicklung einer eigenen, den ihr zugespielten US-Bauplänen nachkonstruierten Atombombe, und 1953 mit einer schon aus eigenen Kräften entwickelten Wasserstoffbombe mit den USA gleichzuziehen, von moralischen Motiven zumindest mitgetragen. Denn trotz der Skrupellosigkeit, mit der das geheime Atomprogramm unter der Regie des Geheimdienstchefs Lawrenti Berija mit zwangsverpflichteten oder verhafteten und in Sonderlagern (Scharaschkas) konzentrierten Wissenschaftlern sowie unter Heranziehung eines Heeres von Sklavenarbeitern vorangetrieben wurde, fühlten die «Väter» der sowjetischen A- oder H-Bomben, wie der geniale Igor Kurtschatow oder der junge Andrej Sacharow, sich ethisch legitimiert und politisch herausgefordert, das atomare Monopol der USA zu brechen. Dass sie mit der Technik der Kernspaltung auch die magische Hoffnung auf eine unerschöpfliche Quelle ziviler Energieproduktion für den Wiederaufbau verknüpften, mochte ihre Gewissensbisse mildern.

Überblickt man die Ära des sogenannten «Kalten Kriegs» im Ganzen (den man im Grunde einen «Dritten Weltkrieg» eigener Ordnung nennen müsste), dann könnte man auch zu dem Schluss kommen, dass die UdSSR gegenüber den USA in vieler Hinsicht zunächst einmal die komplettere, breiter aufgestellte und latent überlegene Weltmacht gewesen ist, trotz des ungleich schwächeren und brüchigeren Fundaments, auf dem sie von Anfang bis Ende stand. So gesehen, waren weder die Wellen einer paranoiden Panik im Westen noch die notorische Überschätzung des weltpolitischen Gegenspielers durch die Analysten der CIA ein reiner Irrtum. Im Verbund mit den um sie gruppierten Vasallenstaaten bildete die Sowjetunion nach 1945 ein politisch-militärisches Lager, aus dem man nicht mehr austreten, höchstens wie Jugoslawien hinausgeworfen werden konnte – ein Lager, zu dem 1949 (so schien es jedenfalls) auch die Volksrepublik China noch hinzustieß.

Auf den Weltkarten des Zeitalters stellte sich dieser rote Block als ein kompakter, waffenstarrender Machtkörper dar, der (nach einer geläufigen Formel) «von der Elbe bis zum Jangtse» reichte und mit seinen Millionenarmeen und Waffenarsenalen unüberwindlich wirkte. Darüber hinaus verfügte dieses «sozialistische Lager» über einen globalen Resonanzraum, wie ihn vor allem die Moskau loyal verbundenen Kommunistischen Parteien aller Länder lieferten, welche sich trotz Sektierertums und Dogmatismus immer wieder auch in der Lage zeigten, über ihren engeren Umkreis hinaus Verbündete im gegnerischen, bürgerlichen Lager zu finden, und erst recht innerhalb der sich lose formierenden «Dritten Welt» der südlichen Hemisphäre.

Im Krieg in Korea von 1950–53 hatte die Volksrepublik China unter immensen, in die Hunderttausende gehenden Opfern den amerikanischen Interventionstruppen Paroli geboten und Maos Diktum «Die Atombombe ist ein Papiertiger» praktisch bewiesen. Und von ähnlicher geschichtlicher Bedeutung war die Sequenz der beiden Indochinakriege. Der erste leitete mit der eklatanten Niederlage der französischen Kolonialarmee in der Schlacht von Dien Bien Phu 1954 den Anfang vom Ende der noch bestehenden europäischen Kolonialimperien in Asien ein. Der zweite Indochina-Krieg, der sich von Vietnam auf Laos und Kambodscha ausdehnte, endete 1975 mit dem Abzug der US-Truppen und mit der symbolbeladenen Flucht vom Dach der Botschaft in Saigon, er markierte die erste eklatante Niederlage der USA als der vermeintlichen Weltmacht Nummer eins.

In waffentechnischer Hinsicht hatte die UdSSR Ende der 1950er Jahre nicht nur bei den Atomwaffen gleichgezogen, sondern auch beim Bau strategischer Bomber, die ein Hauptfaktor der Luftüberlegenheit der westlichen Alliierten waren. Bei der Entwicklung interkontinentaler Raketensysteme war sie sogar tendenziell in Führung gegangen, wie der Start des «Sputnik» und einer Serie weiterer Weltraumsatelliten zwischen 1957 und 1961 zu beweisen schien. Auch die sowjetischen Jagd- und Bodenkampfflugzeuge, die schon in den Weltkriegsschlachten immer besser geworden waren, wurden nach 1945 in scharfer interner Konkurrenz zwischen einem halben Dutzend, unter den Namen charismatischer Gründergestalten wie Mikojan, Tupolew, Lichatschow, Iljuschin usw. operierender Firmen von einem Korps fähiger Ingenieure zielstrebig weiterentwickelt. So lehrte das erste sowjetische Düsenkampfflugzeug, die MIG 15, in den Luftkämpfen über dem Grenzfluss Yalu in Korea 1950 ihre amerikanischen Gegner durchaus das Fürchten.

Zu dieser Luftflotte kam eine rasch wachsende Marine hinzu, die sich, statt wie die USA auf Flugzeugträger, auf große Untersee-Boote als Raketenträger und auf eine variable Vielzahl von Kriegsschiffen aller Gattungen und Größen konzentrierte und am Ende, fast wie im Selbstlauf, zur größten Armada der Weltgeschichte heranwuchs. Auf einem anderen Blatt steht, dass diese sowjetische Seemacht sich letztendlich als ähnlich nutzlos erwies wie weiland die wilhelminische Flotte, die dem Deutschen Reich eine Zukunft «auf dem Wasser» und einen «Platz an der Sonne» hätte garantieren sollen, aber auf den Verlauf des Weltkriegs kaum Einfluss hatte.

Am furchterregendsten für jeden potentiellen Gegner war und blieb im Übrigen, dass die Sowjetunion, ihrer eingefleischten Bürgerkriegs- und Weltkriegstradition getreu, eine nach allen Seiten hin operationsfähige Landmacht blieb, die auf der im Weltkrieg erprobten Feuerkraft ihrer massierten Artillerie und auf der Schlagkraft ihrer riesigen Panzerverbände aufbaute, eine Schlagkraft, die in letzter Instanz wiederum von ihrer robusten, leidensfähigen Infanterie abhing. Alle die an Irrsinn streifenden Strategiespiele der amerikanischen Militärtheoretiker in den späten 1950er und frühen 1960er Jahren über den Einsatz miniaturisierter Atomwaffen als Gefechtsfeldwaffen (bis hinunter zu Atomgranaten) gingen als Grundannahme von einem Vorstoß massiver konventioneller Verbände der Sowjetarmee nach Mitteleuropa oder nach Süden aus.

Die bedeutendere weltpolitische Grundtatsache lag aber darin, dass die UdSSR in Korea wie in Indochina, in Nahost und in Afrika, aus ihrer Verbindung mit den in Bergen und Wäldern, aus unterirdischen Tunnels, manchmal auch im Stadtdschungel kämpfenden oder in vorhandene Militärapparate eindringenden Unabhängigkeits- und Nationalbewegungen eine Stärke ziehen konnte, die ihrem Antipoden, den USA, durchweg fehlte. Fern jeder Partisanenromantik, bildeten sich in Korea wie in Vietnam Formen einer «totalen» Kriegführung heraus, in der sich hochmoderne und archaische Kampftechniken, eiserne Disziplin, scharfe Indoktrination, zivile und militärische Mobilisierungen mit einem systematischen und gezielten Terror gegen Amtsträger und Institutionen des Gegners auf dem Land und in den Städten kombinierten.

Alle diese Elemente waren dafür verantwortlich, dass kommunistisch geführte, reguläre oder irreguläre Armeen über viele Jahrzehnte «im Felde unbesiegt» geblieben sind – mit der späten Ausnahme der sowjetischen Besatzungsarmee in Afghanistan nach der Intervention 1979, die mangels autochthoner Unterstützung ähnlich plump und blind operierte wie die USA zuvor in Vietnam; oder auch wie die hoch gerüstete sowjetische Armee im Finnischen Krieg im Winter 1939; oder wie die russischen Bataillone heute in der «Spezialoperation» in der Ukraine. Nur in Verbindung mit einheimischen Kräften, die eine im Prinzip gerechte Sache verfochten, waren die sowjetischen Armeen unbezwingbar. Allein konnten sie erstaunlich schwach sein.

Ohnehin hatte den hochfahrenden weltrevolutionären Proklamationen aus Moskau wie aus Peking oder aus Havanna stets die irritierende Tatsache entgegengestanden, dass ihr scheinbar siegreich voranschreitendes «sozialistisches Lager» sich phobisch nach außen abgrenzen und nach innen aggressiv verbarrikadieren musste. Vor allem an der europäischen Peripherie wurde es periodisch von jäh aufbrechenden inneren Unruhen erschüttert, von Ost-Berlin 1953 über Budapest 1956 bis Prag 1968 und Danzig 1970 und 1980. Die Armee, die die formal ja unabhängige ČSSR im August 1968 überfiel, war sogar noch größer als die, die Putin 2022 gegen die Ukraine in Marsch gesetzt hat. Aber auch im Innern der Sowjetunion gab es sporadische Unruhen, die sorgsam camoufliert wurden und militärisch niedergeschlagen werden mussten, wie 1962 ein mehrtägiger Arbeiteraufstand in Nowotscherkask.

Nicht anders war es in China, wo die Kommunistische Partei die ganzen 1950er Jahre hindurch mit brutalen Massenrepressionen und Säuberungskampagnen auf eine Vielzahl von Widerständen gegen ihre Politiken der Gleichschaltung und Kollektivierung reagierte. 1959 wurde ein Aufstand der Tibeter unter Einsatz großer Armeen blutig erstickt und in einen verlustreichen und langwierigen Grenzkrieg mit Indien überführt. Und die «Kulturrevolution», mittels derer Mao die wachsende soziale und politische Unruhe im Gefolge des katastrophal fehlgeschlagenen «Großen Sprungs» gegen seine innerparteilichen Opponenten lenkte, degenerierte in den Jahren 1967/68 in Shanghai und anderswo zu blutigen, mit schweren Waffen ausgefochtenen Straßenkämpfen zwischen rivalisierenden Rotarmisten-Gruppen und Armee-Einheiten.

Auch das post festum sich sozialistisch deklarierende Regime Castros hatte einen Aufstand von Bauern und ehemaligen Verbündeten in der Sierra des Escambray in den Jahren 1961/62 mit einer rücksichtslosen Kombination von Terror und verbrannter Erde niederschlagen müssen. Auf ähnlich schwachen Füßen standen die von Guerillafraktionen, linksnationalistischen Militärs und kommunistischen Parteikernen begründeten Volksrepubliken in Angola und Mozambique, in Äthiopien oder im Südjemen. Sie alle trafen fast sofort auf starke, innere Gegner, so wie das von Moskau implantierte Regime in Afghanistan auch. So hat die Sowjetunion mit ihrer auf alle Kontinente ausgreifenden Weltpolitik am Ende kaum irgendwo potente Verbündete gefunden, dafür aber umso zahlreichere Klienten aufgezogen, deren steter dringender Bedarf an finanzieller und militärischer Unterstützung zu einem Fass ohne Boden wurde.

Hinzu kamen die immer schärferen Differenzen zwischen der KPdSU als der nominellen Mutterpartei des Weltkommunismus und einer Reihe anderer, nach 1945 zur Macht gekommener Bruderparteien. Scholastische Streitereien über irgendwelche «Prinzipien» oder «korrekte Anwendungen» des Marxismus-Leninismus kaschierten in Wirklichkeit stets ein weltpolitisches Auseinanderdriften oder auch handfeste zwischenstaatliche Konflikte. Eine größere Ausstrahlung als der Titoismus mit seinen semi-demokratischen Ideen einer Arbeiterselbstverwaltung erreichte der Maoismus, der einem rivalisierenden chinesischen Führungsanspruch und Suprematismus huldigte. Das am Beginn der Kulturrevolution kompilierte «Rote Buch», ein Katechismus für die Rekruten der chinesischen Volksbefreiungsarmee, pries die «Mao Tsetung-Ideen» als eine «geistige Atombombe» an, deren spaltbares Material die proletarisierten Massen aller Länder und die jungen Völker und Staaten der Dritten Welt sein sollten. Und im selben Maße, in dem die Ausstrahlung Moskaus als eines von Lenin und Stalin gegründeten Weltzentrums unter ihren Nachfolgern erlosch, wurde Peking in der Ära Maos noch einmal zum Fixstern und Fokus globaler, vor allem auch westlicher Faszinationen, die ein erstaunlich breites weltanschauliches Spektrum von weit Links bis ganz Rechts erfassten.

Das gab der chinesischen Führung die Möglichkeit, nicht nur die absonderlichsten Bündnisse mit reaktionären Regimes wie dem des Putschgenerals Pinochet in Chile einzugehen, sondern in einem atemberaubenden Akt des Zynismus die als Mörder am eigenen Volk gebrandmarkten Roten Khmer auch nach ihrer Vertreibung aus Phnom Penh Ende 1978 mit Zustimmung der USA (in Gestalt Henry Kissingers) als legitime Vertretung ihres Landes in der UNO und damit im Spiel zu halten, um so das von der Sowjetunion gestützte Vietnam gemeinsam zu schwächen. Im Winter des folgenden Jahres ließ Deng die chinesische Volksarmee sogar einen äußerst verlustreichen Grenzkrieg entfesseln, der als «Lektion» gedacht war. Und auch bei Grenzscharmützeln im Himalaya oder im Konflikt zwischen Indien und Pakistan um Kaschmir oder bei den Reibungen auf der geteilten koreanischen Halbinsel agierte die Volksrepublik in robuster Weise als aufsteigende Groß- und Hegemonialmacht.

Lenkt man den Blick noch einmal zurück auf die Sowjetunion als Vormacht eines «Sozialistischen Lagers» und zweite «Supermacht» der Ära des Kalten Kriegs, wird deutlich, dass alle Prozesse einer immer weiteren Multipolarität und politisch-ideologischen Diversifizierung für sie einen politischen und finanziellen Dauerstress bedeuteten, durch den viele ihrer geopolitischen Erfolge zu Pyrrhos-Siegen wurden. Das addierte sich zur ohnehin feststehenden Tatsache hinzu, dass sie von ihrer ungleich schwächeren ökonomischen Basis aus den ruinösen Rüstungswettlauf, auf den sie sich mit den USA eingelassen hatte, nie hätte gewinnen können.

So war es nicht zufällig der Atomphysiker Andrej Sacharow, der seit den späten 1950er Jahren die Führung seines Landes in internen Memoranden immer eindringlicher beschwor, den Weg der endlosen Steigerung von Vernichtungsmitteln nicht weiterzugehen und die Atomtests einzustellen, die als solche schon, wie er vorrechnete, Leben und Gesundheit Zehntausender Menschen weltweit kosten würden (und vermutlich auch gekostet haben). Im Sommer 1968, nach dem Einmarsch in die Tschechoslowakei, reihte Sacharow sich offen in die Schar der Dissidenten ein, der «Nichteinverstandenen», und wurde in den langen Jahren seiner Verbannung zu ihrem wichtigsten, informellen Repräsentanten, als welcher er in seinem Verbannungsort Gorki eine stille moralische Gegenautorität zur Staatsspitze bildete.

Eine ähnlich tiefe Ironie der Geschichte mag man darin sehen, dass mit der Havarie des Atomreaktors von Tschernobyl im April 1986 auch die fixe Idee einer risikofreien friedlichen Nutzung der Kernenergie als eines unerschöpflichen sozioökonomischen Energetikums tödliche Risse bekam – und mit ihr das Macht- und Gesellschaftsgefüge der Atommacht UdSSR im Ganzen. Erst der Schock über die Explosion selbst und dann über das Informationsdesaster dieses fast eine Woche lang verschwiegenen und umso katastrophaleren Super-GAUs, dessen Höllenfeuer nur von Zehntausenden aus dem ganzen Land herbeibeorderten «Liquidatoren» in Bleimänteln und mit Schaufeln, und letztlich mit ihren bloßen Händen und lebenden Körpern eingedämmt werden konnte, haben den neuen Parteichef Michail Gorbatschow schließlich zu einem einschneidenden Kurswechsel bewogen.

Statt seiner anfänglichen, neoleninistisch inspirierten Losung der «Beschleunigung» (*uskorenie*) und Entwicklung des Landes vermittels eines großen «Umbaus» (*perestrojka*) des trägen Macht-, Verwaltungs- und Wirtschaftsapparats im Zentrum wie an den Peripherien des Vielvölkerimperiums wurden Gorbatschow und die kleine, eng verschworene Gruppe seiner Berater und Vertrauten auf den Weg einer neuen «Offenheit» (*glasnost'*) getrieben. Damit war zum ersten Mal seit Bestehen der Sowjetunion den aufgestauten Energien einer gesellschaftlichen Selbstbetätigung und geistigen Selbstaufklärung Raum gegeben, die das Land – so konnte man hoffen – auf einen ganz neuen Weg der Entwicklung hätten führen können.

Nicht zufällig war es wieder Sacharow, der nach seiner Rückkehr aus der Verbannung 1988 an die Spitze der Akademie der Wissenschaften berufen worden war und als Gründungsvorsitzender der Geschichts- und Menschenrechtsorganisation «Memorial» und als Parteiloser in den ersten, halbwegs frei gewählten «Kongress der Volksdelegierten» gewählt wurde. Er allein hatte die moralische Statur, sich mit dem halbherzigen Gorbatschow, der diesem Kongress in alter Manier als Generalsekretär präsidierte, in hartnäckige, vom Fernsehen übertragene Wortwechsel über Grundfragen politischer Freiheitsrechte zu verwickeln, die als solche schon einen Bruch im politischen und ideologischen Gerüst dieses längst überkommenen, weit überdehnten, heillos überstrapazierten Supra-Staatswesens bedeuteten.

So folgte den Umbrüchen und Loslösungen der an der westlichen Peripherie gelegenen, mittelosteuropäischen Vasallenstaaten nach 1989 und der Auflösung des Warschauer Paktes im Jahr 1990 mit einer mehr oder weniger zwingenden Eigenlogik der Zusammenbruch der «Union Sozialistischer Sowjet-Republiken» selbst, deren zentrale Institutionen einschließlich der Partei, wie sich zeigte, nur als eine Art Zwangskorsett auseinanderstrebender Teile fungiert hatten. Ihre sang- und klanglose, vergleichsweise rasche und friedliche Auflösung und Selbstauflösung nach 1991 (friedlich im Vergleich zu den jugoslawischen Teilungskriegen dieser Jahre und den Rückeroberungszügen Putins in unserer Zeit) bewies auch, dass die Herrschaft der Kommunistischen Partei und die vollkommen auf sie zugeschnittenen Macht- und Verwaltungsstrukturen in einem

Dreivierteljahrhundert nicht jenes sozial verschmolzene und mental geeinte «Sowjetvolk» hervorgebracht hatten, von dem die neue Verfassung von 1977 noch gekündet hatte. Dasselbe hatte freilich auch schon für das Zarenreich gegolten, das entgegen allen Proklamationen ein integrales «russländisches» Reichsvolk nie hatte schaffen können. Und die eigentlichen, ethnischen Russen waren im alten, zarischen wie im neuen, sowjetischen Reich ja immer eine Minderheit. In diesem Sinne war der Kollaps des Jahres 1991 nur eine verzögerte Reprise des ganz ähnlich raschen und radikalen Zerfalls des alten Imperiums im Jahr 1917, diesmal für immer.

c) Im Innersten erschüttert

Das entscheidende Ferment des Zerfalls der UdSSR war vielleicht die Tatsache, dass die scheinbar so monolithische und siegesgewisse KPdSU, die ihr Rückgrat und Garant hätte sein sollen, bis in ihre höchsten Spitzen und innersten Zirkel hinein längst an einer gravierenden Erosion der eigenen Überzeugungen und einer uneingestandenen, tiefen Selbstunsicherheit litt. Tatsächlich war die Partei in den Jahrzehnten nach Stalins Tod immer wieder von den Gespenstern des Massenterrors, der sozialen Katastrophen, aber vor allem auch ihrer eigenen, blutigen Selbstzerfleischung verfolgt und moralisch unterminiert worden. Über alle Notwendigkeiten sozialer und wirtschaftlicher Reformen und über alle Wünsche nach politischen Freiheiten hinaus griff das leidenschaftliche Bedürfnis eines Teils der Gesellschaft, die «weißen Flecken», von denen Gorbatschow 1987 in seiner Rede zum 70. Jahrestag der Oktoberrevolution gesprochen hatte, in der Geschichte des Landes wie in den persönlichen und familiären Biographien auszufüllen.

Dieser letzte Versuch einer Selbstrevision war nur der Kulminationspunkt einer politisch-moralischen Krise, die sich seit dem Tod Stalins in Etappen entwickelt und aufgestaut hatte. Schon dass es dieses Todes bedurft hatte, war ja bezeichnend genug. Man findet kaum ein passendes sozialpsychologisches Modell für die intime und existenzielle Doppelbindung, die sich über zwei, drei Jahrzehnte hinweg zwischen dem atomisierten Volk und seinem (vermeintlich) all-mächtigen Führer entwickelt hatte. Daher ist es im Nachhinein auch unmöglich zu rekonstruieren, welches Gemisch von Empfindungen in die gewaltigen Trauerkundgebungen einfloss, die nach dem verzögert bekannt gegebenen Tod Stalins am 5. März 1953 über Tage hinweg so gut wie alle Bürger des «großen Landes» in einer wahrhaft totalitären Inszenierung wie zu einem einzigen, politischen Gesamtkörper zusammengefasst haben. Nur eine filmische Dokumentation wie Sergej Loznitsas zweistündiges «Staatsbegräbnis» (2019) kann noch einen fernen Eindruck dieser Massenhysterie oder eher -suggestion vermitteln, aus der vermutlich niemand austreten konnte, weder im übertragenen noch im wörtlichsten Sinne.

Die endlose Defilade tiefernster, verhärmter Gesichter, in denen die ungeheuren Erfahrungen, Härten, Entbehrungen und Verluste der drei Jahrzehnte sich spiegelten, die sie alle, in unterschiedlichster Weise, unter der Ägide dieses kleinen, pockennarbigen, auf ein strenges Profil im bekränzten Sarg reduzierten, auf Bildern und Transparenten aber noch immer allgegenwärtigen Übermenschen und Tyrannen durchlebt hatten, bleibt unentzifferbar. Abermillionen fanden sich in einer narkotischen Synästhesie endloser Rezitationen und Reden, feierlicher Musiken und schweigsamer, wie in Zeitlupe sich formierender Prozessionen mit riesigen Blumengebinden (wo kamen diese Blumen alle her?) unter roten Fahnen, Transparenten und Bannern vereint.

Dahinein mischten sich die über Radio Moskau mittels Hunderten von «Radiopunkten» und Hunderttausenden von Lautsprechern übertragenen Trauerkundgebungen, die gleichzeitig auch in den Bruderländern und in allen großen Städten des Erdkreises stattfanden und immer wieder zugeschaltet wurden. Und über diesem Universum von Schmerzensbekundungen schwebte die vertraute, sonore Stimme Lewitans, die «Stimme des Kreml», die zu den Klängen getragener Trauermusiken und in einem vollkommen sinnfreien, kunstvoll verlangsamten, endlosen Sermon davon redete, dass Er, der Unsterbliche, der keine Furcht vor dem Tod kannte, die Freuden und die Leiden mit ihnen allen geteilt, sie zu starken, ehrenhaften Wesen erzogen und unter dem allmächtigen Banner der Partei und des Sowjetstaates vereint hatte, um endlich in naher Zukunft das Glück des heraufdämmernden Kommunismus zu erleben.

Auf alle, die die Atome dieses totalitären, schweigenden Trauerkollektivs bildeten, muss das unabhängig von allen persönlichen Gefühlen und Überzeugungen einen irgendwie erhebenden und auf paradoxe Weise tröstlichen Eindruck gemacht haben, so als wäre alles Erlittene und Durchlebte im größeren, meta-physischen, überpersönlichen Zusammenhang einer gemeinsam durchlebten Geschichte aufgehoben und als müsse aus dem Humus der vergangenen, sinnlosen, maßlosen Gewalt doch irgendein künftiger Sinn erwachsen.

Aber kaum, dass die Blumengebinde abgeräumt waren, brach ein undurchsichtiger, mörderischer Kampf der Diadochen im Politbüro aus, der mit der Verhaftung und Erschießung des allmächtigen Innenministers und Geheimdienstchefs Lawrentij Berija endete; und gleich darauf ein «Tauwetter», das diese Bezeichnung einer Erzählung des Schriftstellers und eben noch ausgezeichneten Stalinpreisträgers Ilja Ehrenburg verdankte. Politik wurde wie nur ganz selten in der menschlichen Geschichte zu Literatur, und Literatur wurde zu Politik. «Der Große Abschied», die für die Kinos bestimmte, monumentale Dokumentation des Staatsfernsehens, aus der Losznitsa sechzig Jahre später sein Material geschöpft hat, ist nie ausgestrahlt worden, sondern wurde ins Archiv gelegt, schon weil einige der Hauptakteure, vor allem Berija als Ober-Zeremonienmeister, nicht mehr ins Bild kommen sollten; aber vielleicht auch, weil man sich dieses haltlosen Trauerexzesses schon kurz danach schämte.

Jedenfalls dauerte es nur noch drei kurze Jahre, bis das Zentrum der Macht, das sich im April 1956 auf dem XX. Parteitag der KPdSU anfangs noch in der gewohnt statischen, unerschütterlichen Weise auf großer Bühne präsentierte (so wie heute nur noch die KP Chinas), nach einem konspirativ vorbereiteten Coup und raschem Kulissenwechsel zur Hinterbühne einer Inszenierung wurde, auf der sich auf einmal ein ganz anderes Drama entfaltete. In einer unangekündigten abendlichen Geheimsitzung hielt der neue Generalsekretär Nikita Chruschtschow, ein Enkel leibeigener Bauern, der in seinem Rechenschaftsbericht am Vormittag noch den Triumph der immer siegreichen Partei verkündete hatte, eine vollkommen andere, leidenschaftliche, eines Shakespeare-Helden würdige Anklagerede, in der er einige der unmenschlichen Verbrechen anprangerte, die der eben erst an der Seite Lenins «auf ewig» im Mausoleum eingeschreinte Führer des Weltproletariats an seinen eigenen, engsten Gefährten und an so vielen mutigen Helden des Bürgerkriegs begangen hatte.

«Im Saal unter mir war es totenstill. Kein Stuhl knarrte, kein Husten oder Flüstern war zu vernehmen. Niemand schaute seinen Nachbarn an; die Anwesenden waren entweder zu sehr von dem Unerwarteten oder von der Furcht überwältigt, die in der Psyche, im tiefsten Innern der sogenannten Sowjetmenschen für immer Wurzeln geschlagen zu haben schienen … Wir gingen mit gebeugten Köpfen hinaus … Niemand sagte ein Wort.» So hat Alexander Jakowlew, den Gorbatschow 1986 zum Sekretär des Ideologiereferats seines ZK und Mitglied des Politbüros ernannte, die Szenerie in seinen Erinnerungen beschrieben. Über die Wirkung der Enthüllungen auf ihn selbst, der noch drei Jahrzehnte einer Karriere im Ideologie- und Propagandaapparat vor sich hatte, schrieb er im Rückblick: «Alles brach zusammen und wurde nie wiederhergestellt.»

Was zusammenbrach, war weniger eine Ideologie als eine historische Mythologie, auf die die Herrschaft der «führenden Partei» sich – mangels anderer Legitimationen – letztendlich begründete. Und so intellektuell und moralisch unredlich es war, wenn Chruschtschow ausgerechnet diese Partei und ihre Führer als die ersten und sogar die eigentlichen Opfer Stalins und seiner Schergen darstellte und sie (und sich selbst, der unendlich viel Blut an den Händen hatte) damit zu exkulpieren suchte, so sehr lag eben auch etwas Richtiges, Bezeichnendes in dieser Klage. Denn der vielleicht rätselhafteste Aspekt des stalinistischen wie des kommunistischen Terrors überhaupt bleibt eben dieser immer neu aufflammende Terror gegen den eigenen Apparat, die eigenen Genossen, und sogar gegen die engsten Gefährten des Führers oder Mitglieder seiner eigenen Familie.

Aus den heute zugänglichen Dokumenten über die Vorbereitung der Geheimrede Chruschtschows auf dem XX. Parteitag 1956 und über die Rehabilitierungsverfahren, deren Akten ihm vorlagen, wissen wir jedenfalls, wie sehr die Erben Stalins durch die Millionen Opfer, auf die ihre Herrschaft sich gründete, immerzu beunruhigt und geängstigt wurden. Sie alle hatten ihre Karrieren über die Leichen ihrer direkten Vorgänger und Rivalen und durch eifrige Beteiligung am Großen Terror gemacht, der Hunderttausende vernichtet hatte. Alexander Solschenizyn verglich sie mit Macbeth, der längst ahnt, aber nicht sehen will, wie «der große Birnams Wald zum Dunsinan emporsteigt» – also das Heer der Überlebenden und der Geister der Toten zur Burg (zum Kreml) emporsteigt, um Genugtuung zu fordern und Rache zu üben.[2]

Dieser hauchdünn davongekommene, krebs- und lungenkranke Ex-Häftling und ärmliche Mathematiklehrer aus der Provinz, der nach seiner Entlassung aus dem Lager insgeheim Gedichte, Stücke und Erzählungen verfasst hatte, wurde binnen weniger Jahre zur Nemesis der scheinbar siegreich voranschreitenden, tatsächlich tief kompromittierten sowjetischen Partei und Supermacht. Das war eine Konstellation, die natürlich nur möglich war, wenn viele mentale Faktoren dem bereits vorgearbeitet hatten oder entgegenkamen. Dass er, Alexander Issajewitsch, allein mit den Mitteln des Wortes und der Kunst in das Getriebe der Macht hineingreifen konnte, war ihm – wie er in seinen Erinnerungen «Die Eiche und das Kalb» schrieb – bewusst geworden, als seine schmale, schmucklose Lager-Novelle «Ein Tag im Leben des Iwan Denissowitsch» die 1962 veröffentlicht wurde, eine Erschütterung auslöste, die über alles Literarische weit hinausging. In der Gestalt des Dörflers Iwan Denis-

2 Alexander Solschenizyn, Die Eiche und das Kalb. Skizzen aus dem literarischen Leben, Darmstadt-Neuwied 1975, S. 371.

sowitsch Schuchow trat zum ersten Mal die Figur des «Sek», des einfachen Gulag-Häftlings, als eine universelle Figur des Zeitalters hervor.

Diesen Moment seines ersten Ruhmes, der ihm sogar eine Audienz beim Generalsekretär der Partei, bei Chruschtschow, einbrachte (sie blieben einander fremd), nutzte Solschenizyn zielstrebig, um sich eine Basis zu schaffen, von der aus er weiter operieren konnte. Mit zäher Geschmeidigkeit kämpfte er um die legale Publikation seiner fertigen Erzählungen, Stücke und Romane und war bereit, sich dafür in begrenztem Maße auch der Zensur zu unterwerfen (oder ihr durch Streichungen selbst zuvorzukommen). Was er vorlegte, genügte allerdings, um selbst bei seinem Entdecker und Förderer Alexander Twardowski, dem Chefredakteur der Literaturzeitschrift «Nowy Mir», eine Mischung aus Bewunderung und Entsetzen zu erzeugen. Daraufhin ging Solschenizyn 1968 zur Attacke über und forderte in einem «Offenen Brief an den Schriftstellerverband» die Aufhebung der Zensur und Meinungsfreiheit, mit dem absehbaren Resultat, dass er ausgeschlossen und aller Publikationsmöglichkeiten endgültig beraubt wurde.

Dabei hatte er in den wenigen Jahren seiner legalen Existenz von 1962 bis 1967 eine enorme schriftstellerische Produktivität entfaltet, getrieben von einer Mission, die sich noch nicht zu erkennen gab. In kurzem Abstand stellte er seine beiden großen Romane «Im ersten Kreis» und «Krebsstation» fertig, in denen das Panorama der Epoche – die Vernichtung der Bauern, der große Terror, die Niederlagen des Weltkriegs oder das Drama der Kollaborateure und Kriegsgefangenen – bereits in einer großen, «polyphonen» Vielzahl von Figuren, Stimmen und Perspektiven entrollt wurde, wie es den russischen Traditionen des «literarischen Realismus» entsprach. Als diese beiden Romane in einer konzertierten Aktion 1968 im Westen herauskamen, war klar, dass mit Solschenizyn nicht nur eine weitere, machtvolle Stimme im Chor der parallel entstehenden Dissidentenbewegung, sondern ein russischer Schriftsteller von Weltrang auf den Plan getreten war. Bereits 1970 erhielt er für sein Werk den Nobelpreis – den er vorsichtshalber nicht selbst entgegennahm, ohne deshalb auf die Möglichkeit zu verzichten, seine als Manifest gehaltene Preisrede in Stockholm verlesen zu lassen.

Niemand wusste zu dieser Zeit freilich, dass er parallel zu alldem in völliger konspirativer Abschirmung auch schon den «Archipel Gulag» geschrieben hatte, der auf drei Bände und Tausende von Manuskriptseiten angeschwollen war. «Als ich dieses Buch 1958 zu schreiben begann, waren mir irgendwelche Memoiren oder künstlerische Werke über die Lager nicht bekannt», heißt es im Prolog. Allerdings begannen zu dieser Zeit auch einige andere wie Warlam Schalamow und Jewgenija Ginsburg, Berichte und Erzählungen über ihre Lagererfahrungen zu schreiben und sie im «Samisdat» (im Selbstverlag) zu verbreiten. Unabhängig davon hatte sich ein informeller Verbund der Verfolgten des Stalinregimes gebildet, die ihre Rehabilitation betrieben und ihre Erlebnisse aufschrieben, sich gegenseitig unterstützten und als Zuträger und Helfer Solschenizyns fungierten. So sind schließlich in den «Archipel Gulag» die Erzählungen, Erinnerungen und Briefe von 227 Personen mit eingeflossen. Dieses Buch sollte «unser gemeinsames Denkmal für alle Gemordeten und zu Tode Gemarterten» sein, das zu errichten Solschenizyn neben allen anderen literarischen Vorhaben auf sich nahm.

Nur wenige Zeugen haben dieses Bild überliefert: Wie der einsame Mann in seiner Wattejacke sich im tiefen Winter in einer estnischen Bauernkate ohne Wasser und Strom vergrub, oder wie er im Sommer an einem seiner sorgsam kaschierten Schreibplätze unter Bäumen am Bach saß; wie er vor Tau und Tag, um zwei Uhr früh, aufstand wie ein Bauer, um sein 16- oder 18-stündiges Tagwerk zu beginnen; wie er sich ein paar kalte Kartoffeln pellte und ein Glas Milch trank; und wie er stets ein kleines Feuer neben sich unterhielt, in dem er alle Entwürfe oder überarbeiteten Seiten sofort verbrannte. Mittags kam eine Frau aus dem Dorf, um ihm ein paar Lebensmittel zu bringen und seine Manuskripte mitzunehmen, die von anderen Helferinnen in einer bestimmten Anzahl von Exemplaren dann abgetippt, an geheimen Orten deponiert, schließlich auf Mikrofilmen festgehalten und ins Ausland gebracht wurden. Als er im Winter 1967 die letzten 1500 Manuskriptseiten in

63 Tagen ins Reine gebracht hatte, überkam ihn ein metaphysisches Hochgefühl: «Nicht ich habe es getan – meine Hand wurde geführt!»

Als «Versuch einer künstlerischen Bewältigung» (so der Untertitel) steht der «Archipel Gulag» in der Geschichte der modernen Literatur seinem Stil und Genre nach wohl einzig da. Er ist eine epische Polemik, deren wortmächtiger und erfahrungsgesättigter Grimm ihresgleichen sucht. Den Kern der Darstellung bildete ein kunstvolles Geflecht biographischer und autobiographischer Erzählungen, psychologischer Analysen einschließlich schonungsloser Selbstanalysen des Autors. Schließlich und endlich ist der «Archipel» aber auch Geschichtsschreibung in großem Stil – in vielen einzelnen Behauptungen anfechtbar, da ohne sichere Quellenbasis und mit einem sich immer noch weiter vertiefenden Hass verfasst, im Großen und Ganzen aber unbestreitbar und den Blick auf die Epoche revolutionierend.

Dieses Buch würden «sie» (die Machthaber) nicht überleben, hatte Solschenizyn in einem vom KGB abgehörten Gespräch noch während der Abfassung gesagt. Eben deshalb zögerte er die Veröffentlichung immer wieder hinaus, da klar war, dass dies auch das Ende seiner geduldeten, halb-legalen Existenz als Schriftsteller bedeuten würde. Aber dann fiel eine Kopie des Manuskripts dem Geheimdienst in die Hände und erreichte das Politbüro, das umgehend zu einer Krisensitzung einberufen wurde. Die Runde unter dem Vorsitz des 1964 ins Amt gehobenen Generalsekretärs Breschnew beschloss, den Nobelpreisträger lieber nicht «zurück zu den Eisbären» (in ein nördliches Lager) zu schicken, wie einer vorschlug, sondern ihn in ein Flugzeug zu setzen und auszubürgern. Wann, so könnte man fragen, hat ein einzelnes Buch jemals ein solch mächtiges Staatswesen derart erschüttert, weniger als literarisches Werk (das auch), sondern weil es, nach einem Vers Puschkins, von einer Wahrheit kündete, die schlimmer war als jede Lüge. Oder umgekehrt: Was für eine Macht war das, die vor dieser historischen Wahrheit derart erschrecken musste?

Eine bezeichnende Parallelgeschichte dazu ist im Übrigen die des 1964 entmachteten, immerhin nicht mehr inhaftierten und erschossenen, sondern aufs Altenteil abgeschobenen Ex-Generalsekretärs Nikita Chruschtschow. Fast wie Solschenizyn und parallel zu ihm war er auf seiner Datscha vor Moskau damit beschäftigt, seine Memoiren zu diktieren, die Bänder mit Hilfe seines Sohnes Sergej abschreiben und vervielfältigen zu lassen, die Manuskripte vor den Nachforschungen seiner Ex-Kollegen zu verstecken, die von seinen Diktaten Wind bekommen hatten, um sie schließlich ebenfalls konspirativ ins westliche Ausland zu schaffen. Über die Motive, die ihn dabei antrieben, schrieb der Sohn: «Vater wollte ständig auf das Thema Stalin zurückkommen. Es war, als wäre er infiziert von Stalin. Er versuchte diese Infektion loszuwerden, aber er schaffte es nicht. Er versuchte zu verstehen, was mit dem Land, mit seinen Führern und mit ihm selbst geschehen war.»

Erst dieses tiefe Rumoren im mentalen Unterfutter der herrschenden Partei wie der Gesellschaft im Ganzen hat dazu beigetragen, dass der verspätete «Umbau» der Sowjetunion durch den zögerlich entschlossenen Reformer Michail Gorbatschow eine politisch-moralische Dynamik gewann, die entgegen den Absichten des Initiators bald das System als Ganzes in Frage stellte. Überall im Land öffneten sich (buchstäblich) die Gräber, und die Toten «kehrten zurück». Tausende junger und älterer Menschen machten sich daran, die über das unendliche Territorium des Landes verstreuten Felder von Massengräbern und die Reste verfallener Lagerkomplexe zu finden, um die Gebeine der Erschossenen oder durch Hunger, Kälte, Überarbeitung und Misshandlung umgekommenen Häftlinge zu exhumieren, zu bergen und nach Möglichkeit zu identifizieren. Und die Hinterbliebenen suchten verzweifelt nach irgendwelchen Spuren und Hinweisen, wo, wann und unter welchen Umständen ihre Angehörigen umgekommen oder umgebracht worden und ihre Gebeine verscharrt worden waren.*

* Vgl. dazu «Arsenijs Lied. Russland im Zirkel der Geschichte» und meinen Bericht aus dem Jahr 1989, weiter vorn in diesem Band.

Aber jetzt ging es nicht mehr nur wie in den Rehabilitierungsverfahren der Partei ab 1956 um die exekutierten Kommunisten und die politischen Gefangenen, die Sozialisten, Anarchisten oder Sozialrevolutionäre. Sondern jetzt ging es um die Millionen der Namenlosen, deren soziologischer Querschnitt wie ein Abbild der sowjetischen Gesellschaft insgesamt war. Und gleichzeitig tauchten in den bis dahin verschlossenen Archiven die Akten, Verhörprotokolle und letzten Fotos der gefolterten und ermordeten Dichter, Künstler, Intellektuellen auf, und mit ihnen ein ganzer Untergrund von beschlagnahmten Manuskripten mit Gedichten und Romanen, aber auch von nie gesehenen Bildern und nie gehörten Musiken, und natürlich von nie abgeschickten Briefen, versteckten Tagebüchern und Aufzeichnungen jeder Art.

Eine neu belebte Presse und mediale Öffentlichkeit, die sich der Fesseln der Zensur entledigten, begannen sich fast fieberhaft mit diesen Entdeckungen zu beschäftigen. Darin steckte der Wunsch, sich als Gesellschaft und als soziale Personen selbst wieder kennenzulernen; nicht mehr als konstruiertes Kollektiv von «Sowjetbürgern», sondern als Menschen der unterschiedlichsten Professionen, Konfessionen, Überzeugungen und Herkünfte, sozialer wie nationaler Art, als Russen oder Juden, Ukrainer, Tschetschenen, Tartaren, Letten oder Georgier, Armenier, Turkmenen und so weiter. Nicht nur die Sprachen und die Kulturen dieses Vielvölker-Imperiums, sondern auch die geschichtlichen Erfahrungen waren bei allen Gemeinsamkeiten eben doch sehr unterschiedlich.

In den ersten ein, zwei Jahren geschah diese kulturelle Selbstvergewisserung noch ohne große Animositäten, in einem Geist gegenseitiger Anteilnahme. Bald kamen aber dann Schuldzuweisungen und Verschwörungstheorien ins Spiel, in denen fixe Ideen aus vorrevolutionärer Zeit sich mit spätsowjetischen Zwangsvorstellungen intim verbanden (vielfach mit offen antisemitischer Tendenz), während es an vielen Orten bereits zu Kämpfen um geheiligte Symbole oder Orte kam, und hier und da auch schon zu ersten Pogromen, so zwischen Armeniern und Aserbeidschanern in ihrem Konflikt um die Enklave von Berg-Karabach, den «Schwarzen Garten».

Nirgends nahmen diese vielseitigen Prozesse einer nationalkulturellen Selbstvergewisserung aber eine solche Intensität und bald auch schon eine derart fundamentalistische Wendung an wie im historischen Kernland des auseinanderdriftenden Staatswesens, in Russland, das zum eigentlichen Epizentrum des historischen Erdrutschs von 1989 wurde. Das «sozialistische Lager» in Mittelosteuropa und kurz darauf dann auch der Staatsverband der UdSSR selbst lösten sich von ihrem innersten Kern, den Hauptstädten Russlands, her auf. Auch deshalb trug dieser Umbruch eher die Form einer Implosion als einer Explosion. Ganz ähnlich war es schon im Jahr 1917 der Fall gewesen, als die nicht-russischen Teile des Imperiums sich einer nach dem andern ablösten wie große und kleine Blöcke von einem schmelzenden Eisberg.

Gewiss, friedliche Demonstrationen und politische Kundgebungen an der osteuropäischen wie an der innersowjetischen Peripherie waren dem Umbruch von 1988/89 vorausgegangen und waren auch tatsächlich einer jeweiligen, eigenen Gärung entsprungen, am sichtbarsten in den wiederauflebenden Streiks und Straßendemonstrationen in Polen und in der DDR oder in Gestalt der hunderte Kilometer langen, singenden Menschenkette quer durch die 1940 annektierten baltischen Republiken. Aber dass diese demokratischen Rebellionen und nationalen Unabhängigkeitsbewegungen so vergleichsweise leicht siegen konnten, hing am Ende doch damit zusammen, dass sich im Zentrum der Weltmacht selbst ein saugendes Vakuum aufgetan hatte, das Gorbatschow als der bedeutendste unter den verschiedenen «Helden des Rückzugs» dieser Jahre (nach einem Wort Enzensbergers) nicht mehr mit den Gewaltmitteln, die er durchaus noch gehabt hätte, wieder stopfen konnte noch wollte.

Dieser weltgeschichtliche Umbruch hätte auch der Ausgangspunkt einer moralischen, politischen, sozialen Neugründung und Wiederherstellung Russlands selbst werden können, Seite an Seite mit den übrigen, aus dem sowjetischen Zwangsverband entlassenen Republiken. Tatsächlich war diese imperiale Suprastruktur ja auch für Russland eine Zwangsjacke gewesen. So hatte es eine ganz eigene, tiefe Folgerichtigkeit, dass im Dezember 1991 gerade Russland sich mit einer Souveränitätserklärung aus dem Mund ihres demokratisch gewählten Präsidenten Boris Jelzin und in einem Staatsakt, bei dem die rote Sowjetfahne eingezogen und die russische Trikolore über dem Krem aufgezogen wurde, aus dem Staatsverband der UdSSR herauslöste. Dabei war die damit proklamierte «Russländische Föderation» im Grunde ein ebenso neues Staatswesen wie die anderen unabhängig gewordenen Republiken. Dass sie gleichwohl die Rechte und Pflichten der Sowjetunion als ihres vermeintlichen Vorgängerstaates übernehmen und deren Sitz im Sicherheitsrat der Vereinten Nationen beanspruchen konnte, war vielleicht der gravierendste Konstruktionsfehler der nach 1990 entstandenen internationalen Ordnung. Er fällt auf die westlichen Mächte zurück, die das als den sichersten Weg sahen, ihre eigene Dominanz in diesem Gremium zu behaupten, statt es grundlegend umzubauen und neu zu gestalten.

Ebenso folgerichtig wie der Zusammensturz der UdSSR von ihrem russischen Zentrum her war, dass sich schon im Moment der Staatsgründung autonome Teil-Republiken, als erste Tschetschenien in Form einer «Republik Itschkeria», ihrerseits mit einem Referendum und einer nachfolgenden Proklamation aus dem neuen Russländischen Staatsverband herauszulösen suchten – ein Schritt, auf den Jelzin mit einem ersten Krieg antwortete, der sich binnen kurzem zu einem politischen, militärischen und moralischen Desaster auswuchs. Tatsächlich hätte die Notwendigkeit, dieses neue Russländische Staatswesen grundlegend neu zu strukturieren und es auch wirklich zu föderalisieren, eine demokratische Selbstorganisation der Gesellschaft als ganzer vorausgesetzt, die es aber nicht gab. Durch den Raubzug der zu Privatkapitalisten mutierten Nomenklaturisten und anderen, frischgebackenen, oft mafiotischen Beutejägern, die sich im Zuge der Crash-Privatisierung die devisenträchtigsten Filetstücke der alten Staatsmonopole mit minimalen Eigenmitteln sicherten, ihre neugewonnenen Claims in blutigen mafiotischen Gebietskämpfen verteidigten und über Papierbanken, die Glücksrädern glichen, die Ersparnisse eines Gros der Bevölkerung abschöpften und vernichteten, wurde die arbeitende Gesellschaft großteils in einen Kampf um die nackte physische Existenz verwickelt.

Diese soziale Katastrophe war auch durch die neuen demokratischen Freiheiten, die Vielstimmigkeit der neuen, relativ unabhängigen Medien und das hektische, betont schrille Kultur- und Klubleben, in dem ein jüngeres Großstadtpublikum die Nacht zum Tage machte, nicht mehr zu kompensieren. Im Gegenteil, die politisch, intellektuell und ästhetisch faschisierenden Tendenzen und der Ruf nach einer neuen «starken Hand» wurden immer stärker. Auch konnte nicht verhindert werden, dass sich nach dem fehlgeschlagenen Putsch vom Sommer 1991 und nach dem per Dekret ergangenen Verbot der KPdSU eine neue «Kommunistische Partei Russlands» konstituierte und an den Wahlen beteiligte, die einem «salomonischen» Urteil des Verfassungsgerichts im Herbst 1992 folgend als legitime Nachfolgeorganisation zugelassen wurde, ohne dass die vergangenen, im Namen der Partei begangenen Verbrechen hätten aufgearbeitet werden können. Durch die Kombination sozialer Anliegen, die nach den pseudo-liberalen Reformen buchstäblich auf der Straße lagen, mit einem militanten großrussischen Chauvinismus gingen die Kommunisten sogar gestärkt aus dem Umbruch hervor und waren nicht nur die bestorganisierte Partei, sondern verfügten auch über das (relativ) stärkste und stabilste Elektorat, das sich mit den von Demagogen wie Wladimir Schirinowski und anderen aus dem Boden gestampften Ultranationalisten zu einem neuen, losen «rot-braunen» Block vereinigte.

Auch in diesen Metamorphosen lässt sich freilich etwas Folgerichtiges sehen: Denn die Tatsache, dass in der UdSSR die Russische Republik – anders als die Ukrainische und die anderen Republiken – eine eigene Regierung, aber keine eigene Partei besaß, die unmittelbar ein (zentraler) Teil der KPdSU war, bedeutete de facto ihre unmittelbare Verschmelzung mit dem Imperium als ganzem, dem sie ja auch als Rückgrat dienen sollte. So kam es, dass trotz der Russifizierung der Machtapparate seit der späten Stalin-Zeit die

Russen wie schon im Zarenreich keine Gelegenheit hatten, zu einer eigenständigen, modernen, aus sich schöpfenden Nation zu werden, sondern weiterhin nur die passive Basis einer imperialen Megastruktur bildeten, die von einer Land und Leuten weitgehend entfremdeten Macht-, Besitz- und Funktionselite gebildet wurde. Als die Sowjetunion zerfiel, blieb «Russland» als ein bloßer ungeschlachter Rumpf übrig, dem im wörtlichen wie im übertragenen Sinne sein schützender Panzer entrissen worden war und der sich daher von allen Seiten angreifbar fühlte.

Nichts hätte diese Konturlosigkeit und innere Leere deutlicher machen können als die Tatsache, dass die Jelzin-Administration bei ihrer hektischen Suche nach staatlichen Emblemen für die neue Russländische Föderation auf den doppelköpfigen Zarenadler zurückgriff und bei der Nationalhymne auf die 1943 kreierte Sowjethymne, wenn auch ohne Text. Was ist aber eine Hymne, die man nicht singen kann? Noch sprechender war, dass Jelzin sich gleich nach seiner von den Oligarchen finanzierten und allein vom Gespenst einer Rückkehr der Kommunisten beflügelten Wiederwahl im Jahr 1996 auf die Suche nach einer «neuen nationalen Idee für Russland» machte. Die eingesetzte Kommission schlug vor, sich am Beispiel Deutschlands zu orientieren und moralisch-politische Regeneration mit «nationaler Buße» zu verbinden – was allerdings eher nach Alexander Solschenizyn klang, der schon in seinen Programmschriften aus dem Exil und nach seiner spektakulären Rückkehr nach Russland 1991 noch dringlicher «Reue und Selbstbeschränkung als Kategorien des nationalen Lebens» eingefordert hatte.

Das hatte sich bei ihm allerdings mit dem Postulat einer romantisch-reaktionären Wendung nach innen verbunden, zurück in die Stille und Einsamkeit des russischen Nordostens, fort vom geschäftigen Getriebe der sich globalisierenden Welt, in die auch das neue Russland nun hineingerissen wurde. So «weltfremd» (im wörtlichsten Sinne) das war, entsprang es immerhin der Einsicht, wonach es «eine Besonderheit der russischen Geschichte [ist], dass die darin verübten Verbrechen in der Mehrzahl und vornehmlich nach innen gerichtet waren».[3]

So endete auch dieser Versuch einer ideellen Nationswerdung per Preisausschreiben ohne Ergebnis. Der Alkoholismus und die dauernden Krankheiten und Abwesenheiten Jelzins und seine Abhängigkeit von seiner engsten, familiären Umgebung waren sicherlich ein Faktor eigener Ordnung; aber vor allem waren sie ein Symptom seiner immer größeren politischen Hilflosigkeit, die auch seine fähigeren, rasch wechselnden Minister lahmlegte. Währenddessen war hinter ihrer aller Rücken die «Operation Nachfolger» schon im Gang, die nach längeren Verhandlungen konkurrierender Machtfraktionen auf den soeben erst ernannten Vermögensverwalter des Kreml und neuen Geheimdienstchef Wladimir Putin zulief, der ih-

3 Alexander Solschenizyn, Reue und Selbstbeschränkung als Kategorien des nationalen Lebens. In: Stimmen aus dem Untergrund. Zur geistigen Situation in der UdSSR, Frankfurt-Berlin-Wien 1976, S. 117–156, Zitat S. 129. – Diese Tatsache der «nach innen gerichteten», d. h. am eigenen Volk vollbrachten Verbrechen hat Solschenizyn in seinen späteren Büchern allerdings immer mehr auf äußere (westliche) Einflüsse zurückgeführt, vom Marxismus bis zum Liberalismus, als deren Hauptträger im Innern er vornehmlich die Juden identifizierte. Zwar hätten diese «Zweihundert Jahre zusammen» (so der Titel eines 2001/02 erschienenen, 2-bändigen Werks) mit den Russen und anderen Nationalitäten des Reiches gelebt, aber seien trotz aller Ausgrenzungen und Diskriminierungen immer mächtiger und wohlhabender geworden. Damit seien sie auch in hohem Maße an der Unglücks- und Katastrophengeschichte des Landes beteiligt gewesen, als Exponenten der kapitalistischen Umwälzung und kulturellen Verwestlichung ebenso wie als kardinale Übeltäter auf der Seite der sozialistischen Revolution wäre. Auch die Juden müssten demnach Reue und Läuterung zeigen, so wie die Russen auch. – Gleichzeitig trat nun deutlicher hervor, dass in Solschenizyns nationalreligiöser Perspektive das ewige und künftige «Russland» die Ukraine, Weißrussland und weitere, von Russen besiedelte Gebiete mitumfassen sollte, was seine früheren Kritiken der Weltmachtambitionen des Zarentums und der Sowjetunion ebenso relativierte wie den «Entwicklungsvektor Nord-Ost», von dem er gesprochen hatte. Dieser Zug ins Großrussische, der sich im Postulat einer «Slawischen Union» niederschlug, ermöglichte es Putin, den solitären, altgläubig-orthodoxen Schriftsteller ungeachtet aller harschen Kritiken und vernichtenden Sittenurteile zu einem der Säulenheiligen seines neuen Regimes zu machen – ein kulturpolitisches Unternehmen, an dem die Witwe Solschenizyns bereitwillig mitwirkte.

nen allen die nötigen Zusicherungen gab, sich als Loyalist mal der einen, mal der anderen Seite zeigte, und von dem sie alle annahmen, ihn kontrollieren und steuern zu können.

Als Jelzin Ende Dezember 1999 vorzeitig und erleichtert die Bühne verließ, auf die er zuvor mit bärenhafter Geste den blassen, weithin unbekannten Ex-Oberstleutnant des Geheimdienstes als designierten Nachfolger gestellt hatte, wandte er sich in einer letzten Sylvesterrede an sein Volk: «Es tut mir leid, dass viele unserer Träume nicht wahrgeworden sind. Dass sich Dinge, die wir für einfach hielten, als ungeheuer schwierig erwiesen haben. Es tut mir leid, dass ich den Hoffnungen der Menschen nicht gerecht werden konnte, die glaubten, dass wir in einem Zug, mit einem einzigen beherzten Schritt unsere graue, starre und totalitäre Vergangenheit abschütteln und in eine strahlende, wohlhabende, zivilisierte Zukunft schreiten könnten. Ich selbst glaubte das ... Ich habe getan, was ich konnte. Eine neue Generation kommt. Sie kann mehr tun und es besser machen.»[4]

Mit dieser salvatorischen Klausel, die er in einen unverbindlichen Optimismus wendete, trat er allerdings auch einen Rückzug von den weitaus harscheren Feststellungen an, die er anderthalb Jahre zuvor anlässlich der Beisetzung der Gebeine der Zarenfamilie in der Peter-Paul-Kathedrale in Petersburg selbst getroffen hatte: «Es ist Zeit, die Wahrheit zu sagen ... Wir alle tragen Schuld ... Wir haben die Pflicht, dieses Jahrhundert, das für Russland im Zeichen von Blut und Gesetzlosigkeit stand, mit Reue und Versöhnung zu beenden.» Dieser Passus seiner Rede wurde in der Fernsehübertragung und in der veröffentlichten Fassung bereits gestrichen. Derart bittere Wahrheiten waren dem Publikum in der anbrechenden neuen Ära nicht mehr zuzumuten.[5]

4 Zit. nach Masha Gessen, Der Mann ohne Gesicht – Wladimir Putin. Eine Enthüllung, München-Zürich 2012, S. 41 f.

5 Zit. nach Gessen, Die Zukunft ist Geschichte, S. 221 f.

So gehörte die Bühne beim Anbruch des neuen Milleniums dem kurz zuvor erst zum Ministerpräsidenten beförderten und designierten Nachfolger, eben jenem Wladimir Putin, der in seiner eigenen, kaum dreiminütigen Neujahrsansprache nichts ankündigte und nichts versprach, außer dass «die Rechte der Bürger Russlands geschützt» werden würden – was beruhigend klang, tatsächlich aber als Hinweis auf den eben entfesselten dritten Krieg in Tschetschenien zu verstehen war, der als ein Vernichtungskrieg gegen den Terrorismus deklariert worden war. Mit schmalem Lächeln forderte er die Fernsehzuschauer auf, ihr Glas auf «Russlands neues Jahrhundert» zu erheben.

Einen Wahlkampf vor den kurzfristig auf das Frühjahr vorgezogenen Präsidentschaftswahlen brauchte er kaum zu führen, Diskussionen mit seinen kommunistischen, rechtsnationalistischen und liberalen Gegenkandidaten lehnte er ab; dafür zeigte er sich als fürsorgender Regierungschef Land auf, Land ab, immer von Fernsehteams begleitet. Das eigentliche Geheimnis seines triumphalen Erfolgs war es aber gerade, dass er sich als ein «Mann ohne Gesicht» (so Masha Gessen) präsentierte, als ein neuer, tatkräftiger, relativ junger und scheinbar offener Mann, von dem weder die Eliten noch das Volk wussten, was er dachte und vorhatte, außer dass er – wie sein knappes Wahlprogramm verkündete – die «Staatlichkeit Russlands wiederherstellen und festigen» wollte. Dagegen war nichts zu sagen, im Gegenteil; die Frage war nur, was das bedeuten würde.

In einem eindrücklichen Film des in Riga im Exil lebenden Dokumentaristen Witali Manski («Putins Zeugen», 2018), der sich auf das damals (1999/2000) von ihm selbst in offiziellem Auftrag gedrehte Filmmaterial stützt, sieht man den depressiven Jelzin am Wahlabend im Kreis seiner Familie sitzen, wie sie die einlaufenden Ergebnisse verfolgen, die die Erwartungen noch übertreffen (über 50% für Putin, weniger als 30% für den Kommunisten Sjuganow, kaum 6% für den Liberalen Jawlinski). Die erleichterte Jelzin-Familie stößt auf den Sieg des designierten Nachfolgers an (der ihnen vor seiner Ernennung Straflosigkeit für alle laufenden Korruptionsverfahren zugesichert hatte), und der alte Mann, der die Telefontasten kaum noch bedienen kann, versucht, den Nachfolger telefonisch zu erreichen, um zu gratulieren.

Aber der lässt sich bereits verleugnen und sitzt derweil mit seiner Truppe von Polittechnologen, die ihn mit Hilfe der Gelder und Medien einiger Oligarchen und hoher Machtträger in die neue Position hineingepuscht haben, an langen Tischen voller abgegessener Teller und geleerter Flaschen in den unwirtlichen Räumen ihrer Wahlkampf-Zentrale irgendwo im Umfeld des Kreml, in dem in Jelzins letztem Amtsjahr bereits eine gespenstische Stille geherrscht und kaum noch ein Licht gebrannt hatte. Wie eine aufgekratzte, nicht einmal unsympathische und noch relativ junge WG-Truppe, zu der später am Abend auch Jelzins Tochter hinzukommt, die mit einem von ihnen liiert ist, stoßen sie auf «Russlands neues Jahrhundert» an: eine Kohorte hungriger homini novi, die gerade dabei sind, den leeren Platz der Macht zu entern, den sie nicht wieder herzugeben gedenken.

5. Die Widerständigen

Vom Schreiben, Leben und Sterben in Putins Russland (Eine Momentaufnahme aus dem Jahr 2007)*

«Jeder, der sich im heutigen Russland Putin entgegenstellt, befindet sich ohne Übertreibung in tödlicher Gefahr», schrieb die junge, hübsche, muntere Elena Tregubova, die sich selbst als «Jet-Set-Schnepfe» ironisierte, bevor es für sie ernster wurde, als sie sich je hätte vorstellen können.

Feststellungen wie diese sind mit den Wahrnehmungen eines auswärtigen Besuchers der leuchtenden Metropole Moskau natürlich kaum recht zu vereinbaren. Und überhaupt sträubt sich vieles in uns Bewohnern der gemäßigten Breiten gegen eine so kategorische Behauptung, die – wenn sie wahr wäre – die europäische Politik und Öffentlichkeit zu einer sehr viel entschiedeneren Reaktion verpflichtete als bisher, auch und gerade in einer Weltlage, die ohnehin aufgewühlt und komplex genug ist.

Niemand kann eine russische Krisis brauchen, nicht die Amerikaner, die mit Bushs Politik an allen Ecken in der Bredouille stecken, und am wenigsten die von Putin umworbenen Deutschen, die als Haupthandelspartner Russlands auf stabile Versorgung und lukrative Exporte setzen. So gibt es nun ein verbreitetes Gefühl, dass der kurz vor der Jahrtausendwende aus der Kiste gesprungene, drahtig-verkniffene Geheimdienstler Putin mit seiner «gelenkten Demokratie» und seinem organisierten Staatskapitalismus vielleicht doch genau der Richtige für dieses chaotische, ungefüge Riesenland ist – und damit auch für uns.

* *Zuerst veröffentlicht u.d.T. „Die Furien des Verschwindens. Schreiben, Leben und Sterben in Putins Russland", in: Literaturen, März 2007.*

Oder, wie Gerhard Schröder es an der Seite von Putins Wirtschaftsberater Schuwalow bei einer PR-Veranstaltung im Berliner Hotel Adlon im Januar ausdrückte: Dass Russland heute kein «failing state» sei, habe der Westen allein dem russischen Präsidenten Putin zu verdanken, der wieder Ordnung und ein gutes Investitionsklima geschaffen habe. Nicht Russland brauche Europa, sondern Europa brauche Russland.

Natürlich war es ein offenes Geheimnis, dass Schröders Auftritt auch dazu diente, gewisse Misstöne beim letzten Deutschlandbesuch seines Freundes Wladimir im Oktober 2006 auszubügeln, drei Tage nach dem professionell exekutierten Mord an seiner ernstesten und direktesten Kritikerin, der Moskauer Journalistin Anna Politkowskaja. Beim «Petersburger Dialog» in Dresden und bei der Industrie- und Handelskammer in München hatte Putin einigen lästigen Nachfragen nicht entgehen können. Und wenn man genauer hinhörte, dann war es nicht allein der eiskalte Ton seiner Stellungnahmen, der frösteln ließ, sondern mehr noch ihr sachlicher Tenor. Dieser Mord an der Journalistin, erklärte der Präsident den deutschen Journalisten, habe «Russland und der Staatsmacht in Russland und in Tschetschenien viel größeren Schaden zugefügt als ihre Publikationen». Politkowskajas Publikationen hatten also «Russland Schaden zugefügt»! Allerdings sei deren «Einfluss auf das politische Geschehen im Land, in Russland, völlig unbedeutend» gewesen, ja, «minimal», wie Putin gleich zweimal (auf Deutsch) betonte. Wer war schon diese Frau! Aber warum war sie dann ermordet worden? «Wir haben Informationen, … dass viele Personen, die sich vor dem russischen Gesetz verstecken, seit längerem die Idee hatten, jemanden zu opfern, um damit eine Welle antirussischer Stimmungen in der Welt loszutreten».

Gemeint war, wie bei jedem der zahlreichen unaufgeklärten Morde der letzten Jahre – wie zuletzt dem des mit Polonium vergifteten abtrünnigen Geheimdienstagenten Litwinenko in London im November 2006 –, vermutlich der einstige Gönner und im November 2000 ins Londoner Exil gegangene erste Förderer und spätere Intimfeind Putins, der Oligarch Boris Beresowski, der angeblich auch den Krieg in Tschetschenien steuerte und in Putins Weltbild immer mehr dieselbe Stelle wie der exilierte Trotzki einst im paranoiden Kosmos des Josef Stalin einnahm.*

Eine Frage, die Anna Politkowskajas posthum erschienenes «Russisches Tagebuch» (2007) wie ein Leitmotiv durchzieht, lautet: «Wovor haben sie solche Angst?» Sie, die Machthaber ... Eine organisierte Opposition gibt es praktisch nicht mehr, die großen Medien sind mit «legalen» Mitteln aufgekauft und an die Kette gelegt worden. Und «das Volk schweigt» (wie in Puschkins Drama über den Usurpator «Boris Godunow») und hat zu zwei Dritteln Putin als «starken Mann» 2004 wieder auf den Thron gewählt – auch wenn seine Gegenkandidaten nur Schießbudenfiguren waren; und auch wenn bei Umfragen weniger als ein Fünftel von ihrem Erwählten eine Lösung der Probleme des Landes erwarten. Da fangen hinter der Potemkinschen Fassade eines stabilen Machtaufbaus dann die Unsicherheiten an.

Bleiben wir zunächst beim Fall der jungen Kreml-Korrespondentin des einstigen liberal-demokratischen Leitorgans «Kommersant», Elena Tregubova, die seit den frühen 90er Jahren die verschiedenen Szenenwechsel rings um den inneren Machtpol beobachtet hatte. Irgendwann gegen Ende 2002, schrieb sie, habe sie das Spiel von informeller Zensur und Selbstzensur derart angewidert, dass sie sich den Finger in den Hals gesteckt und ihre «Geschichten eines Kreml-Diggers» (eines Goldgräbers also) zu Papier gebracht habe. Im Zentrum dieses mit herzerfrischender Respektlosigkeit geschriebenen Berichts stand neben dem eher nachsichtig, jedenfalls farbig geschilderten Opa Jelzin die blasse Figur des neuen jungen Kremlherrn Wladimir Wladimirowitsch Putin. Der hatte sie als Chef des Geheimdienstes FSB 1998 nach einem Interview in der Lubjanka

* 2013 wurde Beresowski erhängt in seiner Londoner Wohnung aufgefunden, ob von eigener oder fremder Hand, war forensisch nicht eindeutig zu klären. Die britischen Behörden beließen es bei einem «open verdict», also einem «offenen Verdachtsfall», der einen Mord nicht ausschloss.

«Lenotschka» genannt und in eine Moskauer Sushi-Bar ausgeführt, um sie entweder anzuwerben oder anzubaggern oder beides; nur um dieser kleinen Lenotschka, nachdem sie sich spröde gezeigt hatte, gleich nach seinem Machtantritt die Akkreditierung für den Kreml entziehen zu lassen.

Dass Tregubovas Buch (dt. «Die Mutanten des Kreml») mit seinem indiskreten Blick in die Tiefen und Untiefen der höheren Machtsphären, und besonders auf die Figur der neuen Nummer Eins, vor den Dumawahlen Ende 2003 noch durch die Netze der informellen Zensur hatte rutschen können, war aus Sicht des zuständigen Presseministeriums offenbar bereits eine Art Informations-GAU. Alle Pressionen auf Verlag und Druckerei hatten nur dazu geführt, dass das Manuskript, bevor es endlich gedruckt vorlag, sich schon wie ein Samisdat-Text – nun allerdings im Zeitalter von Kopiergeräten und Internet – im Nu vervielfältigte, so dass jede Zensur die Neugierde erst recht gesteigert hätte. So wurde aus den Erzählungen der Kreml-Diggerin noch einmal ein ungeplanter Bestseller, wie es ihn heute (2007) wohl kaum noch geben könnte.

Allerdings verflog die Euphorie der Autorin schnell und verwandelte sich in einen Albtraum. Nachdem Presseminister Lessin ihrem Chefredakteur mitteilte, dass seine junge Reporterin sich ja wohl «selbst zum Abschuss frei gegeben hat», wurde sie nicht nur fristlos entlassen – und die Zeitung selbst gleich anschließend durch einen Gazprom-Gesellschafter aufgekauft. Sondern drei Monate später detonierte nach einem Taxiruf vor ihrer Wohnungstür, die sie gerade halb geöffnet hatte, ein Sprengsatz, der sie hätte umbringen oder verstümmeln sollen; nur dass sie sich ihre Mähne noch einmal im Spiegel rasch geglättet hatte, bevor sie durch die Tür ging. Diese Mini-Sekunde der weiblichen Eitelkeit hatten die Profi-Killer nicht auf der Rechnung gehabt.

«Es waren nicht nur Böswillige, die fanden, sie spiele ihren Paria-Status penetrant aus», hieß es in einer Glosse in der «Süddeutschen Zeitung» zum Vorschlag, Anna Politkowskaja posthum den «Friedenspreis des deutschen Buchhandels 2007» zu verleihen.* Nicht nur Freunde des Kreml, auch kritische Geister hätten es dann doch für Paranoia gehalten, als die Korrespondentin der «Nowaja Gaseta» im September 2005 in der Notambulanz gelandet war, nachdem sie sich als Vermittlerin in die Geiselnahme Hunderter Schulkinder und Eltern in Beslan hatte einschalten wollen. Man hatte ihr (wie sie vermutete) im Flugzeug vergifteten Tee oder Wasser gereicht. Nach dem Mord an Litwinenko, hieß es in der besagten SZ-Glosse weiter, müsse man freilich «sagen, dass sie ihr Land doch besser kannte als westliche Beobachter». Das erinnert ein wenig an den bekannten Medizinerwitz: «Der Simulant auf Zimmer 5 ist gerade verstorben.»

Paranoia? Schon Politkowskajas Kollege Jurij Schtetschokitschin, der als Mitglied des parlamentarischen Antikorruptionsausschusses und Journalist über Waffenhandel und Geldwäsche im Umfeld des Tschetschenienkrieges recherchierte, war im Juli 2003 nach einer geheimnisvollen Vergiftung oder Verstrahlung vor den Augen seiner Kollegen und Freunde einen sehr realen, sehr qualvollen Tod gestorben, bei dem sich die Haut vom Fleisch löste und die inneren Organe anschwollen. Und das war nur einer in einer langen Serie von mehr als einem Dutzend Journalistenmorden seit Putins Machtantritt 2000. Kein einziger dieser Todesfälle ist bis heute (2007) aufgeklärt, so wenig wie die vielen anderen Auftragsmorde, die alle im Kraftfeld von Macht und großem Geld spielen.

Wenn der Präsident, statt eine unabhängige Untersuchungskommission einzusetzen, die Aufklärung der Morde an Politkowskaja und Litwinenko zur «Chefsache» erklärt und die Richtung der Ermittlungen gleich schon vorgab (Beresowski war es!), dann war klar, dass sie im Sande verlaufen würden, ganz gleich, was er selbst wusste oder nicht wusste. Man hat hier ein genaues Exempel dafür, dass es ohne unabhängige Rechts- und Verfassungsorgane und ohne eine freie Öffentlichkeit auch jene «Ordnung» eben nicht geben kann,

* Ich gehörte zu den Mitinitiatoren dieses Vorschlags.

die sich als eine magische Erwartung an Putins neue «Machtvertikale» heftet.

«Wovor haben sie solche Angst?» Anna Politkowskaja erreichte, wie Putin sehr richtig bemerkte, als Korrespondentin einer der letzten, unabhängigen Tageszeitungen, der «Nowaja Gaseta», kaum noch eine breitere Öffentlichkeit. Schon ihr vorletztes Buch «In Putins Russland» 2004 ist in ihrer Muttersprache und ihrem Heimatland nicht mehr erschienen, nur noch im Westen. Und ob sich ein mutiger Verleger finden wird, um ihr nachgelassenes «Russisches Tagebuch» zu verlegen, das in dichter und präziser Weise die Mutationen des politischen und sozialen Systems von den Dumawahlen im Dezember 2003 bis zum August 2005, ein Jahr nach Beslan, beschreibt, wird man noch sehen.*

Nein, nicht um die Reporterin oder Autorin ging es, die von sich selbst gesagt hat: «Ich bin eigentlich kein politisches Wesen, ich bin nie einer Partei beigetreten und glaube, dass ein Journalist das, zumindest in Russland, auch nicht tun sollte. Was also ist mein Vergehen?» Ihr Vergehen in den Augen der Machthaber war vor allem wohl die Überschreitung ihrer Rolle. Sie richtete ihr ganzes Schreiben und Wirken darauf aus, denen eine Stimme zu geben, die keine mehr haben: den russischen Soldatenmüttern; den Angehörigen der zu Hunderten Erstickten oder Verbrannten bei den ohne Rücksicht auf Menschenleben beendeten Geiselnahmen im Moskauer Nord-Ost-Theater oder in der Schule von Beslan; oder den Angehörigen der in Tschetschenien und Inguschetien Verschleppten und Ermordeten. Sie alle forderten Aufklärung und Rechenschaft, die die Behörden und die Gerichte ihnen verweigerten.

Die große, schwärende Wunde, die Russland vergiftet, ist dieser (nur vordergründig beendete) Krieg in und um Tschetschenien – ein Krieg, durch den mittlerweile eine Million junger Männer hin-

* Politkowskajas Zeitung, die «Nowaja Gaseta», hat eine posthume Sammlung ihrer Aufzeichnungen und Artikel unter dem anklagenden Titel «Za Čto» (Wozu) im Eigenverlag in Moskau 2007 herausgegeben.

durchgegangen ist, so wie zu Sowjetzeiten in Afghanistan. In diesem Krieg haben sich beträchtliche Teile des riesigen Militärapparats Russlands mit all seinen wuchernden, jeder Kontrolle entzogenen Spezial- und Sondertruppen in eine Horde von Marodeuren und Narkomanen, von Todesschwadronen und Schutzgelderpressern verwandelt. Damit haben sie nicht nur genau das getan, was doch gerade als Vorwand des Einmarschs in die Republik Itschkeria (Tschetschenien) gedient hatte, die sich 1992 für unabhängig erklärt hatte und in einem Waffenstillstandsabkommen provisorisch anerkannt worden war. Sondern sie haben damit Öl in das Feuer eines von beiden Seiten immer terroristischer geführten Konflikts gegossen, der im Kaukasus nach wie vor schwelt, auch wenn in den Zentralgebieten Tschetscheniens vorerst eine Friedhofsruhe eingekehrt ist.

Aber im Unterschied zum amerikanischen Krieg im Irak hat es über diesen nicht endenden Krieg in Tschetschenien keine Öffentlichkeit und keine politische Diskussion gegeben, geschweige eine parlamentarische oder juristische Kontrolle. Wo die US-Medien täglich überquellen von Bildern und Nachrichten über den fernen Krieg, wo Untersuchungsausschüsse des Kongresses und der Oberste Gerichtshof über Abu Ghraib und Guantanamo getagt haben, da fand und findet der Krieg in Tschetschenien, der doch innerhalb der panisch verteidigten Landesgrenzen der Russischen Föderation selbst tobt, einfach «nicht statt». Ein Bericht aus der Hölle dieses Krieges, wie ihn Arkadi Babtschenko in «Die Farbe des Krieges» aus eigenem Erleben in alptraumhaften Bildern geliefert hat – eine Hölle, die für die Rekruten mit den systematischen und offensichtlich gewollten Schindereien durch die «Großväter» (die älteren Soldaten) und durch die Offiziere in der eigenen Kaserne beginnt und oft auch endet –, liegt den russischen Lesern in dieser Form gleichfalls nicht vor.

Anna Politkowskajas Leben als Journalistin hatte ihre entscheidende Wende genau hier, im Inferno des 1999 von Putin willentlich vom Zaum gebrochenen zweiten Tschetschenienkriegs genommen, in den sie von ihrer Redaktion geschickt worden war. Von Beginn an überschritt sie ihre Rolle als bloße Berichterstatterin. Sie saß in bombardierten Dörfern inmitten weinender Frauen, die sie anflehten, sie herauszubringen. Sie hörte die Berichte über Massaker, Entführungen, Vergewaltigungen. Das polyphone Konzert dieser Stimmen bannte sie in Texte, die man tatsächlich nicht Reportagen nennen kann, weil sie ganz und gar die Perspektive der «Anderen» einnahmen: derer, die gerade gegen Lösegeld halbtot aus den eisigen Erdlöchern der russischen Lager gekrochen waren oder die in endlosen Flüchtlingsströmen aus dem zur Mondlandschaft gewordenen Grosny flohen. Und dann ging sie auch noch in die Höhle des von Moskau ausgehaltenen kriminellen Milizenführers Kadyrow, den sie später einen «bis an die Zähne bewaffneten Feigling» nannte, und in eine russische Kommandozentrale in Machkety, das sie als ein «Konzentrationslager mit kommerziellem Einschlag» bezeichnete, um die Offiziere mit ihren Fragen und Befunden zu konfrontieren. Und es war in diesem russischen Camp, wo sie vier Tage selbst in einen Bunker gesetzt, «verhört», als «Schlampe und Hure» beschimpft und mit Vergewaltigung bedroht wurde; und wo der vernehmende FSB-Agent sie mit den Worten entließ: «Wäre es nach mir gegangen, hätte ich dich erschossen.»

Politkowskaja sei eine mutige Journalistin und Verteidigerin der Menschenrechte gewesen, hieß es in der zitierten Glosse der «Süddeutschen», aber keine bedeutende Autorin: «Ihr Stil war holprig, oft kitschig und langweilig. Sie verströmte journalistisch kein Charisma, oft war sie eine Nervensäge. Sie teilte das Schrille und den ans Weltfremde grenzenden Rigorismus mit vielen Menschenrechtlern in Russland …» Nun ja. Feuilletonistische Verkünstelung war dieser Autorin tatsächlich fremd. Ihr Programm war das schlichtest mögliche: «Ich beschreibe, was ich gesehen habe.»

Was sie sah, waren Bilder wie dieses: «Eine Gravur ist ja bekanntlich in einer einzigen Farbe gehalten. Und genauso sah auch Chasimat Gambijewa aus. Knochendürr, mit geschwollenen Gelenken und aufgetriebenem Leib, schien die alte Flüchtlingsfrau wie mit schwarzem Strich auf Papier gebannt ohne Zwischentöne. Das schwarze Muster der Falten auf einer Haut von unnatürlicher Farbe.

Die eingefallene Nase – eine einzige schwarze Linie. Dunkle, spitz hervorspringende Jochbeine. Die Blockade Leningrads im Millenium …»

Aus solchen knappen, präzisen, fein gezeichneten Porträts und Szenen haben Politkowskajas frühe Tschetschenienberichte bestanden, die im Jahr 2002 in Moskau noch gedruckt wurden, so wie in vielen anderen Sprachen, und die ihr einen Ruhm eintrugen, den sie so kaum gesucht hatte. Aber der Krieg ging immer weiter und gab ihr keine Möglichkeit, aus ihrer Rolle herauszutreten. Und so finden wir in ihrem nun vorliegenden «Russischen Tagebuch» etwa den Eintrag:

«12. April 2004. In der *Nowaja gaseta* habe ich Stills aus einem Video veröffentlicht. Es ist im Sommer 2000 in Tschetschenien aufgenommen worden und in der Folgezeit zu mir gelangt. (…) Man glaubt, es mit einem Film über ein Konzentrationslager der Nationalsozialisten zu tun zu haben … Die Soldaten zielen auf Rebellen, die aus den Lastwagen gestoßen werden oder selbst herunterspringen. Unter ihnen befinden sich auch zwei Frauen, die im Gegensatz zu den Männern vollständig bekleidet sind und keine Spuren von Misshandlungen aufweisen. Sie werden sofort zur Seite geführt … Fast alle (Männer und Jugendlichen) weisen Verstümmelungen auf, haben Gliedmaßen verloren, bluten stark. Man sieht einen Mann mit einem halb abgetrennten Ohr, was die Offiziere deutlich hörbar mit der Bemerkung ‹Bei dem haben sie's nicht richtig gemacht› kommentieren … Die Männer wirken stark ausgezehrt. Einige scheinen nicht zu begreifen, wo sie sind, bewegen sich wie Schlafwandler. (…) Am Schluss sieht man zwei Berge von Leichen neben den Gleisen …, hört man ein paar Satzfetzen, einer der Offiziere sagt lachend: ‹72 sollten es sein, jetzt sind es 74. Haben wohl Zuwachs gekriegt unterwegs …›»

Kein Polizist oder Ermittler fragte wegen dieses unwiderlegbaren Beweismaterials bei ihr nach. Vier Tage darauf veröffentlichte sie ein direkt an den Generalstaatsanwalt adressiertes Schreiben des Mitarbeiters eines FSB-Kommandos in Inguschetien, der sich selbst (!) bezichtigte, einen Mitarbeiter der dortigen Staatsanwaltschaft befehlsgemäß entführt, gefoltert und ermordet zu haben, weil dieser auf Bitten von Angehörigen von Verschwundenen insgeheim Beweise über Geiselnahmen, Erpressungen und Morde durch russische Sicherheitsorgane gesammelt hatte. Dieses Schreiben, das die gängige Praxis der Sicherheitsorgane beschreibt, ist ein Dokument, wie es selbst Dostojewski nicht hätte erfinden können: «Wir haben wahllos Leute weggefangen, nur wegen ihres Äußeren. Die wären sowieso alle Läuse, hat Korjakow gemeint. Mein Kollege Sergej und ich haben eigenhändig ungefähr 50 Verhaftete zu Krüppeln geschlagen und 35 verscharrt. (...) Ich bin schuldig und bereue meine Taten. Alles ist die reinste Wahrheit. Igor Onitschenko».

Auch «nach der Veröffentlichung dieses ungeheuerlichen Dokuments ändert sich nicht das Geringste», notierte Politkowskaja in ihrem Tagebuch.

«Warum Greueltaten nicht geglaubt werden» lautete der Titel eines kurzen Essays, den Arthur Koestler im Januar 1944 im «New York Times Magazine» schrieb. Er handelte von der «Manie» einiger weniger, die ihren Mitmenschen unbedingt die «in Flugschriften, Weißbüchern, Zeitungen, Magazinen und sonstwo» veröffentlichten Nachrichten weitergeben wollten, wonach «die jüdische Bevölkerung von Europa durch heißen Dampf, elektrische Massenhinrichtungen und Eingrabungen bei lebendigem Leibe getötet wird». Es sei «die größte Massentötung der uns überlieferten Geschichte», und sie gehe täglich, stündlich weiter. Aber neun von zehn amerikanischen oder britischen Bürgern einschließlich der Politiker und Militärs hielten das für bloße Gerüchte oder Greuelpropaganda, die sie sich als aufgeklärte Menschen zu glauben weigerten. «Es ist klar, dass dies alles bei mir und meinesgleichen zum Wahn wird. Es ist klar, dass wir an einer krankhaften Besessenheit leiden müssen, während die anderen gesund und normal sind.»

Man muss keine unangemessenen Vergleiche anstellen, um etwas von den Mechanismen zu verstehen, durch die Anna Politkowskaja sich mit ihrer «Manie» aus der Welt der aufgeklärten Menschen ausgeschlossen fühlte. Das begann wohl in der eigenen, nächsten Umgebung. Ihr Mann trennte sich von ihr; ihre Freunde und Kollegen rieten ihr dringend, sich endlich wieder mit anderen Themen zu befassen. Sie aber ging davon aus, dass das, was mit den Tschetschenen seit ihrer Deportation unter Stalin 1944 passiert war und was unter dem neuen, Putin'schen Terror gerade jetzt passierte, sich durchaus dem Tatbestand eines Genozids, einer physischen und moralischen Auslöschung als Volk, näherte. Und dass dieses Leichengift bereits Russland selbst infiziert habe: «Unsere Gesellschaft ist nicht mehr, was man darunter versteht. (...) Das ist das Ende der Nation, eines das Territorium besiedelnden einheitlichen Organismus.» Die spezielle Erbitterung, die sie bis zuletzt gegen die Gleichgültigkeit der westlichen Regierungen und Gesellschaften hegte, resultierte daraus, dass man dort ja schließlich besser informiert war, als ihre Landsleute es noch sein konnten.

Diesem Kassandra-Ton braucht man sich nicht anschließen. Aber Grund zur Sorge gibt es für jeden aufmerksamen Beobachter genug, auch wenn sich Putins Wirtschaftsberater Schuwalow an der Seite Schröders brüstete, Russland sei «Klassenbester» in der Welt und ziehe gerade deshalb so viel Neid auf sich. Schuwalows im Dezember entlassener Vorgänger Andrej Illarionow, einer der letzten Liberalen im Kreml, war sich dagegen immer im Klaren, dass die Konjunktur der Putin-Jahre durch einen seltenen Zusammenfall weltwirtschaftlicher Faktoren bedingt sei, vor allem durch die extrem hohen Energie- und Rohstoffpreise infolge des Wachstums der Industrie in China und anderen Teilen der Welt; und dass sich dieser Devisenstrom zum Fluch entwickeln werde, wenn es nicht gelinge, die eigene industrielle Basis Russlands zu verbreitern. Nimmt man die Rüstungsindustrie mit ihren Exporten in alle Kriegs- und Bürgerkriegsgebiete der Welt heraus, zeigt sich ein dramatischer Mangel an ziviler Produktion, selbst für den eigenen Markt. Noch immer steht das größte Land der Welt mit seinem absoluten Bruttosozialprodukt nur an 10. Stelle in der Welt, etwa gleichauf mit Italien oder andern Ländern dieses Formats; und im Pro-Kopf-Einkommen steht es irgendwo auf Platz 70 bis 80.

Darüber hinaus zeigt sich ein dramatisches Ungleichgewicht.

Während rund 70% des gesamten Sozialprodukts durch das leuchtende, unerschwinglich teure Moskau fließen, das nach New York und London die meisten Milliardäre in der Welt zu seinen Bewohnern zählt, versinken Teile des flachen Landes wieder im Dunkeln. Und während die Devisenkasse des Kreml alle Auslandsschulden getilgt und auf sagenhafte 272 Mrd. Dollar angeschwollen ist, verfallen elementare Infrastrukturen, soziale Einrichtungen und Bildungsinstitutionen. Russland hat noch immer die mit Abstand niedrigste Lebenserwartung aller entwickelten Länder, und die Bevölkerung schrumpft weiter in dramatischem Tempo. Große Landstriche entvölkern sich – nicht zuletzt, weil das immer dichtere Netz staatlicher Korruption und der damit mafios verflochtenen kriminellen Gewalt jede Eigeninitiative erstickt, wie Kerstin Holm es in ihrer luziden Analyse «Das korrupte Imperium» beschrieben hat.

Praktisch alle staatlichen Leistungen müssen bei den Amtsträgern gekauft werden, vom Einberufungsbescheid bis zum Universitätszugang, von der Unternehmenslizenz bis zum Gerichtsurteil oder zur Gesetzesvorlage. «Korruption» ist ein bei weitem zu schwacher Begriff für das, was Holm einen parasitären «Rentenkapitalismus» nennt, durch den rund 10% des Sozialprodukts als Sondertribut in die Taschen der Staatsdiener fließen. Kein Wunder, dass die Zahl der Bürokraten und Ämter sich gegenüber der Sowjetzeit noch immer weiter vermehrt hat. So legt sich die Putin'sche Machtvertikale, die kaum noch auf Wahlen, nur noch auf Ernennungen beruht, wie eine schwere Extralast auf jede produktive Tätigkeit. Und der angeblich «starke Staat» laviert in Wirklichkeit in vielen Bereichen am Rande eines permanenten Staatsversagens.

Dabei stellen unter der Ägide des ehemaligen FSB-Chefs Putin die Abkömmlinge des Geheimdienstes inzwischen zusammen mit den Militärs mehr als zwei Drittel der «silowiki», der höheren Machtträger, einer korporativ verschweißten neuen Supra-Elite, die sich in den letzten Jahren teils durch Enteignung der alten Oligarchen, teils durch erzwungene Arrangements mit ihnen die Kontrolle über die zentralen Energie-, Rohstoff- und Rüstungsmonopole gesichert hat. Ob man dafür den alt-etablierten Begriff des «militärisch-industriellen Komplexes» verwendet, von einer «Militokratie» oder «Staatsoligarchie» spricht oder von einer neuen «Nomenklatura», es kommt alles auf dasselbe heraus.

Die verbindende Ideologie dieser neuen Machtelite hat der zitierte Ex-Berater Illarionow als «Naschismus» bezeichnet, nach dem russischen Wort «naschi», die Unseren, im Gegensatz zu den Nicht-Unseren, den Andern, den Fremden, den Feinden. Darin bloße Xenophobie oder russischen Nationalismus zu sehen, wäre zu wenig. Die Definition der «naschi» – wie auch die Putin-Jugend sich inzwischen nennt – entspricht eher der stalinistischen Trennung zwischen den «sozial eigenen» und «sozial fremden Elementen», eine Definition, die sich damals so wie heute ausschließlich an der Loyalität zum «eigenen» Machtapparat mißt. Auch dieser neoimperiale «Naschismus», schreibt Illarionow, überschreite, wie der alte bolschewistische, enge nationale und ethnische Grenzen. So könne zum Beispiel «der frühere Kanzler eines ausländischen Landes zum Mitglied der Korporation gemacht und ‹unser Mann in Europa› werden» – während der Chef des modernsten russischen Ölkonzerns, Michail Chodorkowski, der keine Kreml-Gesellschafter ins Bett nehmen wollte, sondern die demokratische Opposition und zivilgesellschaftliche Gruppen unterstützte, in einem Tigerkäfig vorgeführt und in ein sibirisches Lager gesteckt wurde. Die saftigsten Stücke seines zerschlagenen JUKOS-Konzerns wurden derweil von den Kreml-Konzernen Gazprom und Rosneft geschluckt, die sich bei dieser, die eigenen Kapazitäten übersteigenden kannibalischen Großaktion bevorzugt deutscher Kapitalgeber und Teilhaber wie Dresdner Bank, VEBA und Ruhrgas bedienten. Und als Aufsichtsratschef des zum zweiten Energiegiganten aufgerüsteten Rosneft-Konzerns wurde am Ende der Operation Putins Kabinettschef Igor Setschin berufen, die zweite graue Kreml-Eminenz neben Putins jugendlichem Spin-Doktor Wladislaw Surkow.

Surkow, der anders als Setschow nicht aus Putins FSB stammt und sich hauptsächlich mit der «Regulierung» der Medien, der Überwachung und Zähmung von Nichtregierungs-Organisationen

(NGOs), dem Aufbau der Kreml-Partei «Einiges Russland» sowie der Erfindung neuer, loyaler «Oppositionsparteien» beschäftigt, hat in einem Interview 2004 einen seltenen Einblick in die Weltsicht und Gedankengänge dieser innersten Kremlkamarilla gegeben. Darin tritt allerdings genau jene Unruhe und Paranoia zutage, die Politkowskajas Frage «Wovor haben sie Angst?» hinter der Fassade überlegener Selbstsicherheit in einer äußerst bedrohlichen Weise beantwortet.

Das Land werde angegriffen und «befinde sich faktisch im Kriegszustand», erklärte Surkow gleich eingangs. Es gebe Leute «in Amerika, in Europa, im Osten», deren Ziel es sei, «Russland zu zerstören». Und das Hauptmittel dazu sei die «Explosion unserer südlichen Grenzgebiete». Es müsse allen «bewusst werden, dass der Feind vor den Toren steht» und die «Front durch jede Stadt, durch jede Straße, durch jedes Haus» verlaufe. Dabei handele es sich um einen Feind, «dem man mit sogenannten ‹zivilisierten› Methoden nicht beikommt». Wenn Leute nun Verhandlungen in Tschetschenien forderten, dann «riecht das ein wenig nach Hochverrat». Eine neue «moralische Mehrheit» müsse formiert werden, um «Diebe und Schwätzer, Denunzianten und Schmiergeldempfänger, Schönfärber und Karrieristen» auszusortieren, sowie «falsche Liberale und echte Nazis», die «im Hass geeint» seien und im Solde von «Geldgebern ausländischer Herkunft» stünden. Russland müsse «einen echten Kollektivismus erst wieder lernen», freilich «nicht auf Lenins Art, sondern aufgrund von Erfahrungen der Zivilgesellschaft». Das Interview schloss mit dem zentralen Credo des Putinismus: «Modernisierung und Solidarität der größten gesellschaftlichen Korporationen … werden Russland unbedingt zum Sieg führen.»

Eine Welt voller innerer und äußerer Feinde: Man erinnert sich an Putins Feststellung, wonach der Zusammenbruch der Sowjetunion «die größte geopolitische Katastrophe des 20. Jahrhunderts» gewesen sei, und an seine Begründung für den Einmarsch in Tschetschenien: «Es geht darum, dem Zerfall Russlands ein Ende zu setzen.» Es sind also die Furien des Verschwindens, die den FSB-Kader im Kreml dazu treiben, alle menschlichen, sachlichen und natürlichen Ressourcen, statt sie für eine breit angelegte innere Entwicklung – etwa nach dem Vorbild Kanadas – einzusetzen, abermals auf die Rekonstruktion eines imperialen Machtapparats zu konzentrieren, der angeblich allein in der Lage sei, dieses große Land zusammenzuhalten. Es ist die alte, fixe Idee, dass Russland Großmacht sein müsse, oder es werde gar nicht sein.

Russland wird sein. Unter Politkowskajas verzweifelten Notaten finden sich immer auch Sätze wie der nach einem Treffen mit den unerschrockenen Soldatenmüttern: «Es beginnt eine Zeit starker gesellschaftlicher Initiativen.» Ähnlich wie der inhaftierte Chodorkowskij in seinen Briefen aus dem Lager erwartete Politkowskaja eine neue Opposition, die eher von Links kommen werde, aus dem brodelnden Feld dissidenter Jugendmilieus.

Grigori Pasko, ein wegen «Verrats von Staatsgeheimnissen» (nämlich der Aufdeckung der illegalen Verklappung radioaktiver Abfälle im Ochotskischen Meer) zu sieben Jahren Lagerhaft verurteilter ehemaliger Militärjournalist, setzt in seinem eindrücklichen Gefängnistagebuch «Die rote Zone» auf eine neue Generation von «Verweigern» und Opfern staatlicher Willkür: «Sie studieren das Strafprozessrecht und kennen sich nicht selten besser darin aus als Untersuchungsführer oder Staatsanwälte.» Sie lesen viel, und aus ihnen werde eine künftige gesellschaftliche Bewegung «wenn schon keine Genies, so doch hervorragende Organisatoren rekrutieren» können.

Und dann sind da auch noch die wirklichen, die «ewigen» humanen und kulturellen Valeurs, die Russland selbst in barbarischsten Zeiten beisammen gehalten haben, wie Pasko sie einer ehrwürdigen, humorvoll gebrochenen Tradition folgend im Lager wiederfindet: «Serjoska, mein Pritschennachbar …, dachte laut vor sich hin: ‹Verfickt›, das ist schlecht. ‹Verfotzt› meint gut. ‹Schwengelständig› ist besser als ‹muschengeil›, und ‹zugelocht› schlechter als ‹arschverschwanzt› …› – Ich dachte an die Worte Iwan Turgenjews, die wir alle im Russisch-Unterricht auswendig lernen mussten: ‹In Tagen des Zweifels … über das Schicksal meiner Heimat bist du allein mir

Hilfe und Stütze, oh herrliche, mächtige, wahrhaftige und freie russische Sprache! … Doch man muss dem Gedanken wehren, ein solche Sprache könne nicht einem große Volke gegeben sein!›»

Sie alle, Pasko, Tregubova*, Babtschenko haben wie Politkowskaja trotz aller Widrigkeiten und Drohungen ihren Platz nicht geräumt. Sie sind Teil eines informellen Milieus von neuen «Andersdenkenden», die heute anders als zu Sowjetzeiten über Internet, internationale Fernsehsender und vielfältige professionelle Verbindungen mit der Welt in Kontakt stehen und zäh ihre kleinen Plattformen und Felder des Wirkens behaupten. Ihre Bedeutung als Katalysatoren werden sie im Zuge der sozialen Aufbrüche und politischen Umbrüche gewinnen, die mit Sicherheit kommen werden.

Anna Politkovskaja, Russisches Tagebuch, Köln 2007

Dies., In Putins Russland, Köln 2005

Tschetschenien. Die Wahrheit über den Krieg. Mit einem Vorwort von Dirk Sager, Köln 2003

Norbert Schreiber (Hg.), Anna Politowskaja. Chronik eines angekündigten Mordes, Wien 2007

Elena Tregubova, Mutanten des Kreml. Mein Leben in Putins Reich, Berlin 2006

Grigori Pasko, Die rote Zone. Ein Gefängnistagebuch, Göttingen 2006

Kerstin Holm, Das korrupte Imperium. Bericht aus Russland, München 2006

* P. S. Elena Tregubova hat Russland aus einem Gefühl akuter Bedrohung im Frühjahr 2007 dann doch verlassen.

V. Der Weg in die Katastrophe – Russland in der «Epoche 14+»

«In den Kasernen müssen die einstigen Sieger mit ihrem Versailles fertig werden. Und je aberwitziger die Zustände sind, desto abenteuerlicher ist die ideologische Kascha gemischt.»

(Karl Schlögel, Das Wunder von Nishnij, 1991)

1. Der Narzissmus der Unverstandenen

Phantasmen einer eurasischen Weltzivilisation

Hundert Jahre Einsamkeit

«Die Epoche 14+», die mit der Okkupation der Krim und dem Krieg im Donbass im Frühjahr 2014 begonnen hat, wird Russland «hundert (zweihundert, dreihundert?) Jahre geopolitischer Einsamkeit bringen». Und das ist gut so! Denn 2014 markierte den «Abschluss der epischen Reise Russlands in Richtung Westen», genauer gesagt: das Ende seiner von Peter dem Großen eingeleiteten, 300 Jahre dauernden Versuche, «in die gute europäische Familie einzuheiraten». Diese Bemühungen haben allesamt nicht gefruchtet, denn «das russische und das europäische Kulturmodell haben bei aller äußeren Ähnlichkeit unterschiedliche Software und inkompatible Schnittstellen». Als Moskau nach dem Irrweg des «aus dem Westen importierten Kommunismus» 1990 wieder in Brüssel und in Washington vorstellig wurde, verlangte man dort, dass «Territorium, Bevölkerung, Wirtschaft, Armee und Ambitionen auf die Maßstäbe eines mitteleuropäischen Landes zurechtgestutzt werden müssten». Also «trennte Russland sich von den Unionsrepubliken» – und war trotzdem immer noch zu groß und nicht westlich genug.

2014 haben die Russen daher beschlossen, «mit dem Verkleinern und Sich-Herabsetzen aufzuhören und sogar eigene Rechte anzumelden». Die «Großtaten» dieses Schlüsseljahres, die Wiedervereinigung mit der Krim und die Feldzüge, die sich in Syrien, Libyen und anderswo anschlossen, werden noch lange nachhallen und eine nächste Epoche in der Geschichte Russlands eröffnen. Manche schlagen vor, Russland sollte sich statt nach Westen nun ganz nach Osten, nach Asien ausrichten. «Besser nicht» – denn da «waren wir schon einmal», und zwar in den Geburtsjahren des Moskowitischen Imperiums, das aus einem «militärisch-politischen Coworking mit der asiatischen Horde», den Nachfahren des Dschingis Khan, entstanden ist. Lieber sollte Russland sich seiner kulturellen und geopolitischen Herkunft aus einer europäisch-asiatischen Mischehe erinnern. Das dem Zaren Alexander III. zugeschriebene, vielleicht nie gesagte, aber trotzdem wahre Wort: Russland hat nur «zwei Verbündete: seine Armee und seine Flotte», gilt wie eh und je. Das Land muss seinen dornenreichen, aber interessanten Weg entschlossen weitergehen: als ein «west-östliches Halbblutland …, charismatisch, begabt, schön und einsam».[1]

Der Autor dieses Aufsatzes aus dem Jahr 2018 war der sattsam bekannte Spin-Doktor Putins und «Mann für alle Fälle» Wladislaw Surkow, der 1964 als Aslambek Dudajew geboren und in einem tschetschenischen Dorf aufgewachsen ist, bevor er den Namen seiner russischen Mutter annahm. Dass das Bildnis des einsamen und schönen, zur «Alpha-Nation» berufenen «Halbblutlands» einem narzisstischen Selbstporträt des Autors glich, war natürlich gewollt. Solche Spiele hatte Surkow, der seinen Job eines «Polittechnologen» als eine Kunst betrachtete, über zwei Jahrzehnte mit dem Publikum gespielt – so wenn er sich, parallel zu seinen Aktivitäten als Schöpfer der präsidialen Hauspartei «Einiges Russland» sowie eines halben Dutzends flankierender Blockparteien und Massenorganisationen, eine zweite, literaturwürdige Persona zugelegt hat, nämlich als Autor düster-existenzialistischer Romane, allegorischer Erzählungen oder frei dilettierender historiosophischer Essays (wie des oben zitierten).

In seinem 2008 unter dem durchsichtigen Pseudonym Natan Dubowizki (einer Abwandlung des Mädchennamens seiner Frau) veröffentlichten Roman «Am Nullpunkt» trat Surkow, um das Doppelspiel zu steigern, als Verfasser eines Vorworts auf, in dem er den angeblich anonymen Autor (also sich selbst) einen «wenig originel-

1 Wladislaw Surkow, 100 Jahre geopolitische Einsamkeit, dt. dekóder, 9.4.2018.

len, von Hamlet besessenen Schmierfink» nannte, dessen Roman allerdings das spannendste Buch zur Gegenwart sei. Die morbid abgedrehte Handlung und der traurige Held – ein heruntergekommener PR-Mann und ehemaliger Verfasser halb-avantgardistischer Gedichte, der nun die Texte anderer, verarmter Untergrundliteraten an reiche Bürokraten und Gangster mit künstlerischen Neigungen verkauft und in eine Welt eintaucht, in der alle käuflich sind und jederzeit mit mafiotischen Mitteln eliminiert werden können – signalisierten, dass es sich um einen (teilweise autobiographischen) Schlüsselroman aus den Wirren der 1990er Jahren handele, was natürlich für weiteren Gesprächsstoff «in ganz Moskau» sorgte. Pikant war überdies, dass Surkows Roman «Am Nullpunkt» exakt jenem Typus einer dystopisch-nihilistischen und ergo «antipatriotischen» Erzählung entsprach, wie die von Surkow kreierte Kreml-Jugend der «Naschi» (der Unseren) sie kurz zuvor auf dem Roten Platz in eine Kloschüssel geworfen und verbrannt hatte.[2]

Diese postmodernen Verwirrspiele trieb Surkow in noch kühnere Höhen, als er 2011 unter seiner eigenen Adresse *@surkovRussia* Tweets «weiterleitete», in denen er als «grauer Kardinal» und «geheimer Lenker des Staates» bezeichnet wurde. Und tatsächlich stellte er sich im Frühjahr 2013 in der London School of Economics vor einem von Professoren und Doktoranden, Journalisten und Politikern überfüllten Saal lächelnd als «der Autor – oder einer der Autoren – des neuen russischen Systems» vor, das inzwischen als «Putinismus» bezeichnet werde. Im Kreml sei er für «Ideologie, Medien, politische Parteien, Religion, Modernisierung, technisch-wissenschaftliche Innovation, Außenbeziehungen und (kleine Kunstpause!) … moderne Kunst» zuständig. Also mehr oder minder für alles! Schelmisches Zwinkern und einverständiges Gelächter in einem Auditorium, das wusste und goutierte, wie dieser lockere Moskauer Machtmensch mit Dreitagebart und Lederjacke auf der Klaviatur ihrer eigenen westlerischen Neugierden spielte.

2 Die 2008 auf dem Roten Platz verbrannten Bücher waren die dystopischen Erzählungen von Wladimir Sorokin und anderen Autoren.

Diese Szene findet sich in dem 2014 erschienenen Buch «Nothing is True and Everything is Possible» (Nichts ist wahr und alles ist möglich) von Peter Pomerantsev, Sohn eines Emigranten aus der Sowjetunion, der die 2010er Jahre hindurch beim Moskauer Fernsehsender NTV gearbeitet und die fortlaufende Gleichschaltung aus der Nähe erlebt hatte. Pomerantsev sah in Surkow auch tatsächlich den Erfinder des «Putin-Systems» als einer «post-modernen Diktatur», die das politische und soziale Leben wie eine Reality-Show inszeniere und dirigiere. «Als ich ihn beobachtete, wie er seine Rede vor den Studenten und Journalisten in London hielt, schien er sich wie Quecksilber zu verändern und zu transformieren, vom engelhaften Lächeln zu einem dämonischen Blick, von einem flauschigen Liberalen, der ‹Modernisierung› predigte, zu einem Nationalisten mit erhobenem Zeigefinger, während er gewollt widersprüchliche Ideen ausspuckte wie: ‹gelenkte Demokratie›, ‹konservative Modernisierung›.» Immer wieder flocht er in Gespräche mit Besuchern postmoderne Theorie-Begriffe wie «Simulacra» ein, rezitierte auswendig und in gutem Englisch die «Sunflower Sutra» des Beat-Poeten Allen Ginsberg oder erklärte seine Begeisterung für den amerikanischen Gangsta-Rap – nur um im selben Atemzug zu erklären, er verachte jeglichen Relativismus und liebe einen echten, scharfen Konservativismus. Surkows Genie, schrieb Pomerantsev, bestehe darin, eine Rhetorik demokratischer Rechte und Repräsentationen zu verwenden, um die Tyrannei Putins zu rechtfertigen – «bis alles das Gegenteil seines ursprünglichen Sinns bedeutet».[3]

Zum Zeitpunkt seines Londoner Auftritts hatten viele Surkow in Ungnade vermutet, nachdem die anhaltenden Massenproteste seit 2011 gegen den abgekarteten Platzwechsel zwischen Interimspräsi-

3 Peter Pomerantsev, Wie Wladislaw Surkow das neue Russland erfand. Auszug aus seinem Buch «Nichts ist wahr und alles ist möglich», München 2015. Hier nach: The Atlantic, 7. November 2014. – Nach dem Februar 2022 hat Pomerantsev sich selbst dafür kritisiert, den Ernst dieses «Kriegs gegen die Realität» nicht scharf genug erkannt zu haben (vgl. «Anmerkungen zu Putin», in diesem Band).

dent Medwedew und Ministerpräsident Putin die Grenzen all seiner ausgebufften Polittechnologen-Künste aufgezeigt zu haben schienen. Aber kaum war das Gespenst einer russischen «Farbenrevolution» mit polizeilichen, juristischen und bürokratischen Mitteln niedergekämpft und hatte Putin seine dritte, in Wahrheit vierte und nun auf sechs Jahre verlängerte Amtsperiode angetreten, erschien Surkow als persönlicher Berater und Sonderbeauftragter des Präsidenten wieder auf oder hinter der Bühne. Und jetzt ging es um weit größere Dinge als nur um «Stabilität», das Catchword aller früheren Politiken und Repressionen. Jetzt ging es um die Schaffung einer größeren Machtsphäre Russlands in seinem «Nahen Ausland», vor allem den ehemaligen Sowjetrepubliken, unter denen die Ukraine nach den Kriterien einer «Geopolitik» den Königshappen und unabdingbaren Pivot einer wirklichen Weltmachtstellung Russlands bildet.

Die Eröffnung des verdeckten Kriegs gegen dieses, in einem völkerrechtlich bindenden Vertrag in seinem Bestand anerkannte Nachbarland – das dafür alle seine nuklearen Waffen vernichtet und massiv abgerüstet hatte – bedeutete im Frühjahr 2014 die Überschreitung eines ersten Rubikon. Und das ging sofort auch Hand in Hand mit der Eröffnung eines offensiven «Informationskriegs» gegen die USA, vor allem aber die Europäische Union, die als die Anstifterin der Proteste auf dem Maidan und des Sturzes des Kleptokraten Janukowitsch galt. In der neuen russischen Generalstabsdoktrin einer «hybriden Kriegführung» von 2013 war eine Kombination offener und verdeckter Militäroperationen mit einem «Informationskrieg» auch explizit gefordert worden – ausgehend von der Behauptung, dass Russland selbst sich einem permanenten «Informationskrieg» von westlicher Seite ausgesetzt sehe.

Das war natürlich wieder Surkows Stunde. Diesmal ging seine Desinformationsarbeit allerdings unmittelbar zusammen mit «nasser Arbeit», wie es im Kriminellen-Jargon heißt, bei der echtes Blut fließt. In einem in russischer und englischer Sprache verfassten, unter seinem Namen und dem Datum des 7. Mai 2014 publizierten Blog-Eintrag im «LiveJournal», einer für ein internationales Publikum bestimmten russischen Webplattform, waren unter dem angedeuteten Bild eines Scharfschützen und der ukrainischen Flagge die spöttisch sybillinischen Sätze zu lesen: «Putin ist klar ‹besser› geworden. Es hat ein Rebranding des positiven Bilds stattgefunden. Zwerg Zaches ist verschwunden, die Bühne hat ein Stratege betreten, der ultramoderne ‹hybride Kriege› führt. Vor seinen Worten zittern die Europäer, und die Amerikaner werden nervös.»[4]

Dieser Ton einer leicht schizoiden Heiterkeit signalisierte: Hier glaubte einer, mit den weltpolitischen Gegnern Katz und Maus spielen zu können. Dabei ließ die bildhafte Andeutung sich in Klartext übersetzen: Als Emissär Putins war Surkow am Vorabend des 15. Februar in Kiew gewesen, als an die Sondertruppen scharfe Munition ausgegeben wurde, und dann erneut am schicksalhaften 20. Februar, als vermummte, auf den Dächern postierte, professionelle Scharfschützen versuchten, das Protestcamp auf dem Maidan im Blut zu ersticken – eine kaltblütige Untat, die dem neuen revolutionären Gründungsmythos der unabhängigen Ukraine eine «Himmlische Hundertschaft» durch Kopfschuss getöteter Märtyrer und Märtyrerinnen verschaffte und die todesmutige Entschlossenheit der Demonstranten vollends anstachelte, den zum Protegé Moskaus herabgekommenen Präsidenten Janukowitsch noch am selben Abend aus seinem neugebauten, bizarren Kleptokraten-Palast zu jagen.

Noch während dieser mit bewaffneter Eskorte und großen Geldkoffern auf die Krim floh, wurde mit Hilfe der in den Häfen stationierten 14 000 russischen Militärs, die ihre Hoheitsabzeichen kurz abnahmen, das längst generalstabsmäßig vorbereitete Szenario einer Annexion in Gang gesetzt, gefolgt von einem rasch inszenierten, unter russischen Farben und Waffen abgehaltenen Referendum, für das es keine öffentlichen Diskussionen und keine überprüfbaren

4 Zur Figur und Rolle von Surkow insgesamt vgl. Ulrich Schmid, Der Chefideologe der «souveränen Demokratie» in: Technologien der Seele. Vom Verfertigen der Wahrheit in der russischen Gegenwartskultur, Frankfurt/M. 2015, S. 92–92–110, Zitat S. 110.

Wählerlisten brauchte, da der Ausgang (ein «sowjetisches» Ergebnis von über 90% Ja-Stimmen) bereits feststand.[5] Keine zwei Wochen später wurde dann mit Hilfe von ein paar tausend fanatischen Aktivisten bereits der Krieg im Donbass eröffnet, der als «russischer Frühling» den revolutionären Mythos des Maidan auslöschen sollte und, wie sich rasch zeigte, den Beginn eines politisch-militärischen Feldzugs zur Eroberung «Neurusslands» – des gesamten Ostens und Südens der Ukraine – markierte.

Und wieder war es (unter anderen) Surkow, der die Aufstellung der blitzschnell gegegründeten «ostslawischen» Freikorps instrumentierte, sie mit politischem und militärischem Führungspersonal aus Moskau und einer Gruppe eingeflogener Geheimdienstler stabilisierte und professionalisierte, binnen kürzester Zeit mit modernen Waffensystemen versorgte und ihre schütteren Reihen mit Tausenden Freiwilligen und Berufssoldaten aus Russland auffüllte, die das Rückgrat bildeten und das völlige Scheitern der von einem wilden Mix von Abenteurern wie dem enigmatischen Geheimdienstoffizier Igor Girkin alias «Strelkow» geführten Verbände verhinderten.

Mit diesen und mit allen nachfolgenden «Großtaten», die bald schon von Syrien bis Libyen reichten, war somit die «Epoche 14+» angebrochen, in der Putins Russland aus seiner putzigen Rolle eines verwachsenen Zwergs (Hoffmanns «Klein-Zaches») endlich heraustreten und als moderner Hybridkrieger und eurasisches Halbblut die Amerikaner, vor allem aber die Europäer das Zittern lehren

5 Ein offizieller Bericht des Menschenrechtsrates der Russischen Föderation vom 21. April 2014 «Problemy Shitelej Kryma» schätzte – in einem ganz kurzen Absatz versteckt –, dass statt der offiziellen 83% Wahlbeteiligung sogar in Sebastopol, dem Bollwerk der russischen Flotte, vermutlich nur 30–50% an der Abstimmung teilgenommen hätten, von denen 50–60% für den Anschluss an Russland gestimmt hätten. Bezogen auf die Gesamtzahl der Wahlberechtigten wäre das ein Quorum von bestenfalls 20–30% Ja-Stimmen. In den übrigen Orten der Krim müsste es noch viel niedriger gewesen sein. Ohnehin waren die 44% der Krimbewohner, die sich als ethnische Ukrainer oder als Tataren deklariert hatten, aus der Statistik verschwunden. Vgl. Zeit online, 5. Mai 2014. Der Originalbericht war per Link aufrufbar, aber auf der Website des Rates nicht mehr zu finden.

konnte – mehr oder weniger auf sich gestellt, aber umso entschlossener, die Rolle des zu jedem Kampf bereiten Alpha-Tiers in der staunenden Weltarena zu spielen.

Phantasmen einer eurasischen Weltzivilisation

Ob dieser pseudo-geheimnisvolle Surkow je die politische Zentralfigur gewesen ist, als welche er sich selbst gern stilisiert hat und Kreml-Astrologen in Russland oder in der übrigen Welt ihn gezeichnet haben, und ob er vor oder nach der Großinvasion vom 24. Februar 2022 endgültig in Ungnade gefallen ist, wie manche behaupten, und damit die lange Strecke ehemaliger Weggefährten, Polittechnologen oder Berater Putins vermehrt, deren Leichen (im übertragenen wie im wörtlichen Sinne) seinen Weg pflastern – das alles ist von sekundärer Bedeutung. Die entgrenzten Phantasien und der ausgesuchte Zynismus dieses Polittechnologen, der sich selbst für ein «charismatisches Halbblut» hält, sollten hier nur als ein Zugang zur hybriden neo-russländischen Ideen- und Vorstellungswelt dienen, in der Wladimir Putin und sein Machtzirkel leben – oder zu leben behaupten, sofern sie glauben, was sie reden oder schreiben.

Wer in diese, keineswegs nur sprachkundigen Spezialisten zugängliche, sondern in Reden, Manifesten, Büchern und Filmen üppig entfaltete Sonderwelt eintritt, könnte darüber ähnlich irre werden wie jemand, der sich den Anpreisungen der unbesiegbaren neuen Wunderwaffen Russlands überlässt, wie sie im russischen Weltorgan «Sputnik» mit einer Mixtur aus pueriler Begeisterung, patriotischer Hybris und pseudo-besorgten Drohgebärden laufend vorgeführt werden und im Selbstbild der neurussischen Supermacht eine eigene, magische Rolle spielen. Jedes Kopfschütteln und ungläubige Lachen wäre allerdings verfehlt, da sich aus den Kunstnebeln dieses politisch-ideologischen Planetariums erst in Umrissen herausschält, wie weitreichend und tod-ernst das Projekt eines Umsturzes der aktuellen, angeblich monopolaren Weltordnung zu nehmen ist, getrieben vom Zwangsgedanken, dass Russland entweder

Weltmacht auf Augenhöhe mit den USA und China – oder gar nicht sein werde.

Man lese, als ein Beispiel von vielen, das Gründungsmanifest des «Isborsker Klubs», der sich im September 2012, im Vorfeld der Wiederwahl Putins als eine neue einflussreiche pressure-group im Umfeld des Kreml platziert hat und prominente Figuren rechter, linker oder ex-liberaler Observanz versammelte, darunter auch einige frühere Putin-Kritiker oder -skeptiker, die sich in der Stunde der Gefahr wieder um den alten-neuen Anführer sammelten. Der unmittelbare Anlass und Zweck der Gründung war es, den im Vorjahr aufgeflammten Protestbewegungen in Moskau und anderen Städten Russlands, in denen sich ebenfalls Linke, Rechte und Liberale in ihrer Wut über die manifesten Wahlfälschungen und die schamlose Korruptheit der Amtsträger zusammengefunden hatten, den Sauerstoff zu entziehen. Unter denen, die als Beobachter der Gründung beiwohnten, war (natürlich) Surkow.[6]

In diesem, nach einer legendären altslawischen Festung benannten Klub fanden sich der im Afghanistan-Feldzug der 1980er Jahre zu Ruhm gekommene und an einer Synthese von Kommunismus und Faschismus russisch-sowjetischen Zuschnitts arbeitende Schriftsteller und Journalist Alexander Prochanow und der ähnlich zwischen Nationalbolschewismus und Klerikalfaschismus oszillierende Begründer einer neuen «Geopolitik» und Guru einer gesamteuropäischen «Neuen Rechten», Alexander Dugin, Seite an Seite mit Putins geistlichem Mentor und (so heißt es) persönlichem Beichtvater, dem Abt und Metropoliten Tichon Schewkunow, oder dem einflussreichen Ökonomen, Duma-Politiker und Publizisten Sergej Glasjew. Der Letztere hatte bereits in den späten 1990er Jahren eine Alarmschrift unter dem Titel «Genozid – Russland und die neue Weltordnung» verfasst, in der er als den verborgenen Urheber

6 Vgl. Timothy Snyder: Der Weg in die Unfreiheit. Russland – Europa – Amerika, München 2. Aufl. Beck Paperback 2022, S. 100–108; sowie Roland Götz, Der Isborsker Klub. Russlands antiwestliche Ideologen, in: Russland-Analysen 292, 13.3.2015, S. 15.

dieser Untat, die auf einen «Holocaust am russischen Volk» hinauslaufe, eine «neoliberale Kabale» von Globalisten mit deutlich semitischen Zügen identifiziert hatte.[7]

Das «von Putin initiierte ‹Eurasische Projekt›», so hieß es entsprechend im Isborsker Manifest von 2012, bedeute die Errichtung eines Bollwerks gegen die «tödliche Bedrohung», die von einer durch westliche Eliten und Meister des Informationskriegs konstruierten «liberalen ‹Maschine›» ausgehe. Zweimal sei es dieser satanischen Apparatur im 20. Jahrhundert bereits gelungen, das russische Imperium in ein «schwarzes Loch» zu stoßen: zuerst 1917 das weiße Zarenreich, und 1991 dann auch das rote Sowjetimperium. Indem nun beide, Weiße und Rote, Rechte wie Linke wieder zusammenfänden, habe der russische Staat seinen zweifachen historischen Tod überlebt und bewiesen, dass die «russische Zivilisation unvermeidlich von den Toten wiederaufsteht». Mit dem erneuten Amtsantritt Wladimir Putins schicke der Russisch-Russländische Staat sich nunmehr an, den vier früheren Imperien (der Kiewer Rus, dem Moskowitischen Zarentum, dem Vielvölkerreich der Romanows und der noch größeren Supermacht Sowjet-Union) ein neues, eurasisches «Fünftes Imperium» hinzuzufügen, das ein Imperium «neuen Typs» sein werde, «ohne Metropolen und Kolonien», in friedlicher Eintracht, so wie es das heutige Russland schon vorlebe.[8]

In ähnlich träumerische Höhen hatte der eminente Filmregisseur Nikita Michalkow, der als Spross des Dichters der Stalin'schen Sowjethymne und der von Putin initiierten neuen russischen Hymne, Sergej Michalkow, Angehöriger eines russisch-sowjetischen Erbadels ist und ebenfalls als ein Mentor des Präsidenten gilt, bereits in einem früheren «Manifest des aufgeklärten Konservativismus» die Vorstellung von Russland dem Großen getrieben. Dieses einzigartige Russländische Reich gründe so wie kein anderes auf einer «tausend Jahre alten Union vieler Nationalitäten», die im Laufe der Zeit zu einer höheren «spirituell-materiellen Einheit» verschmolzen seien und ein

7 Snyder, Weg in die Unfreiheit, S. 106.

8 https://izborsk-club.ru/magazine_files/2013_01.pdf.

«besonderes supranationales, imperiales Bewusstsein» ausgebildet hätten. Die heutige Föderation bilde den natürlichen und geistigen Kern Eurasiens als eines «unabhängigen historisch-kulturellen Kontinents, der, wenn er organisch und national geeint wäre, zu einem geopolitischen und sakralen Zentrum der Welt» bestimmt sei.[9]

Dieser Kanon metaphysisch-essentialistischer und apokalyptisch eingefärbter Selbstüberhebungen, wie er sich im Umfeld Putins in hundert Blüten entfaltet, ist natürlich alles andere als neu; eher ist er ein monumentaler Gemeinplatz der öffentlichen Rede in und über Russland oder ein metaphysisches Schicksalstuch, an dem seit Jahrhunderten gewebt wird.

Der erste Schussfaden in diesem endlos sich fortschreibenden Ideenroman war die Proklamation Moskaus zum «Dritten Rom», mit der das eben installierte, von der tatarischen Oberherrschaft befreite moskowitische Zarentum und Patriarchat sich nach der Eroberung Konstantinopels 1453 durch die Türken selbst zum dritten und letzten Hort der heiligen Orthodoxie ausrief und damit auf eine weltgeschichtliche Höhe erhob, von der es noch weit entfernt war, aber in den von italienischen Baumeistern errichteten Palästen und Kathedralen des Kreml vorgreifend schon zum Ausdruck brachte. In der «Zeit der Wirren» im 17. Jahrhundert wurde die Glut dieses Weltanspruchs vor allem in den festungsartigen Klöstern des Nordens weiter gehütet und an die neue Dynastie der Romanows weitergegeben, die freilich Mühe hatten, sich der «altgläubigen» Herausforderung durch entlaufene Leibeigene zu erwehren, also die alte Zwangsordnung wiederherzustellen und das allzu selbstständig gewordene Moskauer Patriarchat von Neuem seinem autokratischen Primat wieder zu unterwerfen.

Nach dem kurzen, säkularen 18. Jahrhundert mit seinen vermeintlich aufgeklärten, profaneren Größenvorstellungen im Gefolge Peters (eines zivilisierten Despoten von Sonderformat) feierte

9 «Manifest des aufgeklärten Konservativismus» von 2010; hier zit. nach Schmid, Technologien, S. 181f (Fn. 4).

die hergebrachte Selbstmystifikation Russlands in den slawophilen und panslawischen Ideenwelten des 19. Jahrhunderts dann abermals schwärmerische Wiedergeburt, und umso fiebriger und fordernder, je weiter die Eroberung des Bosporus und die Verwandlung Istanbuls in ein «Zargrad» als realpolitisches Ziel zaristischer Eroberungspolitiken in die Ferne rückte – vor allem nach der Niederlage gegen die westlichen Interventen im Krimkrieg 1853–56, die das Zarentum in der Ära Alexanders II. zwangen, sich administrativ, technisch und auch geistig zu modernisieren und die jahrhundertealte Leibeigenschaft der Bauern (die das Gros der autochthonen Bürger Russlands stellten) aufzuheben.

Umso mehr richteten sich die Blicke und politischen Aspirationen des mit Eisenbahnen und modernen Waffen nachgerüsteten Zarenreichs jetzt auf den Transkaukasus, nach Zentralasien und nach Fernost, was neben der infrastrukturellen Erschließung auch die politische und spirituelle Inbesitznahme der ungemessenen Weiten Sibiriens voraussetzte, nämlich als eines von Gott selbst oder der Geschichte dem Russenvolk zugewiesenen historischen Raumes. Mit einer Kette neuer Eroberungen, Siedlungen, Straßen- und Eisenbahnbauten gewann Russland in der zweiten Hälfte des 19. Jahrhunderts überhaupt erst das politische Format jenes endlosen, von allen Weltmeeren umspülten, an alle Kontinente grenzenden «Großen Landes», welches nach dem Dichterwort Tjutschews «mit dem Verstand nicht zu erfassen war». Mit Dostojewskis Beschwörung der Russen als eines Volks der «Gottesträger», welches der Welt das erlösende letzte Wort sprechen werde, oder mit den parallelen religionsphilosophischen Selbstüberhebungen eines Wladimir Solowjow und anderer fand der Mythos vom «ewigen, heiligen Russland» seine ultimative, kaum mehr steigerbare Gestalt und lieferte Hand in Hand mit den Geschichtsentwürfen der slawophilen Historiker und mit den Agitationen der panslawischen Propagandisten dem immer noch weiter expandierenden Russländischen Riesenimperium einen politisch-ideologischen Überbau, der sowohl ins Universalhistorische wie ins Globalhistorische ausgriff.

Im 20. Jahrhundert fand dieses Syndrom seine dialektische Antithese und zugleich seine Fortsetzung im internationalistischen Avantgardeanspruch der Bolschewiki als den von der geschichtlichen Entwicklungsdialektik selbst designierten Vorkämpfern einer sozialistischen Weltrevolution im Zeitalter des Imperialismus, die in Sowjetrussland ihr Hauptbollwerk und in Moskau als Hauptstadt einer kommunistischen Weltpartei und Internationale ein säkulares Mekka der Arbeiterklassen und der jungen, vom kapitalistischen Weltsystem sich befreienden Völker finden werde.

Fast spiegelbildlich fand man diesen entgrenzten Geltungsanspruch aber auf dem weltanschaulichen Gegenpol wieder, etwa in den historiosophischen Weltentwürfen der exilierten Ideologen eines russländischen Eurasiertums oder in den Auserwähltheitslehren des 1922 deportierten Religionsphilosophen und glühenden Antibolschewisten Iwan Iljin, der im Russland Wladimir Putins mittlerweile eine erstaunliche Renaissance erfahren hat.

Vor allem in seinen Jahren als Ministerpräsident nach 2008 hat der hinter seinen Adlatus Medwedew pro forma ins zweite Glied zurückgetretene Wladimir Putin mit dem Eifer eines begabten Autodidakten begonnen, sich «mit Geschichte zu befassen» und, assistiert vom neuen Patriarchen Kirill und seinem persönlichen geistlichen Mentor «Vater Tichon» (Schewkunow), mit eigener Hand und breitem Pinsel am Idealbild eines neuen, spirituellen, von ihm selbst wiederaufzurichtenden Russland zu malen. Natürlich war das immer auch ein Vorgriff auf jenes Bild, welches in künftigen Geschichtsbüchern und Herrschergalerien von ihm, Wladimir Putin, überliefert werden soll: nämlich als demjenigen, der den Zerfall des russisch-sowjetischen Mega-Staats durch die Wiederaufnahme einer Politik der «Sammlung der russischen Länder» (wie die alte, rituelle Formel lautet) wettgemacht und darüber hinaus den Weg zu einer größeren, kontinentalen, eurasischen Völker- und Staaten-Union gebahnt hat, die den ehernen Gesetzen der Geopolitik zufolge von Wladiwostok bis Lissabon reicht.

Überwölbt und flankiert wird dieses Projekt von der Wiederherstellung oder Neubegründung einer «Russischen Welt», die nicht nur die russophonen und rechtgläubig-orthodoxen Minderheiten in allen ehemaligen Sowjetrepubliken, sondern auch die Diasporen auf allen anderen Kontinenten organisatorisch und spirituell vereinen und so als ein globaler Kultur- und Sprachraum eine der großen Weltzivilisationen repräsentieren soll. Es ist kaum allzu spekulativ, auch darin ein Substitut der Ausstrahlung zu sehen, die von der UdSSR als dem Zentrum eines antikapitalistisch-antiimperialistisch-antiwestlichen Weltlagers einst ausging. Gleichzeitig drängen sich allerdings auch Parallelen zu den «Vereinen zur Pflege des deutschen Volkstums im Ausland» auf, die von der Wilhelminischen Ära über die Weimarer Zeit bis ins Dritte Reich hinein als Werkzeuge einer politisch-ideologischen Selbstdarstellung der Deutschen als «Weltvolk» und «Weltkultur», in Mittel- und Osteuropa, aber auch als direkte Organe einer großdeutschen Volkstums- und Germanisierungspolitik gedient haben.

Von Führern, Zaren, Helden, Erlösern

Schon am Beginn seiner zweiten Amtszeit 2005 hatte Putin der Rücküberführung der Gebeine Iwan Iljins, zusammen mit denen des ebenfalls im Exil gestorbenen weißen Bürgerkriegsgenerals Anton Denikin, auf den Moskauer Donskoi-Friedhof, auf dem die Helden der alten und neueren Geschichte Russlands begraben sind, beigewohnt. Freilich liegen sie dort Seite an Seite mit den kremierten Überresten vieler, in den Kellern der Lubjanka erschossener und in Aschegruben verscharrter prominenter Opfer des Großen Terrors. Unter ihnen waren einige der glänzendsten Generäle der Sowjetunion wie die 1937/38 erschossenen Marschälle Tuchatschewski oder Blücher ebenso wie einige der bedeutendsten Künstler dieser Periode, so der Theaterregisseur Wsewolod Meyerhold oder der Erzähler Isaak Babel, in obszöner Vermischung mit dem Initiator und Organisator des Großen Terrors selbst, Nikolai Jeshow, der von seinem Nachfolger Berija ebenfalls verhaftet, gefoltert, verhört und erschossen wurde.

Die abgründige Symbolik dieses intimen Nebeneinanders ist

Putin keineswegs entgangen, im Gegenteil: Ein rituelles Betrauern der Opfer des bolschewistischen Terrors, unter denen ja auch viele Priester und geistliche Würdenträger waren, ist Teil der neuorthodoxen Beschwörung der Unsterblichkeit Russlands und insoweit dem nationalreligiösen Heilsplan mit eingeschrieben. Mehr noch: gerade die Tiefe der vergangenen Leiden und die Menge des vergossenen Blutes bezeugt die Größe und die Ewigkeit Russlands!

Auf diesem neu arrangierten Helden- und Märtyrerfriedhof also hat Wladimir Putin bei einer weiteren, nun schon offiziellen Zeremonie im Jahr 2009, im Nachgang des Georgien-Feldzugs, den weißen Bürgerkriegsgeneral Denikin in einem besonderen Staatsakt als einen aufrechten «Verteidiger der Einheit Russlands» gerühmt, der gewusst habe, dass Russen, Ukrainer (Kleinrussen) und Weißrussen von jeher «ein Volk» gewesen seien und dass niemand zwischen sie treten dürfe[10] – eine Formel, die er seither immer wieder und immer nachdrücklicher verwendet und dann zum Leitgedanken jenes langen Textes von 2021 gemacht hat, der die Vorab-Legitimation für die Invasion geliefert hat.[11]

Die Würdigung Denikins implizierte natürlich zugleich, dass Lenin und Trotzki die (fremdstämmigen, unrussischen) Zerstörer dieser uralten, organischen Einheit von Reichsvolk und Imperium gewesen seien. Schlimmer: Die von Lenin (gegen den Widerstand Stalins) durchgesetzte Unions-Verfassung, die ein nominelles Recht auf Austritt der Republiken und eine gewisse kulturelle und administrative Autonomie gewährte, habe 1991 als Werkzeug gedient, mit dem vom Westen unterstützte Nationalisten in abtrünnigen Landesteilen den schicksalhaften Auseinanderfall der Union und damit des unteilbaren Russländischen Imperiums in die Wege leiten konnten – etwas, das niemals hätte geschehen dürfen.

10 Putin: ‹You certainly should read› Anton Denikin's diary; specifically the part about ‹Great and little Russia, Ukraine. He says nobody should be allowed to interfere between us. This is only Russia's right›. In: Kyiv Post, 24. Mai 2009.

11 Vladimir Putin, Über die historische Einheit der Russen und der Ukrainer. In: «Osteuropa», H. 7/2021, S. 51–66.

Ebenso bedeutungsvoll war, dass Putin neben den Tagebüchern Denikins allen russischen Bürgern und Beamten nachdrücklich auch die Schriften Iwan Iljins zu lesen empfahl, in die er sich in diesen Jahren offenbar selbst vertieft hatte. Er zitierte sie nun immer häufiger als Fingerzeige für den künftigen Weg des Landes und damit seiner eigenen geschichtlichen Rolle. Dass der fanatische Antibolschewist Iljin in seinen deutschen Exiljahren vom Faschismus Mussolinis wie vom Nationalsozialismus Hitlers stark beeindruckt war, auch wenn er sie wegen ihres «heidnischen» Charakters nicht als Vorbild für Russland sehen wollte, störte seinen späten Schüler offenkundig nicht.

Denn die Aufgabe des starken, strengen und männlichen Führers (voshd) oder Herrschers (*gosudar*), der im Zentrum des von Iljin 1938 verfassten Entwurfs eines nach-bolschewistischen großrussischen Idealstaats stand, würde es sein, gestützt auf die alte byzantinische Idealvorstellung einer «symphonia», eines Zusammenklangs von weltlicher und geistiger Macht, eine höhere «organisch-spirituelle Einheit der Regierung mit dem Volk» zu schaffen. Und das war eben etwas, wozu die Faschisten des Westens mit ihrer religiösen Bindungslosigkeit und mit ihren ständestaatlichen Sozialvorstellungen gar nicht fähig waren. Dem in einmütigen Voten vom Volk bestimmten Führer-Erlöser war es überdies aufgegeben, die sündigen, banalen Privatgeschäfte und -zwecke der Bürger und ihren eingefleischten «geistigen und moralischen Relativismus» mit starker Hand dem neuen, großen, absoluten, geheiligten Ganzen vollkommen unterzuordnen – was eher schon an Stalin erinnerte, dem der 1938 in die Schweiz übersiedelte Iljin nach dem Sieg im Weltkrieg denn auch, mindestens implizit, die Rolle eines Platzhalters im allrussischen Heilsplan zubilligte.

Ein solcher Idealstaat russischer Tradition würde auch ungleich mehr repräsentieren als eine Nation im westlichen Sinne: nämlich die «brüderliche Union» aller ihm angehörigen Ethnien, die sich dem orthodoxen Moskauer Zentrum bereitwillig unterordnen und assimilieren werden, um schließlich «eine vielgesichtige, aber monolithische Nation» zu bilden, von der Putin 2013 gesprochen hat –

eine Art Über-Nation mithin, die dem «Sowjetvolk» post-stalinistischer Bauart, wie es in Breschnews Verfassung von 1975 als ein imaginäres Subjekt vorgezeichnet war, doch durchaus ähnlich sieht.

Um dies zu vollbringen, werde der künftige Herrscher, wie Iljin mit deutlichen Anleihen bei seinem Zeitgenossen Carl Schmitt schrieb, alle «raumfremden Mächte» ausschließen, namentlich westlich-maritimer und daher wurzellos-kosmopolitischer Natur, und überhaupt «die Kunst der Identifizierung und Neutralisierung des Feindes» beherrschen lernen. Und für dieses Ziel der Eliminierung aller inneren Feinde, die meist auch Agenten der äußeren Feinde waren, dürfe der Führer «das ritterliche Opfer» des Blutvergießens nicht scheuen, selbst wenn das in profaner Betrachtung einem rechtlosen, kriminellen Akt gleichzukommen scheine.[12] Das mag Putin als Sanktionierung seiner Politik der Mordanschläge mit Gift und Pistole gelesen haben, die nach altem, ehernem Tschekistengesetz für alle Verräter bestimmt sind.

Und wenn dem Religionsphilosophen Nikolaj Berdjajew, der 1922 mit demselben «Philosophendampfer» wie Iljin und wie zweihundert andere, potentiell verdächtige Intellektuelle von Lenin ins deutsche und europäische Exil verfrachtet worden war, bei Lektüre einer Schrift Iljins aus dem Jahr 1925 auffiel, wie deutlich dessen Idealbild des ritterlichen Exekutors dem des «Ritters der Revolution» Felix Dsershinski ähnelte – nur dass «eine Tscheka im Namen Gottes noch entsetzlicher ist als eine Tscheka im Namen des Teufels»[13] –, dann könnte der Ex-Tschekist Putin das durchaus als

12 Am ausführlichsten hat über die Rolle Iwan Iljins als eines postumen Ratgebers für Putin geschrieben: Timothy Snyder: Der Weg in die Unfreiheit. Russland – Europa – Amerika. München 2. Aufl. Beck Paperback 2022, S. 23–44. – Die posthume Iljin-Renaissance begann mit einer Sammlung von Texten aus den Jahren 1948–1954 u. d. T. «Naši zadači», Paris 1956. Einen Überblick über Iljin und seine literarische Tätigkeit bietet (in verehrendem Ton) die Website <//iljinru.tsygankov.ru>. Wesentliche Texte Iljins sind: Nacional-Socialism. Novy duch, in: Vozroždenie, (Paris) 17.5.1933. – O graduščej Rossii: Čto est gosudarstvo – korporacija ili učreždenie? (10.–17.1.1949).

13 Zit. Nach Snyder, Weg in die Unfreiheit, S. 40.

Kompliment gelesen haben, als er neben den Schriften Iljins auch die Berdjajews für ein gesundes vaterländisches Lektüre-Menü empfahl.

Eine weitere wichtige Komponente, die im Ideen-Totalisator der Putin-Welt mitwirbelt, sind die mystisch-materialistischen Ideen einer «Ethnogenese», wie sie der Autodidakt Lew Gumiljow, der Sohn des von Dsershinski verhafteten und erschossenen Poeten Nikolai Gumiljow und der von Stalin verfemten Dichterkönigin Anna Achmatowa, nach seinen existenziellen Erfahrungen im sowjetischen Straflager entwickelt und 1989 schließlich auch hatte publizieren können. Dieser esoterischen Theorie zufolge haben die Russen aufgrund ihrer angestammten Leidens- und Durchhaltefähigkeit, die sie neben den Härten von Klima und Natur einer besonders intensiven Inkorporation kosmischer Strahlung sowie der Verschmelzung europäisch-bodenständiger und asiatisch-nomadischer Elemente in ihrem Erbgut und Genpool verdanken, eine besondere, spirituelle Eigenschaft oder Fähigkeit erworben: die der «Passionarität». Mit Begriffen wie Leidenschaftlichkeit, Brüderlichkeit usw. lässt sich das nur näherungsweise übersetzen, aber kaum wirklich verstehen. Jedenfalls macht ihre «Passionarität» die Russen zu einer ganz eigenen, einzigartigen Menschengattung, einem besonderen Super-Ethnos, dem es zugefallen ist, die ihnen zugewiesenen historischen Räume und Länder zu besiedeln, zu beherrschen und sogar zu durchgeistigen.[14]

Dieser auserwählte Raum, «in dem wir Jahrhunderte zusammengelebt und in den furchtbarsten Kriegen triumphiert haben», wie Putin in seiner Rede zur Begründung der Krim-Annexion sagte, reiche «von den Karpaten bis Kamtschatka»; und genau so werde es auch bald wieder sein. «Und allen, die uns trennen wollen, kann ich

14 Zu den Theorien Gumiljows vgl. Snyder, ebd., 93–99. – Die tragische Dimension der Biographie und des Denkens von Gumiljow findet sich gewürdigt in Charles Clover: Black Wind, White Snow. The Rise of Russias New Nationalism, Yale University Press 2016.

nur das eine sagen: dieser Tag wird niemals kommen.» Denn die «geistige Kraft», die die «gemeinsame Staatlichkeit» der ostslawischen Stämme erst ermöglicht hat, das orthodoxe, rechtgläubige Christentum, sei trotz aller Versuche, es durch westlichen Rationalismus und Materialismus zu ersetzen, so lebendig wie noch je.[15]

Und deshalb hat er, Wladimir Wladimirowitsch, der seiner Legende nach als kleiner Junge von der Großmutter heimlich getauft wurde und als verborgener Christ unter Heiden in einer atheistischen Partei gelebt haben will, sich im «Heiligen Wladimir» selbst einen fernen historischen Vorläufer erschaffen. Im wirklichen Leben handelte es sich um den Rurikiden-Fürsten Wolodymir, der mit seinem normannischen Namen Valdemar hieß und vor mehr als eintausend Jahren die «Kiewer Rus» getauft und gegründet haben soll. Damit habe er (wieder in Putins Worten) die «Basis der Kultur, Zivilisation und menschlichen Werte, welche die Völker Russlands, der Ukraine und Weißrusslands vereinen», gelegt.

Putin repetierte damit eine vor allem im 19. Jahrhundert immer weiter ausgemalte nationalreligiöse und imperiale Legende, die vergessen machen soll(te), dass es im 10. Jahrhundert weder eine Stadt «Moskau» noch ein Volk der «Russen» gegeben hat. Das hat Putin umso mehr bewogen, «die sakrale Bedeutung» des angeblichen Ortes der ersten Taufe Valdemars / Wolodymirs / Wladimirs nahe der byzantinischen Chersones (bei Sebastopol) noch einmal frisch zu erfinden und sie allen Ernstes der universalen Bedeutung des Jerusalemer Tempelbergs gleichzustellen – obschon dieser recht unscheinbare, von einem Kirchlein markierte Taufplatz in der orthodoxen Kirchengeschichte bis dahin keinerlei herausgehobene Rolle gespielt hatte.

2016 ging er noch einen Schritt weiter und ließ ein monumentales Denkmal des Hl. Wladimir an der Rückseite des Kreml errichten, um den Anspruch Moskaus als Hüterin der heiligen Orthodo-

15 Rede Wladimir Putins über den Beitritt der Krim zur Russischen Föderation, gehalten vor dem Föderationsrat und der Staatsduma am 18. März 2014; in deutscher Übersetzung und mit Kommentaren versehen in: https://crimea.dekoder.org/rede.

xie zu bekräftigen und Kiew, das seit mehr als 150 Jahren von einem Monument Wladimirs / Wolodymirs hoch überragt wird, die Legitimität streitig zu machen – und damit auch der Ukrainischen Kirche, die sich frevlerisch vom Moskauer Patriarchat losgelöst hat.[16] Dass er, Wladimir Wladimirowitsch, sich selbst damit in peinlicher Überdeutlichkeit (nomen est omen) in die Nachfolge des «Heiligen Wladimir» gestellt hat, haben nur wenige gewagt auszubuchstabieren – außer seinem geistlichen Beistand, dem Metropoliten Tichon Schewkunow, der schon früher (vor Putins Wiederwahl) das Volk aufgefordert hatte, für den zu beten, «der durch Gottes Wille an Russlands Spitze steht».[17]

Die brachial ahistorische und pseudoreligiöse Manier all dieser Retraditionalisierungen wird noch deutlicher, wenn man den «Krieg um die Seele», den die Russländische Militär-Historische Gesellschaft unter der Ägide des Kulturministers Medinski 2015 ausgerufen hat, sowohl in seinen frömmelnd-schwerblütigen wie in seinen popkulturell-fantasyhaften Ausformungen in den Blick nimmt – wobei die einen und die anderen zwanglos ineinander übergehen.

Nicht nur haben etliche hohe Funktionäre des Regimes sich nach dem Vorbild Surkows bei Gelegenheit als Romanciers und Essayisten oder auch als Filmemacher und Videoproduzenten betätigt, einschließlich des Kulturministers Medinski. Auch Schewkunow, der ein Absolvent der Moskauer Filmhochschule war, bevor er in den Dienst des Moskauer Patriarchats trat und als «Vater Tichon» ordiniert wurde, hat eine Reihe populärer Bestseller über russische Heiligenviten geschrieben. Und 2008 hat er ein aufwendiges Dokuspiel «Der Untergang des Imperiums», nämlich des byzantinisch-oströmischen Reiches, gedreht. Dessen Zerfall erscheint vor allem den zersetzenden Einflüssen ausländischer Händler und Berater geschuldet; während der auf Moskau übertragene Geist der heiligen

16 Vgl. zu diesem ganzen Komplex Frithjof Benjamin Schenk, Das Denkmal für Fürst Wladimir. In: https://kremlin.dekoder.org/fuerst-wladimir-denkmal.

17 Zitiert nach Snyder, Weg in die Unfreiheit, S. 72.

Orthodoxie und «symphonischen» Eintracht dieses «Dritte Rom» in die Lage versetzte, sich dem rationalistischen, individualistischen und nationalistischen Ungeist der Renaissance und Aufklärung zu erwehren, während das westliche Europa bereits in einen tiefen, bis heute andauernden moralischen und geistigen Niedergang hineingezogen wurde.[18]

Auch Schwärme jüngerer Autoren und Künstler, Musiker oder Netzaktivisten haben in Form von Erzählungen, Comics, Spielfilmen, Fernsehserien oder Videospielen sich ganz auf die romantisierende oder heroisierende Umwertung und Neuerfindung der Geschichte Russlands geworfen. In ihnen taucht regelmäßig auch die Figur Stalins als eines Retters von Staat, Volk, Nation, Kultur und sogar der Religion auf und wird in eine selbstverständliche Reihe mit den historischen Recken, großen Zaren oder siegreichen Generälen Russlands gestellt. Was sich wiederum mit den zahlreichen, in altem Stil gemalten Ikonen ergänzt, auf denen Iossif Wissarionowitsch Dschugaschwili, der als bolschewistischer Untergrundkader den Kampfnamen Stalin (der «Stählerne») annahm, bereits als «Heiliger Iossif» angebetet und verehrt wird – etwas, das nur mit dem Segen des Patriarchats, und somit des Kreml, möglich sein dürfte.

Andere, Jüngere schwelgen hingegen in der lustvollen Ausmalung virtueller Weltkriegs- und Endkampf-Szenarien, in denen das von «Passionarität» erfüllte, von Natur gutmütige und unverdorbene, aber von gerechtem Zorn erfüllte Russenvolk sich gegen alle möglichen Invasoren und Infiltratoren behauptet und satanische, degenerierte Elemente im eigenen Volkskörper ausmerzt. Oder uniformierte Girlgroups besingen in nordkoreanischem Stil ihren virilen Führer, während punkige Rockbands im Rammstein-Orgelton den in Agitationsvideos auf YouTube vorgestellten, unbesiegbaren

18 Mittlerweile verfügt Schewkunow über ein ganzes, vom Staat üppig subventioniertes Medien-Imperium. Vgl. The Metropolitan's Projects. Initiatives linked to ‹Putins Confessor› received $ 332 Millions from Russia's government and State owned companies. In: Meduza, 6.8.2022 (https://kremlin.dekoder.org/fuerst-wladimir-denkmal.

Ikone des «Heiligen Iossif», 2000er Jahre: Stalin in weißer Marschallsuniform, erleuchtet vom Heiligen Geist. Die in alt-kirchenslawisch verfassten Aufschriften und Bilder verweisen auf einen legendären Besuch Stalins im Jahr 1941 bei der erst 1999 kanonisierten Hl. Matrjona (einer bäuerlichen Wundertäterin und Wahrsagerin), als die deutschen Armeen vor Moskau standen. Sie habe ihm geweissagt: «Das russische Volk wird siegen, Du wirst siegen. Als Oberkommandierender wirst Du Moskau nicht verlassen.» – Das kleine Bild rechts dürfte auf den angeblichen Tod des «Hl. Iossif» im März 1953 von der Hand der «Mörderärzte im Kreml» verweisen. Gegen die Kremlärzte, die im Auftrag des Weltimperialismus und Zionismus Stalin und die gesamte sowjetische Führung vergiften sollten, war in den Wochen vor Stalins Tod bereits eine antisemitische Kampagne entfesselt worden, die danach zwar abgeblasen wurde, im Volksgedächtnis aber offenbar Wurzeln geschlagen hat und durch Stalins Tod noch bestärkt worden war. Diese Weltverschwörungstheorien haben im Laufe der letzten drei Jahrzehnte in Russland eine fieberhafte Renaissance erfahren.

«Russki Okkupant» rühmen, der alle fremden Länder und Völkerschaften, die ihm querkommen, unter den Stiefel nimmt und nicht mehr hergibt.

Einen staatspolitisch höheren Rang haben die Auftritte der

«Nachtwölfe», eines in martialischen Lederklamotten oder in Phantasie-Uniformen mit zaristischen, kirchlichen oder stalinistischen Fahnen und Emblemen auftretenden Biker-Clubs mit einigen zehntausend Mitgliedern und Ablegern in fast allen russischen Städten. Ihr Gründer und Anführer, der ehemalige Medizinstudent Alexander Saldostanow, hat bei allen möglichen Gelegenheiten bärenhafte Umarmungen mit Putin getauscht, dem Ehren-Rocker, den er seinen Freund nennt. Saldostanow war nach 2014 häufiger Gast in den TV-Talkshows und durfte vor 100 000 Zuschauern im Beisein des gutgelaunten Präsidenten im Militärhafen Sebastopol gleich nach der Krim-Annexion ein Siegesfestival als multimediale Bühnenshow inszenieren. Er selbst spielte darin «als eine phantastische Kreuzung aus Mad Max und Fürst Wladimir» den Zeremonienmeister und rezitierte eigene, «mystische Gedichte, die Stalin als Hüter der russischen Orthodoxie priesen». Am Ende wurde unter dem Geheul der Schiffssirenen und mit militärischem und pyrotechnischem Bühnenzauber der Angriff ukrainischer Faschisten, gelenkt von Obama und Merkel, durch Kohorten archetypischer russischer Matrosen abgewehrt und ein überdimensionales Sowjetwappen mit Zarenadler an den Himmel gelasert. Mit diesem Crossover aller Stile und Botschaften passten «die ‹Nachtwölfe› perfekt in das Design von Wladislaw Surkows eklektischer Staatsideologie», wie Ulrich Schmid sie in seinem Buch «Technologien der Seele» facettenreich dekonstruiert hat.[19]

19 Schmid, Technologien der Seele, S. 208 f [Fn. 4].

2. Ausbruch aus der Weltordnung

Das Alphatier in der Weltarena, ratlos

Der «Krieg gegen den Terror» als goldene Gelegenheit

Auch wer die narkotischen Selbstbeschwörungen und die halt- und uferlosen Weltkonstruktionen der Ideologen des Putinismus nicht eins zu eins nimmt, sondern sie erst einmal (wie ich) als ein sozialpsychologisches Symptom zu verstehen versucht, nämlich als Ausdruck einer tiefsitzenden, konstitutionellen Selbstunsicherheit, die ihre handfesten materiellen und mentalen, historischen und aktuellen Gründe hat, wird darin wenig Trost oder Beruhigung finden. Denn so hohl auftrumpfend das alles daherkommt, ist es doch Zeugnis einer sich verdichtenden kollektiven Paranoia, die von den Polittechnologen und Propagandisten des Kreml absichtsvoll und recht zynisch unter ihren Subjekten geschürt wird, aber wohl auch sie selbst und einen Gutteil der putinistischen Eliten autohypnotisch im Griff hat und einen gravierenden Wirklichkeitsverlust bedeutet.

Mit dem medialen Bild oder Selbstbild Putins als eines kühl kalkulierenden Globalstrategen verträgt sich das nur sehr bedingt. Oder was könnte ihn allen Ernstes zum Beispiel zu der immer wiederholten und nun sogar als Kriegsgrund ins Feld geführten Behauptung bringen, der «kollektive Westen» wolle Russland nicht nur eindämmen, schwächen oder demütigen, sondern habe, wie beim Fall von Jugoslawien, «das Fell des russischen Bären schon verteilt»? Glaubt er, glauben seine Sprecher und Propagandisten das tatsächlich? Und wenn ja, was bedeutet das für den Rest der Welt?

Die Standarderzählung lautet, Putin habe sich im ersten Jahrzehnt ernsthaft bemüht, in die Europäische Union und sogar in die

NATO «einzuheiraten» (um Surkow zu zitieren), aber sei immer wieder zurückgewiesen und brüskiert worden – bis ihm auf der Münchner Sicherheitskonferenz 2007 endlich der Kragen geplatzt sei und er die Anmaßungen der USA und der westlichen Allianz, die eine «unipolare Weltordnung» zu etablieren hofften, mit scharfen Worten gegeißelt habe – zu Recht, wie viele Kritiker im Westen selbst und in der übrigen Welt damals fanden oder noch immer finden, zumindest retrospektiv.

Und tatsächlich konnten manche seiner Ausführungen im Widerschein des fatalen, auf lügnerischen Behauptungen beruhenden Irak-Feldzugs der USA mit ihrer «Koalition der Willigen» ganz plausibel wirken.[1] Nur sprach schon damals Putins eigener «Krieg gegen den Terror», vor allem der unter womöglich selbst produzierten Vorwänden und mit barbarischer Härte 1999 wiederaufgenommene und ohne Rücksicht auf Verluste zu Ende geführte Krieg in Tschetschenien der als abschreckendes Exempel für alle anderen, nach Unabhängigkeit oder größerer Selbständigkeit strebenden Gebiete der Russischen Föderation dienen sollte, eine ganz andere Sprache. Und die Serie der nachfolgenden Feldzüge, vom Georgien-Krieg 2008 bis zum Ukraine-Krieg 2014, deutete darauf hin, dass es in Wirklichkeit darum ging, im Windschatten der US-amerikanischen Weltpolitik einen eigenen, erweiterten geopolitischen Hegemonie- und Einflussraum abzustecken und ihn als eine Zone verminderter Souveränität der dort bestehenden Staaten und Bevölkerungen zu markieren.

In allen diesen Feldzügen zeigte sich auch bereits, dass die neue Armee Russlands, genau wie einst die Sowjetische Armee, darauf geeicht ist, dort, wo sie einmal ihren Stiefel hingesetzt hat, auch zu bleiben und alle Funken eines, selbst friedlichen Widerstands radikal auszulöschen – so wie in Tschetschenien oder dann in Syrien. Das ist etwas, was die Amerikaner bei ihren Interventionen weder

1 Wladimir Putin, Rede auf der Münchner Sicherheitskonferenz, 10. Februar 2007; in vollständiger dt. Übersetzung auf http://www.ag-friedensforschung.de/themen/Sicherheitskonferenz/2007-putin-dt.html.

können noch wollen, weil sie – zumindest seit Vietnam – nichts so sehr scheuen, wie ihre «boots on the ground» zu setzen. Vielmehr glauben sie, alles aus der Luft und mit viel Hilfsgeldern für abhängige Regierungen erledigen zu können, die ihnen darüber regelmäßig entgleiten – wie im Irak – oder selbst dekompensieren, wie zuletzt in Afghanistan.

Aber auch sonst stand und steht diese sowjetisch-russische Weltpolitik in einem markanten Gegensatz zu den vielen amerikanischen Interventionen, die von Administrationen beider Parteien nach unklaren Kriterien und meist schlecht informiert in Gang gesetzt wurden und regelmäßig einer Logik der Eskalation gehorchten, die statt eines totalen Siegs oder einer dauerhaften Besetzung die Bedingungen eines glimpflichen Abzugs schaffen sollte. Mit dem Ergebnis, dass ihre Nachfolger im Präsidentenamt unter dem Druck einer immer unruhigeren Öffentlichkeit, bevorstehender Wahlen und unwilliger Alliierter zusehen mussten, wie sie aus dem Schlamassel wieder herauskamen. Es hat nach dem Zweiten Weltkrieg jedenfalls keinen größeren Interventionskrieg gegeben, von Korea über Vietnam bis Afghanistan oder den Irak, den die USA klar gewonnen hätten – sehr im Gegensatz zu ihren von der Sowjetunion unterstützten, tellurischen Gegnern, die in einer furchterregenden Kombination konventioneller und partisanenmäßiger Kriegführung, begleitet von unbarmherzigem Terror und ohne Rücksicht auf Verluste am Ende regelmäßig obsiegt haben. Das historisch bedeutsamste Beispiel war und bleibt natürlich das fluchtartige Verlassen Vietnams 1975, dessen ikonische Bilder denen des chaotischen Abzugs der US-Truppen aus Afghanistan 2021 auf verstörende Weise ähnelten.

Das einzige Gegenbeispiel auf sowjetischer Seite war der Rückzug der insgeheim aufgestellten und gefechtsbereiten Atomraketen aus Kuba 1962, das dafür aber umso fester im sozialistischen Lager verankert blieb, sowie der Rückzug des sowjetischen Expeditionskorps aus Afghanistan nach 1987, der freilich bereits den Anfang vom Ende der Sowjetunion markierte und von vielen russischen Geostrategen heute schon wieder als Fehler beklagt wird. Aber als ein historischer Fehler, wenn nicht sogar als Verrat gilt vielen Moskauer Falken längst auch der friedliche, vertraglich geregelte Rückzug der Roten Armee aus Ostdeutschland und Mitteleuropa nach 1990, den sie dem in Deutschland als «Gorbi» verehrten Ex-Präsidenten niemals verzeihen werden.

Jedenfalls waren Putin und sein Diplomatenkorps um den ewigen Lawrow klug genug, gerade in den «unilateralen», plan- und ziellosen Militärinterventionen der Ära Bush nach dem Terrorangriff vom 11. September 2001 eine Kette goldener Opportunitäten zu erkennen, die sie umso grimmiger als Missachtung oder sogar Einkreisung Russlands anprangerten. Dabei, was hätte ihnen gelegener kommen können als die Spaltung in «ein altes und ein neues Europa», wie Bushs Verteidigungsminister Rumsfeld sie mit Blick auf die Willigen und die Verweigerer beim Irakfeldzug damals betrieben hatte, und die daraus resultierenden Risse und Spannungen innerhalb der NATO; oder eben die Verstrickungen ihres weltpolitischen Gegenübers von Afghanistan und vom Zweistromland bis Somalia oder Mali im Zeichen eines «Kriegs gegen den Terror», der sich den entgrenzten Phantasien der al-Qaida- oder IS-Strategen fast spiegelbildlich anpasste?

Ob die aufsehenerregende Akquisition Gerhard Schröders 2005 durch seinen frisch gewonnenen Männerfreund Wladimir Putin und die dauerhafte Eingliederung des eben abgewählten deutschen Ex-Kanzlers in den politischen Einflusspool des Kreml signalisierte, dass man allen Ernstes eine Achse Paris-Berlin-Moskau, wie sie während des Irak-Kriegs für kurze Zeit aufschien, für eine reale Option hielt, mittels derer die Nachkriegsbindung der Westeuropäer mit Washington sich hätte aushebeln lassen, kann dahingestellt bleiben. Ein weitsichtiger und lohnender Schachzug war es allemal; zumal Schröder ja nur der erste in einer ganzen Riege ausgemusterter europäischer Politiker aller Länder und jeglicher Couleur war, die sich gegen gutes (sehr gutes) Geld und mit einer dazu passenden Überzeugtheit in die Dienste des Kreml und seiner Energiemonopole gestellt haben. Und auch sie waren nur das feste Inventar einer ungleich weiter ausgreifenden Politik der Schaffung von wirtschaftlichen Abhängigkeiten und politischen Loyalitäten, die sich aller korruptiven Praktiken und Gesetzeslücken der westlichen Länder, gerade auch der USA, bedienten, um das zu knüpfen, was von der langjährigen Moskauer Wirtschaftskorrespondentin Catherine Belton unlängst einer staunenden Welt als «Putins Netz» vorgeführt worden ist.[2] In welch verblüffendem Maße es gelungen ist, mittels solcher Strategien die Innenpolitik nicht nur fast aller großen und kleinen Länder Europas, sondern selbst der USA zu chaotisieren und zu beeinflussen, ist mittlerweile ein offenes Geheimnis und stellt alle westlichen Verfassungssysteme und politischen Standfestigkeiten auf eine harte Probe.

Putins Philippika von 2007 gegen den amerikanischen Unilateralismus lief jedenfalls auf nichts Geringeres als einen Anspruch Russlands auf direkte Mitwirkung oder sogar eine unverbindliche Prime-Mitgliedschaft in den europäischen und transatlantischen Strukturen und Organisationen hinaus, den politischen ebenso wie den militärischen, als Ergänzung der wirtschaftlichen Kooperation, wie sie mit der Erweiterung der G-7 zur G-8 regularisiert worden war. Dass Russland als Elefant im Raum oder richtiger: im Porzellanladen die ohnehin fragilen Strukturen und Konstellationen innerhalb der EU wie der NATO lustvoll gesprengt oder dauerhaft blockiert hätte, und dass dies auch der einzige Sinn dieses «Angebots» war, war natürlich nur zu klar. Alle roten Teppiche, die unter dem Label einer «strategischen Partnerschaft» ersatzhalber in Brüssel ausgerollt wurden, betrachtete man in Moskau als ein Zeichen der Missachtung und Degradierung, auf die man, wenn man sie überhaupt betrat, demonstrativ spuckte.

Dabei ließ sich das unermüdlich angeprangerte militärische «Vorrücken der NATO» ja nicht nur ganz leicht konterkarieren, sondern im Gegenteil hervorragend ausnutzen. Als in Polen einige amerika

2 Catherine Belton, Putins Netz. Wie sich der KGB Russland zurückholte und dann den Westen ins Auge fasste, Hamburg 2022.

nische Abwehr-Batterien gegen iranische Raketenangriffe installiert werden sollten (was tatsächlich eine etwas lächerliche Konstruktion war, aber jedenfalls defensiven Charakter trug), lieferte das der russischen Führung einen perfekten Vorwand, um im Gegenzug und ohne großes Aufheben im Kaliningrader Gebiet eine größere Zahl Kurz- und Mittelstreckenraketen zu stationieren, die einen rein offensiven Charakter tragen und gegen die es tatsächlich kaum Abwehrmittel gibt, schon gar nicht, wenn sie atomar bestückt werden. Noch in 2022 sollen sie mit der neuen Überschall-Wunderwaffe Sarmat ergänzt werden.

Es ist nicht erinnerlich, dass sich gegen diese und andere politisch-militärische Schachzüge Russlands, die so unilateral wie nur möglich waren, größere Proteste in Deutschland oder anderswo in Europa erhoben hätten, außer an der baltischen Peripherie. Wie man es überhaupt erstaunlich finden kann, dass der Ausbau der Enklave «Kaliningrad» – dem mit dem Namen von Stalins Marionettenpräsidenten Kalinin geschändeten Königsberg, einer Kriegsbeute ältesten Stils, die 1945, wenn überhaupt, Polen hätte zugeschlagen werden müssen – zu einem weit vorgeschobenen Militärstützpunkt und unsinkbaren Flugzeugträger an der Ostsee, im Herzen Mitteleuropas, kaum größeren Alarm oder Empörung geweckt hat; sehr im Gegensatz zu den eher symbolischen NATO-Kontingenten, die seit 2014/15 mit einem Dutzend Kampfflugzeugen und kleinen, motorisierten Eingreiftruppen zwischen Polen und den baltischen Staaten hin und her patrouilliert haben. Niemand möchte den 1945 geregelten und nach 1990 noch einmal vertraglich fixierten territorialen Status quo in Frage stellen, und die Bundesrepublik Deutschland zuallerletzt. Und das hat sicherlich auch gute Gründe; nur steht es eben in markantem Gegensatz zu einer Moskauer Politik, die die territoriale Integrität ihrer Nachbarstaaten immer wieder verletzt hat und ihre souveräne Existenz nur unter Vorbehalt anerkennt, und die in ihrem Forderungskatalog an die NATO am Vorabend der Ukraine-Invasion genau dies gefordert hat: eine weitgehende Revision der Weltordnung von 1990.

So hat es erst des mörderischen Bomben- und Raketenhagels auf die Städte der Ukraine bedurft, der großteils aus sicherer Distanz vom russischen und weißrussischen Staatsgebiet ausgeht, damit das Gros der Deutschen wie der Westeuropäer sich wieder in Erinnerung rief, was militärische «Sicherheitsinteressen» sind und was bewaffnete Selbstverteidigung im Zweifelsfall bedeutet – wie die Ukrainer, Junge und Ältere, Männer und viele Frauen, sie unter verheerenden Opfern für ganz Europa jetzt leisten, weil ihnen die Schrecken von Okkupation und Versklavung noch schlimmer erscheinen als die Folgen des Krieges, mit dem sie überzogen werden. Und das ist für sie eben keine Güterabwägung nach den Kriterien einer deutschen Hausratsversicherung oder Firmenbilanz, sondern folgt dem freigewählten Ziel der Behauptung ihrer demokratischen, sozialen und moralischen Selbstachtung.

«Kaliningrad» ist keineswegs der einzige blinde Fleck auf unserer Netzhaut. Von den Einwohnern der Bundesrepublik ist womöglich eine Mehrzahl unverdrossen überzeugt, dass «die Russen» sich 1990 einseitig zurückgezogen und weitgehend abgerüstet und «die Amerikaner» das Gegenteil getan hätten – obschon große Flächen unseres Frankfurter Stadtgebiets und des gesamten Rhein-Main-Gebiets, die früher von amerikanischen Kasernen und Kommandozentralen dicht belegt waren, in den letzten zwei, drei Jahrzehnten in neue Wohnviertel umgewandelt worden sind und das alte Hauptquartier im IG Farben-Gebäude in einen Universitätscampus.

Tatsächlich sind von den etwa 260 000 US-Soldaten, die 1990 in Nord-, West- und Südeuropa noch stationiert waren, bis in die 2010er Jahre über 190 000, also vier Fünftel, über den Atlantik zurückgezogen oder in andere Weltregionen wie den Nahen Osten verlegt worden. Und dieser einschneidende Rückzug war von einer Truppenreduzierung aller NATO-Armeen begleitet, vor allem der westeuropäischen, deren drastische Verkleinerung durch den Zutritt der neuen Mitgliedsstaaten in Osteuropa mit ihren kleinen Armeen keineswegs wettgemacht wurde. Gleichzeitig gab es in den

1990er und frühen 2000er Jahren eine massive atomare und konventionelle Abrüstung, und zwar auf beiden Seiten.[3]

Man würde diese vertraglich vereinbarten Demilitarisierungen fast als epochal rühmen, eben als das Ende einer ganzen Weltkriegs- und Nachkriegsepoche in Europa, zeigte nicht die jüngste Entwicklung, wie nah diese steten Abrüstungen an Selbstentwaffnung grenzten. Besonders deutlich war das bei der Bundeswehr der Fall, vor allem was die Kernkompetenz der Landesverteidigung betrifft, jenen Ernstfall also, den alle schon voreiligerweise für unmöglich gehalten haben.

Dabei war schon in den 1990ern zu sehen, wie anziehend jedes Vakuum auf andere Mächte wirkt, zuerst auf kleinere, aber blutrünstige Predatoren wie die Groß-Serben um Milošević und Karadžić, die sich bei ihrer Politik der Landnahmen und «ethnischen Säuberungen» einige Jahre lang ungestört austoben konnten, bis sie es mit dem Massaker von Srebrenica unter den Augen der Weltöffentlichkeit übertrieben. Perspektivisch gravierender war, dass die Kombination eines spießbürgerlichen Pazifismus mit einem ausgeprägten Geschäftssinn, wie die Bundesrepublik (keineswegs allein) sie unter wechselnden Regierungen an den Tag legte, bei den «Sicherheitspartnern» in Moskau, mit denen die Bundesrepublik – wie etliche andere EU-Staaten auch – sich wirtschaftlich und energetisch möglichst eng verflechten wollte, keineswegs ein Mehr an Vertrauen oder an Verbindlichkeit erzeugte, geschweige einen demokratischen «Wandel durch Annäherung», sondern im Gegenteil eher Verachtung und zynische Spekulation nährte.

Die halbherzige Reaktion auf die Annektion der Krim und auf die Eröffnung des Kriegs im Donbass, dessen Ruchlosigkeit sich nicht erst im Abschuss eines internationalen Passagierflugs und des-

3 In einem Insider-Bericht von Helene Cooper und Steven Erlanger in der «New York Times» vom 26. März 2014 «Military Cuts Render NATO Less Formidable as Deterrent to Russia» werden eindrucksvolle Zahlen genannt: Die Zahl der US-Flugzeuge in Europa habe sich von rund 800 im Jahr 1990 auf 130 reduziert, das Gesamtarsenal an Waffen und Geräten soll sich nach einer informellen Schätzung eines US-Militärs um 85% verringert haben.

sen Vertuschung durch die russischen Militärs und Behörden zeigte, oder die rasch wieder zusammenfallenden Strohfeuer einer allgemeinen Empörung, die die Serie geheimdienstlicher Staatsmorde mitten in den Hauptstädten Europas auslösten – das alles konnte im Moskau der anbrechenden «Epoche 14+» die trügerische Sicherheit erzeugen, die politisch-militärische Selbstabdankung Europas in alle ihre weltpolitischen Strategiespiele und Schachzüge fest einrechnen zu können. Zwar gehörte das zu den gravierenden Fehleinschätzungen, die Putins Entschluss zur Invasion der Ukraine 2022 mitgetragen haben. Aber wer weiß, wie es heute aussähe, wenn Kiew rasch eingenommen worden und Selenskyj geflohen wäre, wie man es in Moskau wie auch im Westen großteils angenommen hatte?

Die Radien der neuen Moskauer Weltpolitik

Die Neu- oder Wiedergeburt eines allrussisch-eurasischen «Fünften Imperiums» soll laut Putins Rede nach der Krim-Annektion «von Kamtschatka bis zu den Karpaten» reichen, im Klartext: bis an oder auch über die Grenzen Moldawiens, Rumäniens, der Slowakei und Polens. Selbst eine Viertelung, Halbierung oder komplette Eroberung der Ukraine und ihre Verwandlung in einen Vasallenstaat wäre dann nur der Ausgangs- und Durchgangspunkt, von dem aus an der Rückgewinnung einer Weltmachtposition ganz anderen Formats zu arbeiten sein würde.

So hat Wladimir Putin bei der Eröffnung einer pompösen Ausstellung zum 350. Geburtstag Peters des Großen im Juni 2022 in seiner Heimatstadt Sankt Petersburg, noch im trügerischen Vollgefühl seiner ersten Landnahmen und der vermeintlichen Begeisterung seines Volkes für die ukrainische «Spezialoperation», unter einem Porträt des Zaren sitzend seinem Publikum in einem lockeren Impromptu erklärt, dass Peter im zwanzigjährigen «Nordischen Krieg» vor zwei Jahrhunderten «nichts Fremdes hinzuerobert», sondern nur «Eigenes zurückgeholt» habe, um das wiederbegründete Reich zu stärken. Und damit alle die Parallele zur Gegenwart richtig verstehen, fügte er hinzu: «Offenbar ist das unser Los: Zurückholen und Stärken.»

Dass dieses schicksalhafte «Zurückholen» über die heutige Ukraine hinaus alle westlichen Nachbarn Russlands erfassen müsste, die (aus Putins Sicht) ihre Existenz ebenfalls nur dem Zusammenbruch der Sowjetunion und des von ihr gestifteten Weltlagers verdanken, deutet der Radius der Feldzüge Peters überdeutlich an. Diese hatten nicht nur die Länder an der baltischen Küste den Schweden entrissen, um die aus dem Boden gestampfte neue Hauptstadt Sankt Petersburg zu schützen und ein «Fester nach Westen» aufzustoßen – eine Ankündigung Peters, die jenseits seiner scheinbar aufgeklärten Modernisierungsziele das klare Ziel verfolgte, die Ostsee mit einer neugebauten Flotte zu beherrschen und die Länder des Westens mit ihren eigenen Mitteln zu schlagen. Sondern «zurückgeholt» wurden auch große Teile der von der Polnischen Krone beherrschten Gebiete Litauens und Weißrusslands, wodurch das multinationale und religiös liberale Polnisch-Litauische Großreich bereits in den Taumel seines künftigen Untergangs hineingestoßen wurde.

Das zentrale Ereignis in dieser großen Putin'schen Erzählung von der Wiederaufrichtung des Russländischen Reiches durch Peter den Großen bleibt aber der historische Sieg von Poltawa, südöstlich von Kiew. Damit hatte Peter dem Schwedenkönig Karl XII., der von ukrainisch-kosakischen Truppen um den Hetman Mazeppa unterstützt wurde, nicht nur den möglichen Weg nach Moskau abgeschnitten. Sondern damit wurde auch Kiew, «die Mutter der russischen Städte» und erste Wiege der orthodoxen Rechtgläubigkeit, dem russischen Reichsgebiet eingegliedert. Gleichzeitig wurde die alte Warägerroute den Dnepr (Dnipro) abwärts wieder eröffnet, bis hinunter zum Asowschen und zum Schwarzen Meer und bis zur Krim, die noch von Tataren besiedelt und vom türkischen Sultan beherrscht wurde. Von hier aus (diese Pläne tauchten nun erstmals auf) würde sich das ganze «Wilde Feld», die von Nomadenstämmen und Kosakengemeinden dünn besiedelten südrussischen und ukrainischen Steppen, als neue Kolonisierungsgebiete in Besitz nehmen und besiedeln lassen. Dieses künftige «Neurussland» würde dann vom Vorkaukasus bis zu den Karpaten reichen und den Gürtel der fruchtbaren Schwarzerdeböden als die künftige «Ernährungsbasis» des Reiches sichern und den Weg weiter nach Westen und Südwesten, hin zur Donaumündung, auf den Balkan nach Griechenland und zu den Meerengen, erschließen.

Und wie damals, so auch heute! Putin hat mit seiner Eloge auf Peters Politik des «Zurückholens und Stärkens» nur en passant bestätigt, was man natürlich auch so wissen konnte: dass die Eroberungsprojekte der Jahre 2014/15, als in Donezk schon eine Regierung von «Neurussland» (Nowaja Rossija) mit eigener Fahne, Hymne und «Volksvertretung» etabliert und die Karten der zu erobernden Gebiete von Mariupol bis Odessa und weiter bis zum Militärprotektorat Transnistrien ins Netz gestellt worden waren, kein bloßer Spleen jenes Sammelsuriums von Großeurasien-Ideologen und -kriegern gewesen waren, die sich in den beiden «Volksrepubliken» Donezk und Luhansk getummelt hatten; sondern dass dies auch seine, Putins, in großen geschichtlichen Taten und geopolitischen Linien schwelgende Sicht auf die Welt des 21. Jahrhunderts ist.

Zwar hatte man dieses Projekt 2016 aus taktischen Gründen erst einmal auf Eis gelegt. Aber Putin wird mit Interesse zur Kenntnis genommen haben, wie die Cyberkrieger vom Donbass auf ihren frei entworfenen Kartenwerken neben das künftige «Neurussland» (Noworossija) ein von Russland beherrschtes «Kleinrussland» (Malorossija, rund um Kiew) gestellt haben, ergänzt um eine Rest-«Ukraine» als kleinen Pufferstaat, der auf das einst habsburgische Galizien um Lemberg beschränkt sein würde und offenbar als eine Art Reservat für hartgesottene Ukrainer dienen sollte, natürlich nur unter der Bedingung völliger Entwaffnung und strikter Neutralität. Noch bemerkenswerter ist, dass auch die 1939 von Stalin beanspruchte und der Slowakei abgeknapste «Karpatho-Ukraine», jetzt als «Subcarpatho-Russland» bezeichnet, nicht vergessen wurde. Und natürlich war das brüderlich umarmte Moldawien hier auch schon

Eine der vielen im Netz umlaufenden Teilungskarten einer künftigen eroberten und unterworfenen Ukraine, 2015

mitbedacht, etwa im Status eines vorläufigen Halbprotektorats, so wie Weißrussland auch.

Mit Projekten dieser Art ist man dann unmittelbar in die Welt der 1930er Jahre zurückversetzt, in der die neu begründeten totalitären Regimes dieses Zeitalters in Italien, Japan und Deutschland, denen die durch Stalin noch einmal völlig neu formatierte Sowjetunion sich weniger entgegen- als vielmehr zur Seite stellte, fremde Völker, Länder und Staaten auf allen Kontinenten erst hypothetisch («geopolitisch») und dann ganz real (militärisch) ins Visier nahmen, okkupierten oder nach Bedarf amputierten und neu zuschnitten. Für sie alle ging es darum, von einer ökonomisch und militärisch erweiterten Basis aus den «alten» imperialistischen Kolonialmächten des Westens und Siegern des vorangegangenen Weltkriegs al pari gegenübertreten zu können.

So hatte eben auch der Österreicher Hitler schon vor der Machteroberung in den Linien der großdeutschen Expansionspolitiken des Ersten Weltkriegs seinen entrückten Fernblick über die «Saisonstaaten» Mittelosteuropas hinaus, die es zu zerschlagen oder in Vasallen zu verwandeln galt, vor allem auch auf die Schwarzerde-Böden und Menschenreserven, Häfen und Industriezentren der Ukraine geworfen.

Aus ganz ähnlichen strategischen Erwägungen hatte Stalin im Zuge des Großen Umschwungs von 1929/30 die Ukraine als zweitgrößte Sowjetrepublik auf besonders rigorose Weise politisch wie kulturell gleichgeschaltet. Und er hatte durch die parallele, besonders radikal durchgeführte Kollektivierungskampagne das störrische ukrainische Bauerntum aus seinem Wurzelboden herausgerissen und die Landesbevölkerung insgesamt durch den nachfolgenden, politisch gewollten oder jedenfalls nicht gemilderten Großen Hunger millionenfach dezimiert – ein Ereignis, das unter der mythischen Bezeichnung «Holodomor» (wörtlich «Hungerseuche») in die Volkserinnerung eingegangen ist. Im Großen Terror ab 1936 hatte er die nominell semi-selbständige Sowjetukraine schließlich einer abermaligen, wieder besonders blutigen Säuberung unterzogen. Und seine sog. «Nationalitätenoperationen», durch die Zehntausende Sowjetbürger fremder Nationalität erschossen oder in die Lager verschickt wurden, waren ein deutliches Vorzeichen dafür, dass sein Blick ebenfalls schon über die bestehenden Grenzen der Sowjetunion hinaus ging und sich auf die zu Polen gehörenden Gebiete der Westukraine, Weißrusslands und Litauens und auf das zu Rumänien gehörende Bessarabien (Moldawien) richtete, und natürlich auf die drei 1919 unabhängig gewordenen baltischen Republiken sowie auf Finnland, die allesamt einmal Teil des Russischen Reiches gewesen waren.

Insbesonders die Wiederauslöschung und Aufteilung des 1919 neu gegründeten polnischen Staates hatte immer wieder schon auf den Spickzetteln der Geheimgespräche mit den deutschen Außen- und Geopolitikern und vor allem den Reichswehrgenerälen der Weimarer Zeit gestanden. Das hatte in etwa auch dem Radius entsprochen, in dem die Bolschewiki bereits 1919/20 ihre Politik der «Sowjetisierung» der alten Reichsgebiete im Westen politisch und militärisch vorangetrieben hatten, bevor sie nach ihrer Niederlage im Polenfeldzug 1920 gezwungen waren, sich mit dem Friedensvertrag von Riga 1921 auf eine weiter zurückliegende Linie zurückzuziehen.

Dieser Vertrag galt ihnen natürlich auch als ein «Diktat» der Versailler Mächte, so wie alle völkerrechtlichen Grenzziehungen und Staatsbildungen dieser Zeit, die die Sowjetunion als die neben Deutschland größte revisionistische Macht stets nur bedingt anerkannte. Und daher stand für Stalin im Sommer 1939 auch die Revision dieser Nachkriegsordnung als ganzer und die Rückgewinnung der verloren gegangenen Westgebiete des alten Reichs weit oben auf der Agenda, als er sich kaltblütig entschloss, in enger Absprache und offenkundiger Komplizenschaft mit dem kriegsbereiten NS-Deutschland an der Eröffnung des Weltkriegs mitzuwirken. Im ersten Schritt wurde von Stalin, Molotow und Ribbentrop am 23. August 1939 mit fettem Stift eine von der Ostsee bis zum Schwarzen Meer reichende Teilungslinie in die Landkarte des östlichen Europa eingetragen und signiert, die in Zukunft eine direkte Grenze und Kontaktlinie zwischen ihnen bilden würde.

Diesen Absprachen folgend rückte die Rote Armee am 17. September, keine drei Wochen nach dem Überfall der deutschen Armeen auf Polen, ihrerseits in die ostpolnischen Gebiete ein und besiegelte durch einen «Grenz- und Freundschaftsvertrag» mit Hitler-Deutschland vom 28. September diesen ersten Schritt einer Politik der «Rückholung und Stärkung», die Stalin, wie Putin in den letzten Jahren mehrfach versichert hat, vollkommen legitimerweise verfolgt habe. So konnten mit Zustimmung Hitlers (der die Baltendeutschen dafür aussiedelte oder auslieferte) anschließend auch die drei unabhängigen Republiken Estland, Lettland und Litauen der Sowjetunion einverleibt werden. Nur Finnland war in einem erbitterten Winterkrieg 1939/40 mit einer beweglichen und mit dem Gelände vertrauten Art der Kriegführung, die sich auf eine reguläre Armee wie auf Freiwillige stützte, in der Lage, seine Souveränität halbwegs zu verteidigen – etwas, an das es sich angesichts der Bilder der ukrainischen Invasion 2022 sofort erinnert und das seinen NATO-Betritt zu einer kaum umstrittenen Entscheidung gemacht hat.

Tatsächlich hat Stalins Weltkriegspolitik sich in diesen Landnahmen oder Lebensraumpolitiken eigener Art aber keineswegs erschöpft. Sondern durch die konsequente, bis in den Juni 1941 hinein fortgeführte Fütterung der deutschen Kriegsmaschine gegen die westlichen Kriegsgegner wurde Hitler in einer keineswegs nur defensiven, sondern durchaus offensiven Weise als Rammbock gegen die Weltmachtpositionen der «alten» Mächte des Westens, neben Frankreich vor allem die Großbritanniens als des ewigen historischen Widersachers Russlands, aktiv gestützt. Allerdings hatte Stalin die Möglichkeit nicht bedacht, dass Hitler eben wegen der Unbezwingbarkeit und weltweiten Verankerung des Britischen Empire und weil seine Abhängigkeit von der Sowjetunion immer weiter wuchs, sich plötzlich auch gegen seinen Verbündeten wenden und allen Ernstes seine futuristischen Pläne zur Gewinnung von germanischem Siedlungsland samt Rohstoff- und Energiequellen und Arbeitsheloten in der Ukraine und Weißrussland, in Südrussland bis zum Kaukasus und Transkaukasus wieder aufnehmen könnte.

Dabei hatte gerade dieses an sich schon verbrecherische Zusammenspiel der sowjetischen und deutschen Weltkriegspolitiken es Hitler überhaupt ermöglicht, an der neuen, tausend Kilometer langen gemeinsamen Grenze aufzumarschieren. Und die ideologische Verblendung, Weltfremdheit und eigene Raubgier Stalins hat dazu beigetragen, dass Hitler seinen «treubrüchigen Überfall» (von dem Molotow im Rundfunk sprach) in solch verheerend erfolgreicher Weise durchführen und die Sowjetunion in einen Existenzkrieg hineinzwingen konnte, wie die Geschichte ihn kaum jemals gesehen hat.*

Und so historisch richtig oder sogar zwangsläufig, so legitim und bedeutsam es war, dass am Ende des von Deutschland entfesselten und geführten Lebensraum- und Vernichtungskriegs eine Gruppe

* Vgl. über diese Kollusion der deutschen und sowjetischen Weltkriegspolitiken auch die früheren Ausführungen in «Gerade wir als Deutsche» und «Russland gründlich entzaubert» in diesem Buch.

Rotarmisten in einer inszenierten Aktion die Sowjetfahne auf dem Reichstag hissen und Stalin in Potsdam als der große Triumphator auftreten konnte – so sehr unterliegt dieser überlebensgroße Nimbus eines Siegs im Weltkrieg alias «Antifaschistischen Krieg» einer optischen Täuschung. Es ist kein Spiel mit einer virtuellen Geschichte, wenn man kontrafaktische Fragen stellt wie: Ob es 1939 nicht sehr wohl und sogar noch vergleichsweise leicht möglich gewesen wäre, Hitler vom Überfall auf Polen abzuschrecken oder ihn, wenn schon, vor Warschau bereits in einen Abwehrkrieg zu verwickeln, der die nachfolgenden Kriegszüge im Ansatz hätte blockieren können, ein Szenario, das auch deshalb dem Kampf der Ukraine von heute durchaus ähnelt. Umgekehrt muss die Frage offenbleiben, ob die Sowjetunion nach dem Überfall im Juni 1941 unter dem Regime Stalins hätte standhalten können oder nicht blitzartig zerfallen wäre, wenn Hitler ähnlich wie in Westeuropa oder in den Balkanstaaten und den mittelosteuropäischen Ländern (mit der einzigen Ausnahme Polens) Verbündete gesucht hätte, statt nur Vasallen und Heloten. Und was wäre gewesen, wenn Großbritannien und die USA, die ja eigene große Kriege im Mittelmeer, im Atlantik und im Pazifik zu führen hatten, die Sowjetunion tatsächlich so im Stich gelassen hätten, wie eine spätere sowjetische Kalte-Kriegs-Propaganda es behauptet hat – die infam genug war, sogar eine insgeheime Komplizenschaft der Anglo-Amerikaner und selbst der «Zionisten» mit Hitler-Deutschland zu unterstellen, um die ungeheure Bedeutung der Lend-and-Lease-Lieferungen von Waffen und Munition, Fahrzeugen und Maschinen an die Sowjetunion möglichst zu leugnen?

Noch grundsätzlicher ist eine Feststellung, die Arthur Koestler schon 1944, vor dem Ende des Weltkriegs, in seinen Polemiken gegen den «Sowjet-Mythos» getroffen hat, der auf der völlig vorpolitischen und ahistorischen Überzeugung beruhe, dass der bevorstehende militärische Sieg auch als Ausweis einer moralischen und sozialökonomischen Überlegenheit zu gelten habe. Dabei sei doch «von vornherein kein Grund vorhanden [gewesen], warum die Russen von den Deutschen besiegt werden sollten». Und die Siege der

Roten Armee könnten so wenig als Beleg für die Überlegenheit des Sowjetsystems gelten, «wie der Sieg von 1815 [über die napoleonischen Armeen] ein Beweis für die Güte des zaristischen Systems und die Überlegenheit der Leibeigenschaft über die Grundsätze der Französischen Revolution war».[4] In Koestlers Aversion gegen die ideologischen oder systemischen Überhöhungen steckte zugleich die Intuition, dass Stalins «Großer Vaterländischer Krieg» eigenen, sehr alten imperialen Linien und Zielen folgte, wie er sie 1944 in den Verhandlungen über die Nachkriegsordnung bereits angemeldet hatte und dann großteils durchsetzen konnte.

Großeurasien – vom Pazifik bis zum Atlantik

Dieser Rekurs macht zugleich deutlich, in welchem Grad Putin und die alte Garde seiner Geo- und Außenpolitiker noch immer einer Welt nachhängen, in der sie aufgewachsen sind. Die Politik der «Stärkung und Rückholung», die Stalin in den Jahren 1939/40 im Einvernehmen mit Hitler betrieben hatte und die 1945 von den westlichen Alliierten in Jalta und Potsdam sanktioniert werden musste, liefert dabei nicht nur den Rahmen der heutigen Moskauer Politik gegenüber der Ukraine oder Weißrussland. Auch die weltpolitische Teilungslinie von 1945, wie sie als Demarkation der größeren geopolitischen Einfluss- und Interessenssphären zwischen den Siegermächten vereinbart wurde, ist für Putin keineswegs Schnee von gestern, wie sein Lob für die leider verlorene, stabile «Ordnung von Jalta» angedeutet hat. Gerade diese Retro-Spektive lieferte die Grundlage für seine am Vorabend der Invasion an das westliche Bündnis gerichtete ultimative Forderung, das gesamte Vertragsgefüge der 1990er Jahre zu revidieren und also zur Weltteilung von 1945 zurückzukehren.

So irreal und wirklichkeitsfremd das schon erscheint, markiert es keineswegs das Ende der putinistischen Revisionsphantasien.

4 Arthur Koestler, Sowjet-Mythos und Wirklichkeit (Erstfassung 1944!), in: Ders., Der Yogi und der Kommissar. Auseinandersetzungen, Frankfurt/M. 1974, S. 150.

Vielmehr hat Außenminister Lawrow in einer seiner hingestreuten Erklärungen nach dem Beginn der Ukraine-Invasion bekräftigt, dass das eigentliche Nah- oder Fernziel der russischen Weltpolitik «die Schaffung eines vereinten humanitären Raums vom Atlantik bis zum Pazifischen Ozean» ist. Für alle, die in der deutschen Friedensbewegung einmal aktiv gewesen sind oder in den Denkfabriken der Friedens- und Konfliktforschung seit den 1980er Jahren an einer «gesamteuropäischen Sicherheitsarchitektur» getüftelt haben, mag die Vorstellung einer «Friedensordnung von Lissabon bis Wladiwostok» noch ganz vertraut klingen. Nur hat Lawrow dieses Ziel eben mit dem eines totalen Siegs im Zeichen des «Z» über die Ukraine verknüpft – was die Sache trotz oder gerade wegen der Beimischung einer «humanitären» Komponente noch sehr viel unheimlicher klingen lässt. Denn auch die ukrainische «Spezialoperation» dient ja bekanntlich «humanitären» Zwecken; weshalb man, nähme man Lawrows Formel wörtlich, an eine entsprechende «humanitäre Operation» bis zum Atlantik und Lissabon denken müsste.

Sucht man nach näheren Erläuterungen für dieses recht irre anmutende Szenario, ist kaum jemand geeigneter als Sergej Karaganow, Leiter eines «Rats für Außen- und Verteidigungspolitik» bei der russischen Regierung, Herausgeber der Zeitschrift «Russia in Global Affairs» (auf Englisch) und Mitgründer des «Valdai-Klubs», des offiziellen präsidialen Think-tanks und jenes Diskussionsforums, das Putin einmal jährlich mit seiner stets gut gelaunten Anwesenheit beehrt, so zuletzt per Zuschaltung in 2021.

Karaganow, ein kahler Mann mit dem Flair eines älteren Gelehrten, hat der internationalen Presse stets gern und ohne Scheu die Hauptlinien und Motive der neuen Moskauer Weltpolitik erklärt, nicht selten im Ton einer ironischen «Selbstkritik», aus der man noch den enttäuschten Pro-Westler von gestern heraushört: «Zuerst wollten wir zum Westen gehören, dann bemühten wir uns ums Überleben, wir durften uns von den Knien erheben, wurden angeblich wieder eine Großmacht – und seit 2016 haben wir nichts mehr vor …» Hinter diesem letzten Satz steht natürlich ein sarkastisches Fragezeichen, das signalisiert: Russland hat noch sehr viel vor!

Die Annexion der Krim und die Invasion des Donbass waren erklärtermaßen also nur ein Anfang, ein Rubikon, den überschreiten muss, wer «Rom» ins Visier nehmen und zu einer wirklichen Weltpolitik vorstoßen will. Ein nächster Rubikon war die syrische Expedition, die 2015 – wieder ohne bestimmten Anlass und ganz eigenen strategischen Imperativen folgend – ein militärisches Ausgreifen Russlands über die postsowjetische Sphäre (das «nahe Ausland») hinaus bedeutete. Auch diese generalstabsmäßig abgewickelte Expedition war aber nur ein Etappenziel und zugleich ein Fanal, um in einer polarisierten Weltöffentlichkeit Gleichgesinnte und neue Verbündete zu finden. Russland, so Karaganow, wolle zu einem «internationalen Sicherheitsgaranten für sich selbst und die Welt werden» – was ungleich mehr wäre als die Rolle eines «Weltpolizisten», die die Amerikaner sich immer wieder angemaßt haben.

Dafür muss Russland allerdings erst einmal zum «Zentrum eines großen Eurasiens» werden, zu dem früher oder später dann «auch der Subkontinent Europa gehören wird». Beinahe überliest man das Unglaubliche der kleinen Sentenz, die hier wie auch sonst bei Karaganow im Indikativ steht: So wird es sein … Teile der europäischen Eliten hätten 2014 zwar in vermessener Weise «die Konfrontation mit uns gesucht», durch die Aufreizung der Demonstranten auf dem Maidan sowie durch «eine Truppenkonzentration, die wir für eine Kriegsgefahr halten mussten». Mit der Annexion der Krim und der Unterstützung der Aufständischen im Donbass habe Russland «die Gefahr eines großen Krieges in Europa» aber erst einmal gebannt – im klaren Bewusstsein, dass die «klassische Vorkriegs-Situation» weiter bestehe.

Dieser künftige «große Krieg in Europa» werde dann wohl mit der NATO als ganzer ausgetragen werden müssen – eine Möglichkeit, vor der sich Russland heute so wenig wie gestern fürchte, zumal es in Syrien und anderswo «klüger, stärker und entschlossener» geworden sei. Auch habe eine jüngere Generation in Russland die ältere, «die auf genetischer Ebene Angst vor einem Krieg hatte», abgelöst. Großmacht zu sein sei nun einmal «in den vergangenen 300 Jahren Teil unseres Erbguts geworden», und wenn die Russen auch «schwache Händler» waren, dann waren sie doch von jeher «herausragende Kämpfer».

Dagegen hätten die deutschen und europäischen Eliten, die auf ihre wirtschaftliche Überlegenheit so stolz seien, ihre ureigenen christlichen Werte längst verraten und alle gesunden Instinkte ihrer eigenen Gesellschaften unterminiert. Wenn fremde Männer (man ergänze: orientalische Männer), wie in der Kölner Silvesternacht 2015, anwesende Frauen (man ergänze: deutsche Frauen) in der Öffentlichkeit «bedrängten und vergewaltigten», seien die Behörden oder die Umstehenden offenbar unfähig, sie zu verteidigen. «Männer, die so etwas in Russland tun, würden umgebracht.» Wieder ein Aussagesatz: So ist das bei uns – und bei euch? Ein verbales Fixierspiel, wie Putin es aus seiner Zeit als Straßenschläger bekanntlich beherrscht, bei dem getestet wird, ob der Fixierte dem Blick standhält ... Die Fixierte ist hier die deutsche Öffentlichkeit, die aufgeschrien hätte, wenn ein AfD-Flügelmann in solcher Weise zur Selbstjustiz aufgerufen hätte, Moskauer Machtmenschen solche Einstellungen aber bereitwillig als Teil ihres Naturells konzediert (zumindest bis zur Invasion 2022).

Das moralisch und politisch kraftlos gewordene Europa werde sich geopolitisch früher oder später spalten, so Karaganow weiter – «in einen ‹atlantischen› und in einen ‹großeurasischen› Teil». Das Gros der Europäer werde sich, mit Ausnahme von den britischen Brexiteers oder anderer Ewiggestriger, die von Amerika träumten, einem künftigen «Großeurasien» anschließen, zu dem ihr kleiner Subkontinent schließlich zähle; oder werde das tun müssen, wenn den Amerikanern ihre Präsenz hier viel zu teuer und zu riskant geworden sei, wie Trump richtig erkannt und gesagt habe.

Alle offenen Fragen in der Welt würden künftig ohne Europa in einem «dreifachen Dialog zwischen Russland, China und den USA» ausgehandelt werden – wobei China und Russland sich einig seien, dass die «Verteidigung der Souveränität» zum entscheidenden Maßstab werden muss. Jede Gesellschaft habe nun einmal ihr eingebautes Entwicklungsprinzip, das einem genetischen Code gleiche, und müsse «sich nach ihren eigenen Gesetzen entwickeln». Und da für Russen wie für Chinesen «Souveränität alles ist», während Demokratie in westlichem Sinne ihnen fremd sei (den Chinesen noch fremder als den Russen), bräuchten sie nicht einmal formelle Verbündete zu sein, um den Gang der Weltpolitik wesentlich zu steuern: China mit seiner überlegenen Wirtschaftskraft, Russland mit seiner Feuerkraft und «nuklearen Überlegenheit». Unter ihrem kombinierten Schutz könne ein Geflecht neuer, zwischenstaatlicher Koordinationen, Organisationen, Entwicklungsbanken usw. wachsen, die sich von den alten, vom Westen dominierten Institutionen wie IWF, Weltbank, WTO oder G7 loslösen oder sie auf ihren Platz verweisen.[5]

Auf Nachfrage der «New York Times» Mitte Juli 2022 hat Karaganow dieses schon sehr kühne Globalszenario noch weiter dramatisiert. Die De-facto-Integration der Ukraine in die NATO-Strukturen zeige, dass sie dazu auserkoren sei, als Speerspitze «auf das Herz Russlands» zu zielen. Damit habe der ökonomisch, moralisch und politisch kollabierende Westen einen «verzweifelten Gegenangriff» auf die zum Dreh- und Angelpunkt des weltweiten Widerstands gegen den «aufgezwungenen liberalen globalistischen Imperialismus» herangewachsene Russische Föderation gestartet. Also habe man gar keine andere Wahl gehabt, als präventiv zuzuschlagen, um «die Bedingungen des Konflikts diktieren» (!) zu können. Ob der Kreml diesen Entschluss womöglich zu spät oder noch gerade rechtzeitig getroffen habe, werde die Geschichte erweisen. Jedenfalls habe Russland angesichts des fast vollständigen Zusammenbruchs

5 Diese Passage ist ein Zusammenschnitt der Aussagen Karaganows in einem Interview mit Christian Neef im Spiegel, 11.7.2016; in einem Gespräch mit Pavel Lokshin in der Welt vom 17.11.2018, von Antworten auf Journalistenfragen im präsidialen Valdai-Klub, zitiert in Sputnik, 7.10.2019, sowie in einem Aufsatz u. d. T. «Vom dritten Kalten Krieg», dokumentiert in Osteuropa, H. 7/2021, S. 15–27.

normaler Beziehungen und der rasenden Russophobie der westlichen Politiker «nichts mehr zu verlieren».

Aber dafür habe Russland sehr viel zu gewinnen: Denn der Konflikt in der Ukraine (das Wort «Krieg» schreibt Karaganow ausschließlich dem Westen zu, der einen verdeckten «Krieg gegen Russland» führe) werde letztlich um nichts Geringeres als eine neue, «gerechte und stabile Weltordnung» geführt. Es sei ein Kampf für die Freiheit des Denkens und des Wortes – nämlich die Freiheit, sich noch weiterhin zu den Werten einer europäischen, traditionell christlichen Kultur bekennen zu können, wie das im Westen mit seiner Korrektheitsdiktatur und «Cancel culture» immer weniger möglich sei. Für diesen Freiheitskampf werde die russische Gesellschaft große Opfer bringen (müssen), sich dafür aber (das sei der Vorteil der aktuellen Situation) von allen seinen «pro-westlichen Elementen, Kompradoren und nützlichen Idioten reinigen» und für längere Zeit (vielleicht für einige Jahrzehnte) vom verfallenden Westen fernhalten. Eine Selbstisolierung Russlands sei das keineswegs, im Gegenteil: In der unausweichlich heraufziehenden neuen, multipolaren Welt, die von einer Vielfalt unterschiedlicher Kulturen und Zivilisationen geprägt sein werde, werde Russland als die «Zivilisation der Zivilisationen» (!) und als der nördliche Garant der internationalen Ordnung und Stabilität breite Unterstützung finden.

Für dieses übergeordnete Ziel könne und werde Russland auch der Gefahr eines atomaren Konfliktes, der das Ende der Menschheit bedeuten könne, nicht ausweichen und unter dem Schutz seiner überlegenen nuklearen Macht siegen. Auf jeden Fall werde erst einmal der Donbass befreit und dann die ganze östliche und südliche Ukraine, während das restliche Kiewer Territorium entmilitarisiert und neutralisiert werden müsse. Und dann werde man «abwarten, was innerhalb des Westens passiert» (man darf ergänzen: wenn die Sanktionen gegen den Westen zurückschlagen und die Energiepreise und die Inflation immer weiter steigen, und überall mit den gesteigerten Flüchtlingszahlen Rechtsnationalisten und erklärte oder potentielle Verbündete Russlands an die Regierung kommen).

Da ist es also wieder, das Fixierspiel, allerdings jetzt auf einer ultimativen Ebene – die sogar noch ultimativer wird, wenn die scheinbar triumphale Siegeszuversicht plötzlich eine etwas andere, eher desperate Wendung nimmt. So wenn Karaganow dem fragenden «Times»-Mitherausgeber Schmemann, einem ehemaligen Chef des Moskauer Büros, erklärt: «Für Russland geht es in diesem Konflikt um seine Selbsterhaltung … als Land. Wir können uns eine Niederlage nicht leisten. Das ist, weshalb Russland gewinnen wird, hoffentlich ohne auf noch höhere Stufen von Gewalt zurückgreifen zu müssen.»[6]

Nicht nur diese Charakterisierung des Kriegs als Existenzkrieg Russlands, auch Karaganows – ausdrücklich selbstkritische – Bemerkung, Russland hätte sich womöglich «früher entscheiden müssen, präventiv loszuschlagen» (to pre-empt!), statt sich 2020 von Covid und ähnlich unbedeutenden Dingen davon abbringen zu lassen, deutet auf Risse in der Fassade einer aus «historischer Unvermeidlichkeit» geschöpften Zuversicht, die doch ziemlich «sowjetisch» anmutet, nur eben ideologisch umgepolt, hin zu einer «konservativen Weltrevolution». Und auch der Verweis auf das verpasste Stichjahr 2020 ist verräterisch – insofern die Aufdeckung des «Netzes», das der Kreml in der amerikanischen Politik, Wirtschaft und Medienwelt und bis in den Trump-Tower hinein geknüpft hatte, dazu beigetragen haben dürfte, dass Putins «Mandschurischer Kandidat» 2020 unerwartet abgewählt wurde und das Weiße Haus verlassen musste, wenn auch unter Pech und Schwefel.

Aber auch auf dem europäischen «Subkontinent» sind die Bäume der Freunde «Großeurasiens» (von Salvini bis Le Pen oder Höcke) nicht wie erhofft in den Himmel gewachsen, sondern haben die «Atlantiker» sich immer wieder mühsam, aber doch behauptet. Und mit der Einigkeit, die die westliche Staatengemeinschaft und das Bündnis unter dem Schock der Invasion vom Februar 2022 gezeigt haben, und mit dem Zutritt Finnlands und Schwedens zur NATO dürften die Moskauer Geostrategen erst recht nicht kalkuliert ha-

6 Serge Schmemann, Why Russia thinks it cannot lose the war in Ukraine. Interview with Sergey Karaganov, in: «New York Times», 19. Juli 2022.

ben, am allerwenigsten aber wohl mit der Freund und Feind verblüffenden Schlagkraft und Widerstandsbereitschaft der Ukrainer. Kurzum, viele der Rechnungen, die man im Kreml offenbar schon 2020 angestellt hatte, sind damit über den Haufen geworfen – und die miserable Organisation und desaströse Uninformiertheit der Invasoren erscheint noch verblüffender, wenn man von diesem langen Vorlauf der Planungen ausgeht.

So erinnert der Zug von melancholischem Fatalismus, der in diesen Auskünften durchschimmert, wieder daran, dass in allen Siegesfanfaren, die die «Epoche 14+» eröffnet und begleitet haben, immer auch desperate Töne und Subtexte herauszuhören waren. Putin selbst hat in vielen seiner Ansprachen an das eigene Volk dramatische und beschwörende Wendungen und Prophezeiungen eingeflochten wie: Russland werde «sich einfach auflösen und verschwinden» oder «sich selbst verlieren», wenn es nicht zu seinen traditionellen Werten zurückkehre, seinen demographischen und moralischen Verfall nicht stoppe, seinen Schlendrian nicht überwinde, sich nicht schleunigst modernisiere, mobilisiere, diszipliniere, stärke und ermanne (in jenem hier besonders gepflegten Geiste einer ungefilterten Virilität alten Stils).

Weniger als offiziell eingestanden hängen diese Befürchtungen einer inneren «Auflösung» statt mit fiktiven westlichen Subversionen oder Angriffsplänen mit dem ganz realen, handgreiflich spürbaren wirtschaftlichen Aufstieg und globalen Ausgreifen Chinas im Rücken zusammen, der in einem schmerzlichen Kontrast zu den Stagnationen und Entwicklungsblockaden Russlands selbst steht. Mit seinen mono-industriellen und überzentralisierten Strukturen und schwachen Infrastrukturen ist es in den letzten zehn, zwanzig Jahren vom maritim abgewickelten, noch einmal kräftig gestiegenen Welthandel und Weltverkehr zwischen Asien, Europa und Amerika über die südlichen Ozeane und nahöstlichen Drehkreuze in eine kontinentale Binnenlage abgedrängt worden.

Als Rohstoff- und Energielieferant hat Russland zwar von den Konjunkturen der anderen finanziell profitiert, aber mit seiner weitgehenden Orientierung auf fossile Energien und auf eine Reihe anderer Rohstoffe hat es sich perspektivisch in eine Sackgasse manövriert. Zumal es kaum eigene, werthaltige und weltmarktfähige Produkte entwickelt hat, schon gar keine technischen wie Autos oder Flugzeuge. (Wo sind sie hin, die fünf großen Flugzeugbauer der sowjetischen Zeit?) Und an viele der allermodernsten Technologien im elektronischen Sektor hat es entweder den Anschluss verloren, weil Zehntausende IT-Spezialisten das Land (zuletzt fluchtartig) verlassen haben; oder es hat diese Technologien nur militärisch nutzbar gemacht – was ebenfalls eine Sackgasse ist, aus der nur schwer herauszukommen ist.

Hin zum Großen Ozean!

So klafft zwischen den großartigen «geopolitischen» Visionen und den weitaus niedriger angesiedelten Realitäten (den subjektiven wie den objektiven) immer wieder ein eklatantes Missverhältnis. Und ironischerweise wurde gerade in einem Strategiepapier der dem Präsidenten zuarbeitenden «Valdai Discussion Group» von 2015, die von demselben Karaganow geleitet wurde, ziemlich fakten- und ideenreich durchbuchstabiert und nachgerechnet, was es praktisch bedeuten und materiell erfordern würde, wenn Russland sich tatsächlich «Hin zum Großen Ozean!» – so der hochgemute Slogan der Verfasser – orientierte, also hin zum pazifischen Raum und nach Asien. [7]

Eine solche Umorientierung würde – immer im Konjunktiv – eine ähnlich großangelegte strategische Initiative erfordern, wie das Zarenreich sie Ende des 19. Jahrhunderts mit dem Bau der transsibirischen und mandschurischen Eisenbahnen und der Gründung neuer Städte in Sibirien und Fernost unternommen hatte. Die Verfasser haben insoweit vollkommen recht: Wenn die Russische Föderation sich heute, im 21. Jahrhundert noch einmal entschlösse, die immensen brachliegenden Potentiale und sich leerenden und

7 Toward the Great Ocean – 2, or Russia's Breakthrough to Asia. Valdai Discussion Club Report, Moscow 2015 (www.valdaiclub.com).

verödenden Territorien östlich des Ural auf breiter Front zu erschließen und zu entwickeln, statt Sibirien als ein halbkoloniales Hinterland zu behandeln (wie das zitierte Papier es nüchtern feststellt) und alle Einnahmen aus den dort generierten Energie- und Rohstoffexporten in die Moskauer Staatskassen zu transferieren – dann und erst dann wäre jene «eurasische» Wendung vollzogen, von der zwar ständig gesprochen werde, in der Realität aber sehr wenig zu sehen sei.

Das klingt nicht nur höchst vernünftig. Sondern eine solche Wendung nach innen und nach Fernost wäre schon aus Gründen der schieren Selbsterhaltung Russlands als Gemeinwesen dringend geboten, auch um der ökologischen Katastrophe Einhalt zu gebieten, die mit dem immer rascheren, tieferen Auftauen der Permafrostböden, dem Abbrennen der Wälder und Moore und der Freisetzung von Methangasen längst eingesetzt hat und in ihren Auswirkungen auf das Weltklima nur mit dem Abholzen der Amazonas-Wälder verglichen werden kann. (Wovon die Studie eher schweigt.)

Noch politisch ernüchternder klingt die abschließende Feststellung: dass Russland zu einem derartigen Kraftakt alleine gar nicht in der Lage sein werde (wie das Zarenreich damals übrigens auch), sondern dass es sich einen Gutteil der notwendigen finanziellen Mittel und modernen Technologien aus internationalen Quellen werde besorgen müssen. Mehr noch, es besitze der regionalen Verteilung und seinen demographischen Grunddaten nach nicht annähernd die Menschen und die Arbeitskräfte, die für ein solches Riesen-Unternehmen gebraucht würden.

Würde Russland sich diesen Aufgaben tatsächlich stellen und Anschluss an die asiatische Wirtschaftsdynamik suchen, um hier nicht nur die finanziellen und technischen Mittel, sondern auch die Arbeitskräfte zu finden, die diese Erschließungs- und Regenerierungs-Projekte erst in Angriff nehmen könnten, dann wäre das im Übrigen aus einer globalen, und auch aus einer westlichen und europäischen Perspektive, hoch erwünscht und in jedem Sinne produktiv. Und dabei wäre keineswegs nur oder in erster Linie an einen engeren Anschluss an China zu denken, der schnell auch die Züge eines friendly take-over annehmen könnte, wie gerade die russischen Eurasier-Ideologen es bei all ihrer Feindschaft gegen den Westen von jeher befürchtet haben, sondern alle möglichen Kombinationen mit den bevölkerungsreichen und aufstrebenden Ländern Ost-, Südost- und Westasiens wären ja denkbar. Sogar die in der Studie angedeutete präferentielle Verbindung mit Nordkorea, das am ehesten in der Lage wäre, dem Klima und der Umgebung angepasste Arbeitskräfte zu stellen (was es auf Basis staatlicher Kontraktarbeit und in begrenztem Umfang heute schon tut), ist nicht ganz so zynisch, wie sie klingt, sondern könnte mithelfen, den weltpolitischen Knoten aufzulösen, den die terroristische Selbstabschließung dieses Landes bedeutet.*

Kurzum, nichts spräche gegen eine konsequente «eurasische» Wendung und Selbstfindung Russlands, im Gegenteil! Nur findet, wie die Studie feststellt, fast alles, was unter der Flagge der «Eurasischen Wirtschaftsunion» an wirtschaftlichen und kommunikativen Verknüpfungen geschieht, diesseits des Ural statt, während das eigentliche Sibirien mit seinen nach Japan und Kanada, nach Alaska oder Kalifornien weisenden Verbindungen von den innerrussischen ebenso wie von den internationalen Finanz- und Verkehrsströmen noch immer weithin abgeschnitten ist. Die Arktisroute, an die sich die machtbetonten Hoffnungen der neuen Putin'schen Meeresdoktrin stattdessen knüpfen, ist jedenfalls extrem aufwendig und setzt einen friedlichen Weltverkehr voraus, der mit dem Ukrainekrieg gerade auf Eis gelegt wird.

Wenn man aber schon in solch hundertjährigen Dimensionen denkt, wie die Autoren der zitierten Valdai-Studie es getan haben, dann sollte vielleicht auch die Erinnerung präsent sein, dass das

* Umso zynischer ist allerdings das Angebot Nordkoreas, Arbeitsarmeen für den Wiederaufbau der eroberten und zerstorten ukrainischen Städte unter russischem Kommando zu stellen – und dazu noch eine Hunderttausend-Mann Armee mit Geschützen und Munition zu schicken, um die Rest-Ukraine zu erledigen.

großartige Erschließungsprojekt der «Transsib» mit allem, was mit ihm verbunden war, auch damals schon statt als Motor einer zivilgesellschaftlichen Entwicklung vor allem als das Werkzeug einer imperialen Weltpolitik zu dienen hatte, in der das überrüstete und überdehnte Zarenreich sich ebenso aufgerieben hat wie die ihr nachfolgende Sowjetunion – und wie Russland heute es erst recht tut.

Das auf der Pariser Weltausstellung im Jahr 1900 als eine große, europäische Zivilisierungsmission ausgemalte Sibirien-Projekt des Zaren hatte in Wirklichkeit immer auch dem Griff Russlands nach der Mandschurei, nach Korea, nach den Küsten Chinas zu dienen und führte deshalb geradewegs zum Krieg mit Japan 1904/05. Und wie der «Krim-Krieg» fünfzig Jahre zuvor, endete auch dieser weithin aus dem Bewusstsein verdrängte Russisch-Japanische Krieg mit einer eklatanten Niederlage der russischen Massenheere gegen die kleineren, aber mobileren, besser geführten und ernährten japanischen Armeen, hier auf den mandschurischen Feldern. Und noch tiefer wurde die Schmach, als die beiden neu gebauten Flotten (die Pazifische und die Ostsee-Flotte) im Hafen von Port Arthur und in der Meerenge von Tsushima von der kleineren, aber noch moderneren japanischen Flotte gleich zweimal überrascht und versenkt wurden. Das waren kriegsgeschichtliche Ereignisse, wie man sie in moderner Zeit noch nicht gesehen hatte, und sie markierten den Anfang vom Ende des scheinbar allmächtigen, fast übermächtig wirkenden Zaren-Imperiums.

Und wieder fällt es schwer, keine aktuellen Parallelen zu ziehen: zum Untergang des Flaggschiffs «Moskwa» vor Odessa oder zu den monströsen Bergen von Panzer- und Geschütz-Wracks vor Kiew oder Charkiw oder zu den Leichensäcken, die binnen eines halben Jahres schon zahlreicher geworden sind als die Zinksärge, die in sieben Jahren Afghanistankrieg den Soldatenmüttern in Russland und allen Städten und Dörfern des Sowjetimperiums geschickt worden sind – deren laute, nicht mehr zu unterdrückende Klagen und Anklagen zur sozialen Unrast dieser letzten Sowjetjahre wesentlich beigetragen haben.

Vorzeichen, dass durch demütigende Niederlagen in sinnlosen Kriegen die Potjomkin'sche Fassade eines superstabilen Machtstaats heute so wie 1905, 1917 oder 1989 jäh wieder Risse zeigen und einstürzen könnte, gibt es längst. Und sie dürften dem geschichtsbewussten Herrn des Kreml durchaus präsent sein, so wie seinen Subjekten insgeheim auch. Bei all den pausenlosen Paraden und Aufmärschen ihrer unbesiegbaren Truppen könnten sie sich sogar daran erinnern, dass Russland nur die Kriege wirklich gewonnen hat, in denen die Feinde auf das Kernterritorium des Landes vorgedrungen waren, wo sich Russland tatsächlich stets als unbesiegbar erwiesen hat, nämlich im Vaterländischen Verteidigungskrieg gegen Napoleons Grande Armée von 1812 oder im Existenzkrieg gegen Hitlers hochgerüstete Invasionsarmee von 1941. Alle anderen russischen Kriegszüge und Aggressionen, die der Expansion dienten, gingen entweder verloren oder sie erwiesen sich – wie im Falle der «im Felde unbesiegten» UdSSR und ihrer globalen Verbündeten, oder wie bei den schmachvollen Ruhmestaten der Wagner-Söldner Putins in Syrien und Nordafrika mit ihren verbrecherischen Städtezerstörungen, Gift- und Fassbomben, Foltergefängnissen und Repressionen – am Ende nur als ruinöse Pyrrhussiege, die die innere Unruhe vermehrt haben, die sie eigentlich hätten ablenken sollen. So wird es im Fall dieses grundlos und sinnlos entfesselten Ukraine-Krieges auch sein.

In der selbstgestellten Falle, ratlos

Jetzt sitzt Russland in der Ukraine fest wie der sprichwörtliche Problembär im Fangeisen. Oder gleicht Putin eher jenem Alligator, den die Düsseldorfer Karnevalisten am Beginn des Kriegs auf einem ihrer Festwagen verewigt haben, wie er sich an einer Schildkröte namens Ukraine tödlich verschluckt? Jedenfalls hat er mit dem schicksalhaften Entschluss zu einer großen Aggression eine Situation geschaffen, in der er weder vor der internationalen Öffentlichkeit noch vor der eigenen Gesellschaft einen Rückzug antreten kann. Er muss weitermachen – mit der einzigen Hoffnung, dass die Verwüstungen auf Seiten des Gegners und seiner westlichen Unterstützer noch katastrophischer sein werden als die, die dieser Krieg und der Abbruch vieler internationaler Austauschbeziehungen und Einkünfte für Russland selbst bedeuten werden.

Gewiss, die russische Gesellschaft ist vieles gewöhnt und die Menschen haben mehr Möglichkeiten als die durchschnittlichen Westeuropäer, ausfallende Einkünfte durch Selbstversorgung auszugleichen. Sanktionen und Embargos können auch Potentiale einer autochthonen Produktivität freisetzen, also viele der Diversifizierungen in Gang setzen, die so oft verkündet, aber nie realisiert worden sind. Wie überhaupt die Abbrüche globaler Versorgungsketten während der Pandemie und nun durch den Krieg und durch die Sanktionen zu einer größeren «Nationalisierung» und «Lokalisierung» von Produktionen oder Dienstleistungen führen und manche der kontraproduktiven oder sogar zerstörerisch gewordenen Folgen der «Globalisierung» korrigieren können; so auch in Russland.

Wahr ist auch, dass der Kreml einige Möglichkeiten hat, die Front der Unterstützer der Ukraine und Verteidiger des Völkerrechts – die keineswegs auf den «kollektiven Westen» (wie die jüngste Sprachregelung lautet) beschränkt ist – ins Wanken zu bringen oder zu durchlöchern. Jede Wahl in den Ländern Europas oder auch in anderen Weltregionen zeigt die Volatilität der politischen Lage, erst recht natürlich unter dem Stress, den die ausbleibenden Energie- und Rohstofflieferungen und die Sanktionen überhaupt für die sanktionierenden Länder des Westens selbst bedeuten. Aber bisher haben auch schwankende oder ideologisch zu Russland neigende Staatschefs wie Serbiens Vučić oder Ungarns Orbán es nicht gewagt, aus der Front der «Europäischen Politischen Gemeinschaft» (EPG), die bei ihrem ersten Treffen im Oktober 44 Staaten umfasste, auszuscheren. Das Nordatlantische Bündnis hat sich im Zeichen des Ukrainekriegs durch den Zutritt Finnlands und Schwedens sogar noch einmal substantiell verstärkt – ungeachtet aller Störmanöver Erdoğans, der mit gemischtem Erfolg versucht, durch eine pseudoschlaue Doppelgleisigkeit zum Kriegsgewinnler zu werden.

Dagegen ist der Kreis der direkten Unterstützer der russischen Invasion und Annektionen bemerkenswert schmal. Direkte Waffenhilfe leisten bisher nur Weißrussland, das sich aber hütet, Soldaten in die Schlacht zu schicken, die ihre Bajonette auch umkehren könnten; der Iran Khameneis und der Revolutionsgarden, die Drohnen und vermutlich auch noch Anderes schicken; das von ihnen abhängige Assad-Regime, das es Freiwilligen erlaubt, sich bei den Wagner-Söldnern einzuschreiben; und last not least Nordkorea, das Soldaten, Arbeiter und Gerät zur «Verteidigung des Donbass» und für den Wiederaufbau angeboten hat.

Das Treffen der Oberhäupter der GUS-Staaten an Putins 70. Geburtstag am 7. Oktober 2022 verlief in gezwungen freundlicher Unverbindlichkeit, nicht nur, was den Krieg in der Ukraine betrifft, der unerwähnt blieb, sondern auch was die Grenzkonflikte und -kriege untereinander angeht, die sich jeder russischen Schlichtung oder Pazifizierung zunehmend entziehen. Ähnlich enttäuschend waren die vorangegangenen Treffen der Staatschefs der von China initiierten «Shanghaier Kooperation» in der kasachischen Hauptstadt Astana verlaufen, deren Teilnehmer kühle Neutralität bewahrten oder auch deutliche Signale an Putin sandten, besser rasch Schluss zu machen. Dasselbe gilt für die Elefantenrunde der fünf BRICS-Staaten, die sich nach Moskauer Vorstellungen zu einer alternativen «G-7» mausern sollen, aber ebenfalls nur wenig Neigung zeigen, auf die westlichen Sanktionen mit einer offensiven Gegenstrategie zu antworten.

Und auch andere, durch Handels- oder Militärbeziehungen mit Russland verbundene Staaten in Asien, Afrika oder Lateinamerika scheinen jeden aktuellen Nutzen (wie verbilligte Energie-, Rohstoff- oder Düngemittelimporte aus Russland) mit den perspektivischen Schäden einer engeren Verbindung genau abzuwägen. Die Saudis und Emiratis mögen sich nicht zu schade dafür sein, gemeinsam mit Russland ein Preiskartell für Öl und Gas einzugehen, trotz des Tributs, der damit nicht nur dem Westen, sondern der ganzen Welt auferlegt wird. Afrikanische Militärdiktatoren mögen mit russischer Hilfe erfolgreich Putsche machen, die sie mit politischen Sympathiebekundungen bezahlen, die nichts kosten. So kann Russland viele Fäden ziehen, die den Westen ärgern (sollen) – mehr aber auch nicht. Entscheidend ist letztlich die Haltung Chinas, das sich in der UNO für neutral erklärt hat und genau beobachtet und analysiert, was der Krieg in der Ukraine für den eigenen, fest eingeplanten Annexionskrieg gegen Taiwan an Lehren, vielleicht aber auch an Warnungen, bereithält. Als Minenleger mag Putin seinem in «grenzenloser Freundschaft» verbundenen Kollegen Xi willkommen sein; selbst möchte dieser sich in das ukrainische Minenfeld aber auf keinen Fall hineinbegeben.

So wirken die von Putin in seiner Feierbotschaft zur Annektion der ost- und südukrainischen Gebiete verkündeten Parolen eines Weltaufstands gegen die Vormacht des Westens reichlich illusorisch. Dieser Aufstand soll im Zeichen der nationalen Souveränität der Staaten stehen, ihrer Befreiung aus der Knechtschaft der westlichen Finanzmonopole und eines gemeinsamen Schutzes von Tradition, Familie und Nation gegenüber einer westlichen Kultur, die er einer «satanischen» Sittenlosigkeit bezichtigte, vor allem durch die Auflösung der etablierten Geschlechterordnung, die «zur Auslöschung der Menschheit» führen könne. In ähnlicher Weise hatte er in früheren Reden die Infizierung Russlands und anderer, dem Westen feindlicher Staaten mit dem Virus der «Farbenrevolutionen» als eine «Massenvernichtungswaffe» bezeichnet.

So viel Resonanz er damit bei den Autokraten, Potentaten oder Theokraten aller Länder finden mag, für die Stiftung einer Heiligen Allianz der Verteidiger des «souveränen» Rechts auf ungehemmte politische Unterdrückung, strikte kulturelle oder religiöse Zurichtung und ungehinderte Ausbeutung ihrer Völker und Untertanen wird das schwerlich reichen. Eher wirkt es wie ein schwacher Abklatsch jener globalen Frontbildungen, mit denen sich die verblichene UdSSR in der Ära Breschnews den Anschein einer zweiten Vor- und Supermacht gab, der sie letztlich nicht sein konnte. Um wie viel weniger das heutige Russland Putins.

Zu diesem alles andere als triumphalen Bild eingebildeter Stärke gehört schließlich auch die archaische Besatzungs- und Einverleibungspolitik, der das Ukraine-Unternehmen folgt oder folgen sollte, wenn es je erfolgreich wäre. Die Annexion der (kaum noch funktionsfähigen oder völlig zerbombten) Kohlereviere und Stahlwerke des Donbass sowie der noch ungehobenen Energievorkommen und der fruchtbaren Schwarzerdeböden der Südukraine würden theoretisch gut in das Portfolio der globalen Rohstoff-, Energie- und Weizen-Exportmonopole Russlands hineinpassen. Und die Übernahme der Häfen am Asowschen und am Schwarzen Meer nach dem Vorbild der Krim-Häfen, einschließlich der vorgelagerten Meeresgebiete und Ressourcen, wäre dazu die passende Ergänzung. Gelänge es noch irgendwie, über Mykolajiw und Odessa bis Transnistrien vorzustoßen, wäre Russland die Vormacht am Schwarzen Meer, die es seit alters her werden wollte. Aber wer soll das alles bezahlen, und wie wollte Russland diese Rolle je ausfüllen?

Und ja: sollten sich die russischen Waffensysteme in diesem Krieg doch noch bewähren, dann wäre das für den zweiten großen Devisenbringer, die Waffenexporte, natürlich ebenfalls ein Plus. Aber das wäre auch nur dann der Fall, wenn die russischen Rüstungsschmieden inmitten der fieberhaften Bemühungen zur Ersetzung der auf den Feldern der Ukraine verschrotteten oder verloren gegangenen Rüstungsgüter oder zur Produktion neuer, extrem teurer Wunderwaffen noch Kapazitäten frei haben sollten, was schon jetzt auf Jahre hinaus unwahrscheinlich ist. Stattdessen ist Russland im Krieg zum Waffenimporteur geworden – was an sich schon ein demütigender Zustand ist, erst recht in Verbindung mit dem Aderlass an Tausenden Offizieren und zehntausenden Soldaten, der auf Jahre nicht auszugleichen sein wird. Und seltsam auch: Obwohl sich Russland doch im Krieg mit dem «kollektiven Westen» sieht, hat es seine an den westlichen Grenzen stationierten Truppen weitgehend ausgedünnt – für einen Krieg, den es auch ein halbes Jahr nach Beginn noch nicht so nennen wollte. So wie die «Teilmobilisierung» nicht als «Generalmobilmachung» bezeichnet werden darf, obwohl sie vom Gros der Bevölkerung – von denen, die noch immer zur Fahne stehen, wie von denen, die vor den Einberufungsbeamten und Menschenjägern fliehen – doch genau so betrachtet wird.

Noch fragwürdiger ist der hypothetische Gewinn, der in der «Wiedervereinigung» mit einem Teil der «23 Millionen russischen Menschen, die jenseits der Grenzen Russlands leben». Von diesen verlorenen «Landsleuten» hat Putin seit zwei Jahrzehnten obsessiv gesprochen, deren staatliche Abtrennung Russland seit 1991 zum «größten geteilten Volk der Welt» gemacht habe. Umso mehr war und ist das «Neurussland»-Projekt, das zum Pfeiler eines erweiterten Reiches werden soll, eine völkische Siedlungsplanung, deren Kurzsichtigkeit und Primitivität erstaunen. Am ehesten wäre sie wohl mit den Politiken der nationalsozialistischen Okkupationsbehörden in Polen, der Ukraine und anderen Ländern Mittel- und Osteuropas während des Zweiten Weltkriegs vergleichbar. Dieses arisch-germanische Kolonisierungsprojekt hätte dem angeblich eingeengten «Volk ohne Raum» ein neues, erweitertes Betätigungsfeld in den vermeintlich unterentwickelten, von Untermenschen besiedelten Ländern des Ostens eröffnen sollen, in die während oder nach dem Krieg bewaffnete Siedlerkolonien eines überschießenden deutschen Volkstums und Organisationsgeistes hätten eingepflanzt werden sollen.

Dagegen haben wir es schon in Putins jetzigem russischen Kernreich eher mit einem «Raum ohne Volk» zu tun, der in paradoxer Weise aber immer noch weiter ausgedehnt werden soll. Die Bewohner der eroberten ost- und südukrainischen Städte, die der putinistischen Volkstumsideologie nach zur russischen Menschenreserve gezählt und «befreit» werden sollen, haben sich nur zum kleinsten Teil erleichtert gezeigt, wieder dem großen Muttervolk einverleibt zu werden. Die ihnen oktroyierten russischen Pässe, Papiere, Schulbücher und Telefonkarten haben die meisten nur widerwillig oder gar nicht angenommen, und bei den Pseudo-Referenden mussten sie massiv gezwungen werden, ein Kreuz zu machen, auf das es ohnehin nicht ankam. Ein deutlich größerer Teil hatte sich zuvor, oft unter Lebensgefahr, in die Gebiete der freien Ukraine oder weiter in die europäischen Aufnahmeländer abgesetzt; und ein weiterer, kleinerer Teil freiwillig oder gezwungenermaßen nach Russland selbst, wo sie vielleicht Verwandte haben oder Arbeit finden wollen. So ist das eroberte «Neurussland» im Ergebnis des Feldzugs noch menschenleerer und noch verwüsteter als große Gebiete Zentralrusslands oder Sibiriens.

Und wie stellt man sich in Moskau einen Wiederaufbau und eine Neupeuplierung dieser zertrümmerten und geleerten Landgebiete eigentlich vor? Wer soll die definitive «Entukrainisierung», die der NS-Politik der «Umvolkung» im polnischen «Generalgouvernement» durchaus gleicht, exekutieren, also die Nicht-Russifizierungswilligen oder der Untergrundaktivität Verdächtigen in Verhören und Foltern heraussortieren oder umdrehen? Wer könnte die zusammengebrochenen kommunalen Organisationen, die ruinierten Infrastrukturen, die beschädigten Kraftwerke und Stromnetze, wer die zerstörten Bahnhöfe, die Hafenanlagen, die Fabriken usw. reparieren und wieder in Betrieb nehmen? Und wer den wenigen verbliebenen Kindern die neuen russischen Schul-Curricula beibiegen? Und so weiter! Statt auf ein großartiges «Rückholen und Stärken», wie es Putin zufolge «das Los» Russlands seit den Tagen Peters ist, könnte dieses bodenlose Unternehmen, selbst wenn es auf die formell annektierten Gebiete der Ukraine beschränkt bliebe, nur auf ein weiteres Ausbluten der finanziellen und materiellen Ressourcen und Ausdünnen der menschlichen und intellektuellen Potentiale Russlands selbst hinauslaufen. Und überdies wird es den brain-drain nur noch weiter beschleunigen, der sich auch mit Passverweigerungen und Ausreiseverboten sowjetischen Stils auf Dauer nicht wird stoppen lassen.

Und erhofft man sich von einer solchen Politik der gewaltsamen Annexion und zwangsweisen Assimilation wirklich eine werbende Wirkung unter den noch unbefreiten «Kleinrussen» in Kiew, Charkiw oder Odessa – oder muss sie nicht deren Widerstandsbereitschaft bis zum Äußersten steigern? Und wie wird der Eindruck dieser Politik auf das Bruder- oder Schwestervolk der «Weißrussen» sein, die vor Kurzem erst durch eine von drei charismatischen Frauen geführte, friedliche Volkserhebung der Welt ein vollkommen anderes, junges, weibliches und offenes Gesicht gezeigt haben; und die, genau wie die Ukrainer 2014, ihre demokratischen Forderungen unmittelbar und logisch mit der Frage ihrer nationalen Unabhängigkeit und kulturellen Identität verknüpft haben – bevor sie vom ewigen Potentaten Lukaschenka mit Hilfe von Putin entsandter Schergen noch einmal zusammengeknüppelt und weggesperrt worden sind?

Nicht viel anders ist es mit Kasachstan, dessen neuer Machthaber Tokajew, so sehr er auf Moskau angewiesen bleibt, sein Land aus guten Gründen für das nächste Opfer großrussischer Ambitionen halten kann, und der sich daher dem dringenden Ansinnen Putins offen verweigert hat, am Krieg gegen die Ukraine direkt oder indirekt teilzunehmen. Er kann es sich ja an fünf Fingern ausrechnen, dass jedes Wiederaufflammen innerer Unruhen wie Ende 2021 als Verletzung der Sicherheitsinteressen Russlands und seiner Verfügung über das Weltraumzentrum Baikonur gedeutet werden kann, oder auch gleich als ein drohender «Genozid» an der russischsprachigen Bevölkerung – von dem Moskauer Politiker auch schon gesprochen haben. Ex-Ministerpräsident Medwedew hat in einem seiner getwitterten oder geposteten Amokläufe Kasachstan sogar, nicht anders als Georgien oder Moldawien, als ein «künstliches Gebilde» bezeichnet – und diesen Text zwar rasch wieder gelöscht, weil er etwas zu weit vorgriff. Die Warnung war dennoch an die Wand gemalt.

Aber was ist denn überhaupt aus der «Russischen Welt» geworden, der Welt der Russisch-Sprachigen und russisch-orthodox Getauften, auf deren Ausmalung und organisatorische Stützung die putinistische Weltpolitik seit zwei Jahrzehnten so große Mühe verwandt hat? Wo sind sie, die Kriegsfreiwilligen oder wenigstens aktiven Parteigänger aus den großen russischen Minderheiten in den baltischen Republiken, in Moldowa oder in den kaukasischen und zentralasiatischen Republiken? Nicht einmal die kleine Bewohnerschaft der russischen Militärkolonie in Transnistrien, die doch bei einem Sieg Anschluss an das Mutterland finden soll, scheint besonders erpicht, sich gegen ihre ukrainischen Nachbarn zu wenden. Wo ist es also, das unerlöste russische Volkstum jenseits der Grenzen, das wie einst die Massen in Wien oder wie die zu den Wahlurnen drängenden Sudeten ihrem Führer und Befreier zujubelten?

Die Unterstützer der großrussischen Sache im Donbass ähneln, wenn schon, am ehesten den fanatischen «Volksdeutschen» in Polen 1938/39, die sich hinter der vorrückenden Wehrmacht an Hab und Gut oder Leib und Leben ihrer polnischen oder jüdischen Nachbarn vergriffen haben. Nichts haben sie dagegen gemein mit denen, die 1989 in Leipzig oder Ostberlin aus freien Stücken und mit großen Erwartungen skandiert haben «Wir sind ein Volk» – deren Stimmen Putin von damals her noch im Ohr schrillen. Die Russenfahnen bei den AfD- oder Querdenker-Demos in Dresden oder Lubmin sind dafür nur ein sehr schwacher Ersatz.

Das eigentliche, das andere «Russland jenseits der Grenzen» sitzt stattdessen mit seinen Laptops in den Cafés, Teestuben und gemeinsam angemieteten Büros in Tblissi, Jerewan und Istanbul, in Riga und Berlin, oder auch schon in New York. Und es wird, so schmerzlich oder so tröstlich man das finden mag, auch nach dem Krieg und selbst nach Putin vermutlich nur zum kleineren Teil wieder nach Hause zurückkehren. Stattdessen wird es abermals die Gesellschaften, Kulturen und Potentiale ihrer Aufnahmeländer prägen und bereichern, so wie das die großen Emigrationswellen der Weltkriegsperiode auch getan haben: die erste große Welle nach 1917 aus dem sowjetisierten Russischen Reich und die zweite große Welle nach 1933 aus dem nazifizierten Deutschen Reich, und nach 1938 dann aus dem «angeschlossenen» Österreich und den anderen Ländern Mittelosteuropas, und schließlich die dritte Welle nach 1945 aus denselben, diesmal unter sowjetische Herrschaft gefallenen Gebieten Ost- und Mitteleuropas.

Die Hauptnutznießer werden damals wie heute – unabhängig davon, wie schwer sie es diesen Neubürgern noch stets gemacht haben und jetzt wieder machen – die Asylländer des Westens sein, deren Niedergang alle totalitären und autoritären Führer, Bewegungen und Parteien des letzten Jahrhunderts ebenso unermüdlich und so axiomatisch verkündet haben, wie sie es jetzt auch wieder tun.

3. Für eure und für unsere Freiheit

Russland, die Verteidigung der Ukraine und wir

Die Parole der polnischen Aufständischen «Für unsere und für eure Freiheit» war Ausdruck eines stolzen revolutionären Avantgardismus, wie er ihnen von allen europäischen Demokraten und Sozialisten dieses Zeitalters zwischen 1830 und 1848 und noch lange darüber hinaus auch zugebilligt wurde. Ihr Kampf um die Wiederherstellung des zerteilten polnischen Staates sei, so die axiomatische Annahme, zugleich ein Kampf für die Freiheit aller Untertanen und unterworfenen Völker des russischen Zarentums, und zugleich auch der aller übrigen, in einer gegenrevolutionären «Heiligen Allianz» vereinten Monarchien der östlichen Welt, Habsburgs wie Preußens.

Aber in seinem Gedicht «An die russischen Freunde» von 1831 sprach Adam Mickiewicz, der große polnische Nationalromantiker, vor allem die «Dekabristen» an, die adeligen und intellektuellen Verschwörer, die bei der Thronbesteigung Nikolais I. 1825 mit Teilen der Palastgarde den Aufstand gewagt und dafür an den Galgen gekommen oder in die sibirischen Bergwerke verbannt worden waren. Einige von ihnen hatte er aus der lose verflochtenen Internationale republikanischer Geheimbünde gekannt, die sich in den Restaurationsjahren nach 1815 unter dem Boden aller monarchischen Großreiche gebildet hatten; und nach dem fehlgeschlagenen polnischen Nationalaufstand von 1830/31 hatte Mickiewicz selbst ins Exil hatte gehen müssen. Nun fragte er sie: «Gedenkt ihr mein? Der an euch denkt in fernen Landen. / An meiner Freunde Tod, Verbannung, Kerkerhaft. / Wann immer eure fremden Züge vor mir aufgestanden, / Habt ihr in meinen Träumen Bürgerrecht.»

Wo, klagte er, ist jetzt «Rylejews stolzer Hals», den er einst umarmt und den der Zar ans Galgenholz gebunden hatte, und wo «die Freundeshand, die mir Bestuschew angetragen», «Poet und Krieger» (so wie er), der nun in einem sibirischen Bergwerk zusammen mit polnischen Verbannten «einem Karren vorgespannt» war. Aber eine noch schlimmere Strafe, schrieb Mickiewicz, habe jene getroffen, die «durch Amt und Ordenskreuz geschändet, / den freien Geist der Zarengunst verpfändet» und sich vor ihm im Staube wälzten …[1]

Im Tone solch hohen Geistesadels, der sich organisch ins revolutionäre Pathos fügte, kann und möchte heute natürlich niemand mehr reden. Aber es ist etwas universal Gültiges an der in Polen und im östlichen Europa noch immer präsenten Losung der polnischen Aufständischen von damals, die heute jedoch umgekehrt zu zitieren ist, wo sie sich an die kämpfenden Ukrainer richtet. Jetzt lautet sie: «Für eure und für unsere Freiheit». Und auch wir «postheroischen» Deutschen brauchen uns für eine solch nüchterne Emphase nicht zu schade sein, da der darin angesprochene Zusammenhang nur allzu real ist. Das Hoch- und Selbstgefühl unserer großzügigen «Solidarität mit der Ukraine» sollten wir gleichfalls in diese umgekehrte Perspektive stellen.

Denn auch wenn es stimmt, dass wir für unsere Unterstützung der Ukraine einen schmerzhaften Preis (in Form von Strom und Heizung, für Lebensmittel und Lebensqualität) zahlen und ein wenig (nur ein wenig) solidarisch mit ihnen werden mitfrieren müssen; und vielleicht sogar politisch-militärische Risiken einzugehen haben, denen wir im Falle einer Beschwichtigung des Aggressors entgehen zu können glauben: Es ist eine falsche Rechnung und bornierte Betrachtungsweise. In Wirklichkeit ist es umgekehrt: Die Ukrainer halten ganz real und mit einem Gefühl von Erbitterung, das sie immer wieder und notfalls auch betont undiplomatisch (Botschafter Melnyk) zum Ausdruck gebracht haben, «für unsere

1 Adam Mickiewicz, An die russischen Freunde, hier in einem freien Zusammenschnitt einer älteren Übersetzung aus dem 19. Jahrhundert und einer neueren Übersetzung von Lipiner/Dedecius.

Freiheit» den Kopf mit hin und haben dabei allerdings auch gar keine andere Wahl. Gleichwohl ist es kein bloßes moralisches Postulat und auch kein selbstloses Opfer, das wir für sie zu erbringen hätten, sondern es ist unserer ureigenes, «realpolitisches» Interesse, die um ihre Existenz kämpfende Ukraine nach Kräften zu unterstützen, die für unsere Sicherheit und unsere Freiheit ungleich mehr tut und leistet als wir umgekehrt. Und bei dieser Entscheidung brauchen wir uns von der niederträchtigen Häme der Aggressoren und ihrer Parteigänger und Trolls nicht beirren zu lassen, wenn sie behaupten, dass der Westen Russland «bis zum letzten Ukrainer» bekämpfen möchte.

Niemand will «Russland bekämpfen», und niemand käme auf die Idee, in der Manier des preußisch-rheinischen 48er-Revolutionärs Friedrich Engels zu deklarieren, dass der «Russenhass die erste revolutionäre Leidenschaft bei den Deutschen war und noch ist». Und unter dem wohlwollenden Auge des Chefredakteurs Karl Marx in der «Neuen Rheinischen Zeitung» zu verkünden: «Nur der Krieg mit Russland ist ein Krieg des revolutionären Deutschlands, ein Krieg, worin es sich ermannen, worin es seine eigenen Autokraten besiegen kann, worin es die Sünden der Vergangenheit abwaschen, ... und sich nach innen frei macht, indem es nach außen befreit.»[2] Das war damals schon fragwürdig und illusionär und wäre es heute erst recht. Wir müssen Gott sei Dank keine «eigenen Autokraten besiegen» und keine deutsche Befreiungsarmee auf die Beine stellen, die uns vom Alpdruck russischer Vormacht «frei macht, indem sie nach außen befreit». Die Ukrainer werden sich selbst befreien, und sie können das auch dadurch, dass die paläo-moderne Autokratie Russlands auf den moralischen, materiellen und (indirekt) den militärischen Widerstand

2 So Friedrich Engels in der «Neuen Rheinischen Zeitung» vom 12. August 1848. – Auch andere bedeutende Persönlichkeiten wie Friedrich List oder Friedrich von Gagern auf bürgerlicher, Arnold Ruge oder Moses Hess auf demokratischer und sozialistischer Seite hatten bereits vor 1848 die Notwendigkeit eines nationalen Einigungs- und Befreiungskrieges gegen Russland erwogen oder offen propagiert.

ganz Europas, des Westens und einer Mehrheit der Vereinten Nationen trifft.

Das bedeutet umgekehrt nicht, dass wir – Europäer, Amerikaner und Ukrainer – alle in ein und demselben Krieg stünden, wie die russische Kriegs-Propaganda es behauptet, wenn sie das «ukrainische Regime» als Werkzeug westlicher Mächte diffamiert. Es hat gute Gründe, dass die NATO wie die EU nicht in diesen Krieg eintreten und sich auch nicht in ihn hineinverwickeln lassen wollen, außer vermutlich im Fall, dass Putin in seiner desperaten Lage gegen jeden Sinn und Verstand die «nukleare Option» zöge. Für die Ukrainer – und das sollten sie in aller legitimen Wut über die mangelnde oder halbherzige Waffenhilfe nicht vergessen – ist der soziale und ökonomische Rückhalt, den sie als umkämpfter Staat und die Millionen Geflüchteter, vor allem Frauen und Kinder, als Zivilpersonen bekommen, von ebenso existenzieller Bedeutung wie alle militärischen Unterstützungen. Und dass sie diese Hilfen über längere Zeit hinweg und auch durch einen «Winter des Missvergnügens» hindurch bekommen können, setzt wiederum voraus, dass diese Hilfen hier in Deutschland wie in allen anderen europäischen und westlichen Ländern (auch den USA) immer von Neuem demokratisch durchgesetzt werden. Wie knapp das oft ist, weiß man ja schließlich, trotz der noch immer beachtlich geschlossenen westlichen und internationalen Abwehrfront gegen die russische Aggression. Von diesen Hilfen, den militärischen wie den zivilen. zehrt der ukrainische Widerstand, und muss er in einem nächsten Kriegsjahr erst recht zehren. Im Falle eines Waffenstillstands oder Friedensabkommens und eines künftigen Wiederaufbaus des zerstörten Landes wären diese Hilfen sogar noch nötiger.

Zugleich lässt die Losung «Für eure und für unsere Freiheit» sich aber auch auf die russische wie die belarussische Opposition gegen diesen Krieg ausdehnen. Und sie muss (so wie im 19. Jahrhundert) in beide Richtungen und in beiden Formulierungen gelten: Russische und weißrussische Demokraten müssen die Ukrainer unzweideutig unterstützen – aber wir und die Ukrainer sie umgekehrt auch. Das ist ein zwingender, lebensnotwendiger Konnex, den die Verleihung des Friedensnobelpreises 2022 an die Bürgerrechtler aus der Ukraine wie aus Russland und aus Weißrussland, so konventionell und diplomatisch sie wirkt, durchaus richtig erfasst hat. Denn so sehr die Ukrainer in ihrer übergroßen Mehrheit von Moskau weg und nach Europa hinwollen – und große Teile der belarussischen Opposition perspektivisch vermutlich auch –, so sehr bleiben beide Länder eben doch in einen «geopolitischen» Rahmen mit Russland eingebunden, sind Teil einer «eurasischen» Landbrücke und Staatenlandschaft, die ihnen potentiell viele Chancen bieten könnte. Und sie leben auch nicht völlig jenseits der «russischen Welt», so anmaßend diese putinistische Formel ist.

Und last not least, da Russland im Unterschied zum Deutschen Reich 1944/45 konstitutionell von außen unangreifbar ist und niemand im Ernst nur eine Sekunde darüber nachdenkt, nach Moskau so wie damals nach Berlin zu marschieren, um diesem verbrecherischen Volkstums- und Lebensraumkrieg ein Ende zu machen – da dies so ist, liegt der Schlüssel zu einem künftigen Frieden, so wie bei jedem flagranten Aggressionskrieg dieser Art, am Ende aller Niederlagen im Haus des Aggressors, in Moskau. Das bedeutet nicht unbedingt und exklusiv: im Kreml; sondern er liegt bei der russischen Gesellschaft im Ganzen, die der oligarchischen Machtkohorte, die sie im Griff hat und ausplündert, mindestens wird Zügel anlegen oder sie besser ganz entmachten müssen. Im Zuge dessen könnte und müsste dieses Land der vielen Völker und Regionen sich auch als ein Gemeinwesen namens «Russländische Föderation» neu erfinden und sich in seinen russischen wie nicht-russischen Landesteilen dem neo-moskowitschen Zentralismus entziehen, um neue Entwicklungsspielräume zu gewinnen. So völlig illusorisch oder hypothetisch das in diesem Augenblick klingen mag – es ist der einzige und klar vorgezeichnete Weg hinaus aus dem anomischen Chaos, in dem dieses Riesenland in und nach diesem Krieg zu versinken droht.

Ob es eine gesamt-russländische oder auch nur eine russische «Zivilgesellschaft» als ein hypothetisch handlungsfähiges Subjekt überhaupt gibt, kann man hin und her diskutieren. Was es aber jedenfalls gibt, ist ein Geflecht von Tausenden, Zehntausenden und vermutlich sogar noch viel mehr widerständigen Menschen, die in bewundernswerter Weise ihren Protest auch artikuliert und sich dabei so recht und schlecht vernetzt haben, wie das unter den gegebenen repressiven Umständen überhaupt möglich ist; oder die sich in stillerer, aber doch erkennbarer Weise verweigert haben.

Wenn es das alte, scheinbar ewige russische Syndrom ist, dem Puschkin am Ende seines Stücks über den Usurpator Boris Godunow in der Regieanweisung «Das Volk schweigt» literarischen Rang gegeben hat – dann sollte bedacht werden, dass die Mächtigen in diesem Drama, der Usurpator nicht anders als die Hofverschwörer oder als die von außen heranrückenden Opponenten um den von Polen gestützten Prätendenten, den «falschen Dmitri», allesamt ängstlich auf die Stimme des Volkes hören – das gegenüber allen demagogischen Aufreizungen oder schmeichlerischen Werbungen aber beharrlich «schweigt» und sie ihren Machtkampf alleine ausfechten lässt. So ist es dieses undurchdringlich schweigende Volk, das die an der Macht Befindlichen oder zur Macht Strebenden in seinem Bann hält – mehr als umgekehrt.

Wir brauchen nicht in literarischen Gleichnissen sprechen: Bilden die angeblichen vier Fünftel, die in Umfragen Putin unterstützen, aber nur zur knappen Hälfte auch die Regierung und zu einem verschwindend geringen Anteil die putinistische Macht- und Besitzoligarchie im Ganzen, eine stabile oder nicht vielleicht sehr instabile Mehrheit? Und sind fünfzehn- oder zwanzigtausend Bürgerinnen und Bürger Russlands, Alte und Junge, Überlebende des vergangenen Jahrhunderts und Digital Natives der Jetztzeit, die nach der Invasion in allen Städten des Reiches ihre Stimme erhoben und dafür barbarisch schwere Strafen riskiert oder auf sich genommen haben, viel oder wenig? Soviel weiß ich: dass man in vielen anderen Ländern, zumal der westlichen Welt, erst einmal 15 000 finden müsste, die das riskieren.

Nimmt man alles in allem, dann sind die Stimmen des Protestes, die man aus Russland gehört hat und noch immer hört, auch sonst keineswegs so ephemer, wie oft behauptet wird. Nicht nur wir, auch die russische Öffentlichkeit hat sie registriert: die Nachrichtensprecherin Marina Owsjanikowa, die gleich an einem der ersten Tage ihr Protestplakat in die Kamera hielt; die standhaften Journalisten, die die Schließung ihrer Sender, Redaktionen, Internetplattformen in Kauf genommen haben, wie TV Doschd, die «Nowaja Gaseta» oder «Medusa»; die Rockqueen Alla Pugatschewa, die sich im Bewusstsein ihrer Unantastbarkeit überaus deutlich und verachtungsvoll geäußert hat; und die vielen bekannten Musikbands, Liedermacher und «Youtuber», die ihre Anklagen oder satirischen Botschaften mal vor letzten vollen Sälen verkündet und mal ins vielfach zensierte, aber noch halbwegs funktionierende Netz gestellt und verbreitet haben; die prominenten Schriftsteller, Filmemacher, Intellektuellen, Wissenschaftler, die sich zu Hunderten öffentlich erklärt und dafür sozial einiges riskiert und hinter sich gelassen haben, auch und gerade dann, wenn sie außer Landes fliehen mussten; und die vielen Anwälte, die ihre Mandanten standhaft verteidigen und ihre Verbindung zur Außenwelt aufrechterhalten helfen – so im Falle des auf unabsehbare Zeit weggesperrten, weiterhin tödlicher Gefahr ausgesetzten und dennoch nicht zum Schweigen gebrachten Alexej Nawalny. Und auch einzelne demokratische Politiker, Amtsträger oder Abgeordnete, die es hier und da noch gab und gibt, haben sich dezidiert geweigert, in das allgemeine Kriegsgeheul einzustimmen, oder waren sogar so kühn, in einer Petition die Amtsenthebung Putins zu fordern. Selbst einzelne Politiker der Blockparteien, staatlicher Institute, emeritierte Militärs haben auf ihr Gewissen gehört und in verschiedenen Medien, teilweise sogar in den allabendlichen Fernsehrunden, den Wahnsinn des ganzen Unternehmens klar benannt.

Das alles zusammen könnte man durchaus einen zivilen Heroismus nennen, der angesichts der langen Vorgeschichte staatlicher Repressionen, aber auch angesichts des ungeheuren Drucks, der ja nicht nur vom Regime ausgeht (das wäre leichter zu ertragen), sondern ebenso von einer chauvinistisch aufgeputschten Kollegenschaft, Nachbarschaft, Familie, durchaus Bewunderung abnötigen kann. Und wir reden ja ohnehin nur über die Fälle und die Beispiele, die auf irgendeine Weise ins Licht der Öffentlichkeit geraten sind; über die im Dunkeln wissen wir nichts.

Wir wissen oder ahnen aber, weil es aus allen Ritzen dringt, eine ganze Menge über die hartnäckigen Vorstellungen, Nachfragen, Proteste, die die Angehörigen der Mobilisierten oder bereits Gefallenen gegenüber den Militär- und Zivilbehörden erheben und die sich – wie ganz früh schon im Falle des Vaters eines mit der «Moskwa» untergegangenen Matrosen – auch nicht gescheut haben, die Lügen der amtlichen Propaganda mit ihren Mitteln offenzulegen oder zu verspotten. Wir wissen über die vielen ins Netz gestellten Videos aus Kasernen oder Sammelpunkten vom Chaos, den Misshandlungen, der Korruption, und hören Beschwerdeführer plötzlich Töne anschlagen, die durchaus an diejenigen erinnern könnten, die man aus der Vorgeschichte der großen Soldatenmeutereien von 1905 oder 1917 kennt oder zu kennen glaubt (und wäre es nur aus einer frühen sowjetischen Literatur, die aber noch vieles atmete, was die Atmosphäre und soziale Chemie dieser Vor-Bürgerkriegssituation tatsächlich gewesen sein muss). Und wer kann sagen, was es mit den vielen Brandanschlägen in Russland selbst auf die Wehrkreisämter oder andere Behörden und Militäreinrichtungen auf sich hat – außer, dass es sie immer wieder gibt.

Dafür können wir im O-Ton viele abgehörte Telefonate oder abgefangene SMS der Invasoren mitlesen und mithören, die von einer radikalen Desillusionierung über diesen Krieg und die Richtigkeit der Behauptungen, die ihn begründen und tragen sollen, zeugen. Und es gehört nicht allzu viel Phantasie dazu, sich auszumalen, welche Wirkung die tschetschenischen Sperrbataillone auf die in die vordere Linie geschickten russischen Rekruten haben – ohne verhindern zu können, dass diese sich in vielen dokumentierten Fällen geweigert haben, sinnlos ins Feuer zu gehen und sich verheizen zu lassen. In den Tagen, da ich dies schreibe (Mitte Oktober 2022) hat es gleich mehrere bewaffnete Vorfälle in den Rekrutierungszentren ebenso wie an der Front gegeben, bei denen Offiziere Deserteure oder Deserteure Offiziere erschossen oder muslimische und nichtmuslimische Soldaten aufeinander losgegangen sind und sich beschossen haben. Wegen solcher schwelender Spannungen sind teilweise in den Regionen Nationalitäten-Bataillone aufgestellt worden, in denen alle eine Landessprache (wie Mari oder Burjatisch) sprechen; und die Familien haben zwar die Bestechungsprämien für die Ablieferung eines Sohnes an die Armee angenommen (einen Hammel oder sogar einen Schiguli – was für eine krude Symbolik liegt allein darin!). Aber das bedeutet nicht, dass sie ihren Sohn oder Bruder sinnlos geopfert sehen wollen. Die Soldaten in diesen Nationalitäten-Bataillonen werden noch viel weniger Lust haben, sich für einen Krieg, der sie in keiner Weise betrifft, aufzuopfern. Und bewaffnet sind sie ja immerhin; so könnten sie den Kern vorerst nur inoffiziell, latent existierender Autonomie- und Unabhängigkeitsbewegungen bilden. Wie lange werden die mit mehr oder weniger Druck mobilisierten Tschetschenen, Dagestaner, Inguschen und anderen Kaukasier sich dem Kommando des machttrunkenen und zu jedem Verbrechen bereiten Ramsan Kadyrow unterordnen – zumal es auf der Gegenseite tschetschenische, tatarische, muslimische Einheiten und Soldaten gibt, die mit den Ukrainern zusammen für die demokratische Selbständigkeit ihrer kleinen Völker und oft recht großen Länder kämpfen? Putins Mantra, dass «Russland einfach zerfallen» werde, wenn es nicht durch ihn und seine russozentrische Ideologie und Machtvertikale eisern zusammengehalten wird, könnte sich gerade durch sein eigenes Handeln erfüllen – fatalerweise dann in einem ungeregelten Prozess, für den es in diesem Vielvölkerstaat keine verfassungsmäßigen Regularien gibt.[3]

Und schließlich und endlich ist da der Strom begabter, weltläufiger, erfolgreicher oder auch ganz einfacher, ihrem eigenen moralischen Kompass oder Überlebenswillen entschlossen folgender Menschen, die das Land und ihre Angehörigen verlassen, ihre Wohnungstüren abgeschlossen und ihre Devisen zusammengekratzt ha-

3 Vgl. beispielsweise Veaceslav Epureanu, Moscow is not behind us. How the war in Ukraine threatens Russia's territorial integrity, in: Medusa, September 2022 https://theins.ru/en/politics/255034.

ben, um ein Ticket nach Tblissi, Jerewan oder Istanbul zu bekommen und von dort weiter in den Westen zu fliegen; oder die sich nach der Ankündigung der Mobilmachung in ihre Autos gesetzt haben und allein oder mit ihrer Familie an die Grenzen gefahren sind, über die sie noch rüberzukommen hofften (mit oder ohne Bestechung, mit oder ohne Visum). Sie alle haben Entscheidungen getroffen, deren existenzielle Schwere wir uns nicht annähernd vorstellen können. Im sozialgeschichtlichen Resultat summiert sich das schon jetzt zu einem zivilisatorischen Aderlass, der an die früheren Wellen eines geistigen, künstlerischen, unternehmerischen Exodus und an die lange Geschichte der immer neuen, gewaltsamen und gedankenlosen Verstümmelung der eigenen, reichen humanen Potentiale Russlands anschließt.

Derweilen sind viele der emigrierten Journalisten und Aktivisten dabei, an ihren Exilorten rings um Russland ein Netz von neuen Sendern, Netzplattformen und -zeitungen, von Recherchediensten und Think-tanks, von Diskussionszirkeln und NGOs aufzubauen, die sich trotz knapper Mittel, unsicherem Status und persönlicher Härten zu einer formidablen demokratischen Gegenmacht gruppieren, über die sich nicht nur die westlichen Öffentlichkeiten auf dem Laufenden halten können, sondern deren Nachrichten, Analysen, Recherchen über hundert informationelle Kriechströme auch alle die im Land erreichen, die mit wachsender Unruhe verfolgen, was da gerade mit ihnen passiert oder sich anbahnt. Auch dieses große «Russland jenseits der Grenzen» kämpft auf seine Weise und in vorderster Linie «für eure und für unsere Freiheit».

Epilog

Abschied von Moskau

War Moskau je schöner als in diesem Mai 2018, als ich es noch einmal in großen Strecken zu Fuß durchstreift habe? Es war begehbarer als früher, jedenfalls dort, wo im Vorfeld der Fußballweltmeisterschaft die Bürgersteige, Straßen und Plätze der inneren Stadtbezirke neu gepflastert und asphaltiert waren – während an anderen Stellen noch Tausende aus den Ländern Zentralasiens herangeschaffter Arbeiter in großen Kolonnen damit beschäftigt waren, bis in die Nacht hinein Steine zu klopfen, Platten zuzuschneiden, Asphalt auszubringen oder Parkanlagen herzurichten.

Ich hatte sie am Flughafen gesehen, Männer und auch viele Frauen mittleren Alters mit gegerbten Gesichtern, wie sie zu Hunderten auf dem Boden saßen und darauf warteten, von den Aufsehern abgeholt zu werden, die ihnen hinter der Einreisekontrolle ihre Pässe abgenommen hatten. Von der Umgebung abgesehen, konnten diese Szenerien durchaus den Bildern mit den Trupps der freien oder versklavten Arbeiter ähneln, die man in den 1930er Jahren von den Dörfern der Peripherie auf die Großbaustellen des Sozialismus getrieben hatte, deren größte der Umbau Moskaus zur imperialen Metropole mit barocken U Bahn-Stationen, überbreiten Straßen und imposanten Hochhäusern gewesen war. Näher hätte es vielleicht gelegen, an die halbfreien Kontraktarbeiter auf den Baustellen am Golf zu denken, die mit bloßen Händen dort die Megastädte des 21. Jahrhunderts mit ihren obszön überladenen Luxus-Resorts und überdimensionierten Wolkenkratzern, Highways und Stadien hochziehen und buchstäblich aus dem Boden stampfen, so wie man das im Moskau der Putin-Ära auch findet.

Alles an Moskau hatte für mich aber immer auch das Flair einer älteren, konvulsivisch verlaufenen, mit Bildern und Emblemen, Parolen und Personnagen überfüllten Geschichte. Bevor ich im Frühjahr 1989 das erste Mal hierhin gekommen war, hatte ich die Stadt schon in ihren historisch-archäologischen Schichten und Signaturen «gelesen» und mir von Ferne erschlossen. Sie war schließlich das steingewordene Dokument einer Geschichte, die ich ja ziemlich gut kannte. Und dasselbe hatte für Petersburg gegolten, als ich 1994 das erste Mal dort vier Wochen lang bei Igor Michailitsch, einem pensionierten Obersten der Flotte und seinem mächtigen, sehr eifersüchtigen Bulgakow'schen Kater, gewohnt hatte, um mit meinem Russisch weiterzukommen. In den weißen Juninächten habe ich damals die (noch ziemlich sowjetisch verrußte und devastierte) Stadt in einem Rausch sinnlicher Eindrücke, aber auch in einer Art Geschichtstrunkenheit durchstreift. Und denselben Herzschlag, den ich gespürt hatte, als ich 1889 das erste Mal im Abenddämmer durch den Torbogen auf den menschenleeren Roten Platz getreten war, spürte ich jetzt wieder, als ich durch den höheren, klassizistischeren Torbogen der Admiralität auf den menschenleeren Platz vor dem Winterpalast trat, den ich ebenso gut «kannte» und der jetzt in der Mitternachtssonne überirdisch entrückt wirkte.

Bei meinen früheren oder späteren Besuchen in Paris oder London, in New York, geschweige Washington, ist es mir so nie ergangen, aber auch im total runderneuerten Peking nicht. Schwer zu sagen, woran das lag. Vielleicht weil Moskau ebenso wie Petersburg so etwas wie außerordentliche Verdichtungspunkte geschichtlicher Zeiten und politischer Räume darstellen und das Gefühl vermitteln, so jedenfalls mir, als wäre ich noch einmal in das windstille Auge oder Ursprungsgebiet eines vergangenen Weltorkans eingetreten, der zwar längst abgeflaut ist, dessen Ausläufer allerdings tief in meine Biographie eines deutschen Nachkriegskinds und/oder Absolventen eines Roten Jahrzehnts hineingereicht hatten.

Ein Teil der starken Wirkung Moskaus und (etwas schwächer) Petersburgs resultiert aber auch aus der Überlagerung oder sogar Synthese radikal unterschiedlicher, unversöhnlicher historischer

Impulse und Zeichen. Beide sind als metropolitane Gebilde mit ihrem imperialen Zentrum natürlich nicht zu verwechseln; in den ausufernden Vorstädten sind es ganz andere Städte. Aber in den Zeiten der Doppelrevolution von 1917, die die Welt erschütterte, waren es ja gerade die Bewohner der proletarischen Vorstädte gewesen, die erst auf eigenen Antrieb und dann von den bolschewistischen Revolutionsprofis gerufen mit ihren verschlammten Stiefeln und Bastschuhen diese Plätze, Paläste und Interieurs imperialer Macht geentert und profaniert haben – nur um diese Orte fast sofort von den Inhabern der neuen Macht okkupiert zu finden, einer multinationalen Kohorte, die sich in den beschlagnahmten kaiserlichen Machtzentren einnistete, sie mit Parteiemblemen verzierte (wie dem roten Stern auf dem Kreml) und sich darin bald schon noch strenger absonderte als die Beamtenkaste des Ancien Régime.

Diese Fusion vollkommen unvereinbarer Elemente und gleichzeitig eine durch alle noch so radikalen Umbrüche hindurch sichtbare historische Kontinuität machen das ganz und gar Eigentümliche insbesondere des Kreml aus, der heute wie eh und je als eine Stadt in der Stadt daliegt, umgeben von der sakralen Aura einer autokratischen Macht, die weltlich und geistlich zugleich sein will. Aber nach einem internationalen Architekten-Wettbewerb war 2017 etwas ganz Unerwartetes geschehen: In der Nähe des Roten Platzes, auf einer unwirtlichen Brachfläche, war ein kleiner, etwas exotischer Park entstanden mit einer avantgardistisch anmutenden Fußgängerbrücke, die in einer Schleife bis weit über den Moskwa-Fluss hinausragt und einen völlig neuen Blick auf das steinerne Massiv des Kreml, aber auch auf die weite Stadt- und Flusslandschaft eröffnet.

An einem strahlenden Sonntagmorgen habe ich in einer langen Bootsfahrt diese epische Stadtlandschaft noch einmal an mir vorbeiziehen lassen, inmitten einer gut gelaunten Familienausflugs-Gesellschaft, die den Spaziergängern, Joggern, Radfahrern und Picknickgruppen an den Ufern zuwinkte. So zwanglos konnte das Leben also sein; und das sollte es für das hauptstädtische Publikum auch unbedingt bleiben, um es nach den Unruhen der Jahre 2011/12 wieder zu pazifizieren.

Später auf dem Roten Platz ging ich durch die Stände und Tribünen eines Bücherfests, dessen Mittelpunkt neben Lesungen und Vorführungen für Kinder und Erwachsene ein Rezitationswettbewerb auf großer Bühne war, bei dem selbstgewählte Prosatexte oder Gedichte mit einem aus langer Tradition sich speisenden Duktus und Vibrato vorgetragen wurden, überwiegend (oder nur mir am stärksten in Erinnerung geblieben) von nicht mehr ganz jungen, stämmigen, blondierten Frauen mit den hohen, schrillen Stimmen, die man von russischen Lehrerinnen, Kindergärtnerinnen oder Museumsführerinnen kennt. Die Vorträge wurden jeweils wie beim Eislauf von einer Jury mit hochgehaltenen Schildern benotet, dann gab es die Preisverleihungen mit irgendeiner patriotischen Medaille. Und das alles war so altmodisch und zeitlos, dass sich der Reiz eines prononcierten Kulturkonservativismus ebenso vermittelte wie der Schrecken, den er auf die weniger folgsamen Teile der städtischen Jugend oder die unabhängigen Geister der Jetztzeit ausüben mochte.

So wie man abends dann den neu hingestellten, betont überkonservativ gestalteten Hl. Wladimir auf der anderen Seite des Kreml besichtigen konnte, um drei Straßen weiter durch eine kleine, kaum auffällige Tür und eine Treppe in einem überfüllten, recht schön gestylten Hipster-Restaurant zu landen, wo es eine Art Fusion-Bistro-Küche gab, mit jungen Bedienungen und ziemlich lautem, ebenso jungem Publikum, das man in London oder New York, aber vermutlich auch in Istanbul, Tel Aviv oder in Tokio ganz ähnlich hätte treffen können – was mit seiner arg- und zwanglosen Fröhlichkeit und Selbstbezogenheit auch etwas vom Reiz wie vom Schrecken einer globalisierten Welt vermitteln konnte.

So etwas entrückt, recht zwanglos, zum Flanieren oder Shopping einladend und von einer Festlichkeit zur andern gleitend soll Moskau im Sommer 2022 den Berichten und Bildern zufolge immer noch gewesen sein, während sich irgendwo da draußen die ukrainische «Spezialoperation» mit aller brutalen Verwüstungs- und Vernichtungsenergie entfaltete – aber mit dem jungen Publikum, dass zu den Rock- oder Militärbands auf dem Roten Platz tanzte, scheinbar nichts zu tun hatte. Spielfilme werden das später sicher wieder in Erinnerung bringen: diesen gespenstischen «letzten Sommer» und «letzten Walzer» vor dem Krieg, der mit der Mobilisierung im September dann doch brachial in das sorgsam geschützte hauptstädtische Biotop einbrach.

Bei meinem letzten Besuch im Mai 2018 war ich Teilnehmer einen kleinen Konferenz, die die Gruppe von «Memorial International», obschon längst als «ausländische Agenten» stigmatisiert und pausenlos mit schikanösen Strafbescheiden oder Steuer-Forderungen traktiert, noch einmal mit anderen osteuropäischen Ex-Dissidenten wie Adam Michnik aus Warschau über die «Lektionen von 1968» veranstaltet hatte. In Russland wie in den ukrainischen oder baltischen Jugend- und Kulturszenen hatte man ja damals von der Generation der «Sechziger» (der «Schestidesjati») gesprochen; und das hatte zunächst für einen in die Breschnew-Ära hinübergeretteten Impuls gestanden, die Entstalinisierung und historische Selbstaufklärung mit literarischen oder dokumentarischen Mitteln weiterzutreiben. Durch die Solidarität mit den Warschauer Studenten, aber vor allem mit der im August 1968 völkerrechtswidrig überfallenen Tschechoslowakei (auch ein «Brudervolk» – wie sich die Bilder gleichen!) hatte diese innersowjetische Opposition noch eine andere, größere Dimension gewonnen. Der kurze Moment, als eine kleine Gruppe von sieben jungen Männern und Frauen auf dem Roten Platz Protestplakate gegen die Invasion erhoben haben, bevor sie verhaftet wurden, gilt als Geburtsstunde der sogenannten Dissidentenbewegung, deren bescheidenes, aber wirksames Hauptinstrument der «Samisdat», der Selbstverlag älterer, verbotener Schriften oder neuer, an der Zensur vorbei verfasster und veröffentlichter Texte und Almanache war.

Die Frage kam auf, ob und in welchem Sinne nicht nur diese ersten Dissidenten (Nichteinverstandenen), sondern auch der etwas später zu dieser Szene hinzugestoßene, im Dezember 2017 verstorbene Mitgründer und Inspirator von «Memorial», Arsenij Roginskij, dessen Bild an der Seite des Saales hing, ein «68er» genannt werden könne. Was hatte ihn zum Beispiel dazu getrieben, vor allem an einem «Lexikon der sozialistischen Häftlinge» in der Zeit Lenins und Stalins mitzuarbeiten, wohl wissend, dass ihn das selbst ins Lager bringen konnte – und dann 1982 auch noch gebracht hat?

Es war weder sinnvoll noch irgendwie notwendig, diese und andere Diskussionen auf irgendein «Ergebnis» oder eine gemeinsame Formel hinzutreiben. Die Frage stellen hieß ja schon, sie zu beantworten. Wir waren eben doch Bewohner einer Welt, wenn auch einer tief getrennten Welt gewesen und hatten in einem ganz bestimmten historischen Zeitfenster oder «Chronotop» gelebt, das dann mit dieser halb fiktiven Jahreszahl «1968» markiert worden ist. Die generationellen Schicksale im Westen, im Osten und im Süden waren natürlich sehr ungleich verteilt. Wir westlichen Rebellen haben für unsere ungleich radikaleren Reden und Aktionen ungleich weniger oder gar nichts zahlen müssen als unsere östlichen Generationsgenossen in Warschau, in Prag oder in Moskau, und erst recht als viele in den Diktaturen des Südens.

Aber das hieß ja nur, dass wir im Westen eben doch, ob uns das bewusst war oder nicht, in Verhältnissen lebten, die sich letztlich (alle Kapitalismuskritiken hin oder her) als entwicklungsfähiger und zukunftsträchtiger herausgestellt haben, als wir damals ahnten oder begriffen. Das erst hat es ermöglicht, über alle hergebrachten politischen oder sozialen Fragen von Unterdrückung und Freiheit, Ausbeutung und sozialer Gerechtigkeit hinaus weitere Themen ins Spiel zu bringen: nämlich lebenskulturelle Fragen, wie die nach der Gleichberechtigung der Geschlechter und nach sexuellen Identitäten, nach den Rechten von Kindern und Jugendlichen und überhaupt nach Freiheiten oder Zwängen im familiären wie im gesellschaftlichen Zusammenleben.

Die Voraussetzung dafür waren aber eben jene elementaren demokratischen Freiheitsrechte, für die die Dissidenten des Ostens gekämpft haben. Ohne sie wurden selbst «sozialistische Errungenschaften» wie eine ärztliche Grundversorgung, eine allgemeine Bildung oder das Recht auf Wohnung und Arbeit immer zu Instrumenten eines stumpfen politischen wie kulturellen Konformismus und einer Beschneidung der geistigen und individuellen Lebenshorizonte. Insofern rückt der Kampf, den die Ukraine mit bewundernswerter Entschlossenheit und Selbstverständlichkeit jetzt führt und auf Leben und Tod führen muss, auch für uns im relativ sicheren und saturierten Westen viele Maßstäbe wieder zurecht, die uns die sporadischen Kontakte mit den Dissidenten des Ostens auch damals (1968) schon hätten lehren können.

Es gibt und es gilt etwas zu verteidigen, das mehr ist als relativer Wohlstand oder narzisstische Selbstbespiegelung, nämlich so elementare Dinge wie politische Freiheiten, persönliche Entwicklungsspielräume, Sicherheit gegen Willkür und Gewalt. Das sind universelle «Rechte der Menschen», auf die im 21. Jahrhundert alle Anspruch erheben dürfen. Und sie sind auch die einzige Möglichkeit oder jedenfalls die beste Voraussetzung, um mit den existenziellen Krisen fertig zu werden, die auf den Globus und auf die Weltgemeinschaft jetzt zurücken.

Für ihre Standhaftigkeit durch alle politischen Umbrüche und Verfolgungen hindurch haben das Kiewer «Zentrum für bürgerliche Freiheiten», geleitet von Olexandra Matwijtschuk, der Minsker Rechtsanwalt Ales Bjaljazki und die von ihm begründete Gefangenenhilfsorganisation «Wjasna» sowie die Freundinnen und Freunde von «Memorial» in Moskau gemeinsam den Friedensnobelpreis 2022 zugesprochen erhalten. Und während Bjaljatzki wieder im Gefängnis sitzt, ist «Memorial» am Vorabend der Invasion durch einen Beschluss des Obersten Gerichts zwangsweise aufgelöst, sind die mühsam hergerichteten Räume und sorgsam gesammelten und erschlossenen Archive (ein einzigartiger historischer Wissensschatz) versiegelt und beschlagnahmt worden, so wie alle Möglichkeiten einer freien Betätigung jetzt versperrt sind, auch für die angeschlossenen Gruppen im ganzen Land.

Russland beraubt sich damit nicht nur seiner besten Menschen, sondern auch seiner lebendigen geschichtlichen Erinnerung. Und es erfüllt mich mit einer tiefen, persönlichen Trauer, realisieren zu müssen, dass Reisen, Begegnungen, Diskussionen wie diese letzte im Jahr 2018 für sehr lange Zeit vielleicht nicht mehr möglich sein werden, jedenfalls nicht in Moskau oder sonstwo in Russland. Die Frage ist, was überhaupt noch an gesellschaftlichem und kulturellem Austausch übrigbleiben wird. «In was für eine nordkoreanische Finsternis will man uns stürzen?», habe ich 14 Tage nach der Invasion auf einer improvisierten Kundgebung auf dem Berliner Bebelplatz gerufen. Diese Frage bleibt unbeantwortet im Raum stehen, solange die Waffen sprechen – und vielleicht sogar noch lange darüber hinaus.

Danksagung

Zu danken habe ich dem Verlag C.H.Beck, der bereit war, dieses noch halbfertige Buch mit einem starken Vertrauensvorschuss in sein Frühjahrsprogramm aufzunehmen; und insbesondere Detlef Felken, der mich – wie früher auch – darin bestärkt hat, es zu einem hoffentlich guten Ende zu bringen. Danken möchte ich ebenso Janna Rösch, die (wie schon bei meiner «Farbe Rot») sich in die Schlacht mit Manuskripten und Fahnen geworfen hat, diesmal assistiert von Rosemarie Mayr, sowie Bettina Corßen-Melzer, die auf Texte, Bilder und alles andere ein wachsames Auge geworfen hat. Besonders freue ich mich, dass der Verlag das Wagnis eingegangen ist, parallel zu diesem Buch meinen «Russland-Komplex» von 2007 noch einmal neu aufzulegen, versehen mit einem neuen, ausführlichen Kapitel «Wieder Krieg – Eine Nachbetrachtung 2022».

Meine Frau und Weggefährtin Anna Leszczynska hat aus ihrem spezifischen Erfahrungsfonds einen ersten, kritischen Blick auf meine Manuskripte geworfen. Und mit ihrem schwer zu überlistenden Sprachsinn, mit einem gewissen Taktgefühl für die Ermüdbarkeit derer, die das lesen sollen, sowie mit dem nötigen historisch-politischen Common sense hat sie hier und dort den Stift angesetzt.

So also ist das Buch nun geworden, wie es ist. Für alle Irrtümer, Unrichtigkeiten oder Ungenauigkeiten muss ich selbst einstehen.

Weitere, sowohl ältere wie künftige Texte zum Thema dieses Buches (und natürlich zu anderen Themen), Hinweise auf Veranstaltungen und anderes mehr finden Interessierte auf meiner Website www.gerd-koenen.eu. Über einen Besuch und über Rückmeldungen würde ich mich freuen.

Bildnachweis

Seite 16: Public Domain – Zeichnung aus dem Internet (Urheber unbekannt). Die Zeichnung tauchte unmittelbar nach dem Tod Li Wenlians am 7. Februar 2020 in den chinesischen Netzen auf.

Seite 23: Bildschirmfoto: «Russian Media Monitor» (Youtube)

Seite 29: Women's Day, Ukrainisches Plakat, März 2022: https://isc.lviv.ua/en/blog/cultureheadquaters-09-03/

Seite 69: links: Arsenij Roginskij, Lagerfoto 1982; *rechts:* Gründungsgruppe «Memorial» 1993 – mit freundlicher Genehmigung der Zeitschrift «Osteuropa» und «Memorial»

Seite 82: rechts: Lew Kopelew, 1991 © Maria Klassen – Beide Fotos aus dem Bestand: FSO 01–003 Kopelev/Orlova – Archiv der Forschungsstelle Osteuropa an der Universität Bremen

Seite 85, 87 rechts, 90: © Andrzej J. Koszyk, 2001

Seite 87 links: Titelbild des Fotobandes von Annette Frick: «Ausflug auf der Vjatka» – mit freundlicher Genehmigung der Autorin, heute Annette Hornischer, und dem Rosenfeld-Verlag

Seite 189: links: Foto: Ivan Varyukhin/Shutterstock.com; *rechts:* © Gerd Koenen

Seite 257: Ikone des Hl. Iossif (Stalin) – Urheber unbekannt. Hier entnommen der Diskussionswebsite https://politicaltheology.com/wp-content/uploads/2014/08/Stalin-icon-04.jpg

Seite 270: Teilungskarte der Ukraine (Urheber unbekannt). Entnommen der Website https://www.geopolitica.ru/en/article/there-are-no-validarguments-against-liberation-novorossia